# 新时代教师教育科研素养提升

## ——校本培训课程案例

吕洪波 主编

上海教育出版社
SHANGHAI EDUCATIONAL
PUBLISHING HOUSE

# 序

《新时代教师教育科研素养提升——校本培训课程案例》是吕洪波领衔的上海市长宁区教育系统"教育科研创新团队"近五年的研究成果之一。

吕洪波老师是上海市长宁区教育学院副院长、特级教师、正高级教师。她曾是我主持的"上海市普教系统名校长名师培养工程"教育心理名师基地第一期的学员、第二期的导师团成员。她对教育科研情有独钟,特别对基础教育的教育科研普及指导与教师反思研究有着丰富的经验和独到的见解,曾出版过《教师反思的方法》(教育科学出版社,2005 年)、《中小学教师专题反思》(上海教育出版社,2009 年)等专著。后一本入选"上海市普教系统名校长名师培养工程"优秀成果精选《成长文库》,我为这本书写了序言,至今正好十年。

吕洪波老师有一个一以贯之的思想,就是中小学教育科研要联系教育教学实际,解决教育实践中的问题,要"以校为本"开展学校教育科研工作,他们的教育科研培训课程的开发正是遵循这一思想。我以为这里的关键词是"以校为本",好就好在体现了"个性化"。这样的培训课程联系学校的实际,针对学校的具体问题,具有这个学校的个性化特点,适应这个学校的教师的需要,而且与学校的校本研修活动紧密结合,培训效果肯定是事半功倍的。

回顾传统的教育科研培训,课程内容主要是讲科研方法,培训对象主要是区县教科室主任和科研骨干,培训方式是集中办班讲授。以方法为主线构建的课程体系,20 世纪 90 年代初,在上海具有代表性的有两本书,一本是李洪曾主编的《教育科学研究方法基础》(上海教育出版社,1991 年),一本是我设计并组织编写的《教育科学研究方法基础 100 问》(天津教育出版社,1992 年)。用这样的课程资源办培训班进行培训,虽然被培训者较系统地学习了教育科研方法,但在课题和方法的选择上仍然存在困难,特别是在揭示教育教学中的实际问题上有困难。

培训课程的开发既包括培训内容体系的构建,又包括培训方式方法的选择。在教育科研发展的历程中,对教育科研培训课程开发的探索从未间断过。2001 年前后,陈泽庚、吴锦骠、阮龙培、张才龙和我,五位上海第一代的教育科研室主任一起研究编写一本适合中小学教师学习做教育科研的书,后来就出版了由上海市教委副主任张民生和全国教育科学规划办常务副主任金宝成主编、我们五位编写的《现代教师:走近教育科研》(教育科学出版社,2002 年)。这本书既讲科研方法,又介绍研究案例;既可作为培训班教材,也适合教师自学研读。当时,全国不少中小学和市、区名师工作室,以及名校长名师基地都选用这本书作为培训课程。随着行动研究、质的研究、叙事研究等方法在教育科研中的应用,我在主持市种子教师培训班时,在总结多种培训经验的基础上,又组织编写了《中小学教师教育研究读本》

（徐崇文主编，王天蓉、李金钊、祝庆东副主编，上海教育出版社，2014年）。这本书以研究的领域为主线设计框架，在阐释了中小学教师教育科研的定位后，分别编写了怎样研究学生发展、怎样研究学生学习、怎样研究教学、怎样研究课程、怎样研究教师发展、怎样研究学校发展。这样引导教师根据实际需要，在自己最熟悉、最有实践经验积累的领域发现问题、寻找课题，更贴近教师的实际，而且培训的方式方法也从单一的培训班转向了校本研修、工作坊、名师工作室、基地等多种形式。应该说，这也是一次有益的探索。多年来，这样的探索在上海还有一些，但与个性化还是有一定距离。这正是吕洪波团队探索的创新和突破之处。

吕洪波领衔的"教育科研创新团队"核心成员学历层次高，教育理论基础扎实，有较丰富的教育科研管理和指导的经验，又具有很强的创新意识和勇于探索的精神，本身就是一个学习型团队。他们将"教育科研促进教师专业成长"作为研究重点，申报了上海市市级科研项目"中小学教师教育科研素养提升课程的开发与实施研究"并得以立项，还与学校一起开发出了高品质的学校个性化教育科研培训课程。在课程实施过程中，他们将学校教师的教学、研究、进修三者有机地结合起来，形成"教研修三位一体"的校本研修模式。他们通过开展经常性的业务辅导、定期的理论学习、典型课题的现场实训，以及教研、科研同行的专题研讨等活动，强化课题研究与教学研究相结合的实战性研修；这种培训方式针对性强，提高了科研培训的实效性，对保障学校改革实验项目的顺利推进、促进学校特色的发展起到了积极的作用。在课程开发和实施过程中，学校科研室主任和科研员是责任主体，他们的积极性和创造性得到充分的调动；这使他们在学校教师培训中从边缘走向中心，教育科研也因此在教师专业发展和学校发展中发挥更大的作用。

时代在前进，教育在发展，教师的教育科研素养也要不断地提升。在不同的发展阶段，有不同的要求，需要不同类型的培训课程作支撑。祝愿吕洪波团队在后续的研究和实践探索中，再接再厉，超越自我，创造出更新更多的成果，为教师的专业发展，为教育科研的新发展，为上海教育的改革与发展作出新的贡献。我认为这就是学校教育科研的一种新生态。

上海市黄浦区教育学会名誉会长
全国非智力因素研究会名誉会长
徐崇文
2020年5月

# 前言

　　本书是上海市长宁区教育系统"教育科研创新团队"研究与实践的成果之一,也是2017年上海市市级教育科研一般课题"中小学教师教育科研素养提升课程的开发与实施研究"的成果之一。

　　"教育科研创新团队"结合学校的教师发展和学校改革项目推进的需要,围绕促进学校教师教育科研素养提升这一目标,与试点学校共同开发出了本书所呈现的"基于学校真实问题解决"的10个学校个性化教育科研培训课程。在课程的开发过程中,团队和学校共同分析实际问题和需要,提供学校所需的资源,并在课程开发和实施过程中给予专业指导,包括课程开发要素、教育科研培训内容、校本培训基本模式和方法、成人培训和教师职后培训的基本特征等。这本书不仅呈现了课程案例,还将基于这些指导的经验在每一个案例之前的导读中进行了分享。

　　书中呈现的学校个性化教育科研培训课程由院(团队成员全部来自上海市长宁区教育学院教育科学研究室)校合作设计完成,学校通过构建科研与培训有机融合的"研训一体"培训模式进行课程实施,试图体现以下特征:

　　**学校个性化教育科研培训课程,针对不同的培训对象研究出不同的培训方案,配套不同的教育科研培训课程,扩大科研培训对象的范围。**学校个性化教育科研培训课程的培训对象包括学校科研室主任、各级重点课题负责人、学校骨干教师、青年教师、课题研究团队等。我们针对不同的培训对象研究出了不同的培训方案,配套不同的教育科研培训课程,着力抓好教科研基本知识学习、课题规范管理、课题研究方法科学运用等基本技能的系统性培训。

　　**学校个性化教育科研培训课程,将教育科研活动作为常态化的科研培训平台,以提高科研培训的实效。**学校开发出的个性化教育科研培训课程基本都采用了"研训一体"培训模式,这就使教育科研活动具有了教师培训的职能,成为常态化的科研培训平台。学校通过开展经常性的业务辅导、定期的理论学习、典型课题的现场实训、教研与科研同行的专题研讨、研培结合的课题研究等灵活多样、务实高效的培训活动,强化课题研究与教学研究相结合的实战性研修,对参加活动的教师进行理论与实践相结合的实战培训;这种培训具有针对性强、覆盖面广、教师实际教学水平提高快等优点,取得了很好的效益。

　　**学校个性化教育科研培训课程,鼓励学校科研室主任和科研员在教师培训中从边缘走向中心,凸显教育科研在教师专业发展过程中的作用和地位。**在学校个性化教育科研培训课程开发和实施的过程中,学校科研室主任和科研员是课程的具体负责人和实施主体。这样的定位促使学校科研室主任和科研员从教师专业发展的视角去认识教科研、谋划教科研、创新教科研,并积极参与校级的教师培训工作,极大地调动起他们在教师培训、课程开发等方面的积极性和创造性。他们开始主动思考学校教育科研竟如何开展才能更加有效、更受欢迎，他们开始主动承担更多的责任和义务，积极提高自身的课程开发能力……这样的努力，也进一步提升了教育科研在学校发展过程中的地位和价值。

新时代教育改革的发展，对学校教师的教育科研素养提出了更高的要求。我们所开发的这些培训课程好像一条条"跑道"（curriculum），是因学校的不同需求和具体实际而设计和构建的，具有个性化特点。我们希望通过这些课程的实施，有针对性地提升教师的科研素养，引领教师走上研究之路，应对教育改革的新要求。

在开发、设计、实施学校个性化教育科研培训课程的过程中，我们感到仍然有许多有待深入探索的问题。如何通过培训课程提升教师的科研素养，如何使课程设计更加科学有效，仍然还有很长的路要走。我们将对"教师科研素养提升"这一专题，持续不断地开展研究与实践！

吕洪波　汪泠淞
2020 年 4 月

# 目录

## 专题 1　真实问题驱动下的循证设计

## 专题 2　单项能力驱动下的专题设计

# 专题 3　综合素养驱动下的整体设计

# 专题 1

◆ ◆ ◆ ◆ ◆ ◆ ◆ ◆ ◆

# 真实问题驱动下的循证设计

　　本专题由三个案例组成,通过调查研究的方式,了解教师在教育科研中遇到的真实问题,设计相关培训课程。

# 基于教育循证基本步骤的学校
# 个性化教育科研培训课程的开发<sup>*</sup>

　　循证教育学是在循证医学兴起的背景下诞生的,其核心要义就是要求教育实践者遵循"基于科学的研究"进行实践,即"在教育过程中将专业智慧与最佳、有效的经验证据整合起来进行决策"。自20世纪90年代开始,循证教育学的影响日趋扩大,成为教育公共政策制定、教育科学研究的常用方法。

　　在课题组与学校共同开发个性化教育科研培训课程的过程中,我们也尝试运用教育循证的基本步骤"提问(Ask)—获取证据(Access)—批判评价(Appraisal)—应用(Apply)—评估(Assess)"进行了课程构建。下面以长宁区愚一小学的课程开发为例,简要呈现基于教育循证基本步骤的学校个性化教育科研培训课程的开发过程。

## 一、提问(Ask):愚一小学的教师需要怎样的科研培训课程

　　"提问"就是根据教育过程中遇到的情况,确定一个需要解决的问题。

　　愚一小学是我区一所极具教育科研基础的学校,近二十年来开展过多项市、区大型课题研究,并围绕学校的教育科研需求开展过不少教育科研培训活动。初创期,学校的教育科研培训是以"大一统"的方式开展的,根据学校的需求"自上而下"地安排相应的教师科研培训内容,并要求教师统一模式和进度。

　　但是随着学校科研的深度发展和推进,越来越多的教师开始形成个人的教学风格和专业兴趣,教师们的研究内容也越来越丰富和个性化。在这样的背景下,再开展统一的教育科研培训,往往无法满足教师多样化的培训需求;长此以往,这会导致教师研究动力的缺失、个性特色的埋没,学校也会失去核心竞争力。

　　因此,学校需要的是满足教师个性化需求的、"自下而上"的、支持教师"合作研习"的教育科研培训课程。

## 二、获取证据(Access)和批判评价(Appraisal):愚一小学教师的个性化教育科研
## 　　培训需求主要有哪些

　　"获取证据",就是查看是否已经有解决该问题的教育指南或手册;如果没有,则登录相

---

　　* 本文由上海市长宁区教育学院汪泠淞撰写。

关数据库,检索可以回答上述问题的所有证据。而"批判评价",就是在证据搜集的基础上,判断所有证据的正确性、有用性,找出最佳证据。

愚一小学在明确了课程设计的定位之后,通过文献研究、经验总结、调查问卷、个别化访谈等方式,就教师的个性化教育科研培训需求进行了证据搜集,同时结合学校的实际情况进行了证据的甄别。

我们发现,愚一小学的教师对于个性化教育科研培训的需求主要集中在专家介入的形式、研究时间的保障、成果撰写的指导等方面。

比如,很多教师希望与专家一起参与课题研究的整个过程,包括研究内容的梳理、具体方法的指导等,并希望专家与学科教师开展个别化的互动与指导,但对专家深入课堂的听评课却不太欢迎,也不希望专家通过听评课进行研究指导。再如,不同的教师在教育科研成果的表达上有不同的困难,有的难以撰写案例、论文或叙事等体现课题研究过程的文章,有的不太会撰写课题开题报告或结题报告,还有的认为文献资料的搜集和读书笔记的撰写比较棘手,等等。

## 三、应用(Apply):基于教师需求的个性化的培训方案和学校支持

"应用"就是实施最佳证据所提供的方案。既然教师在资源的支持、研究时间的保障、成果表达等方面提出了个性化的培训需求,那么我们的培训课程就重点从这些方面进行设计。

比如,很多教师表示没有研究培训的时间,究竟是真的没有时间,还是不会管理时间呢?我们在教师教育科研培训课程中,专门设计了"教师的时间管理"培训内容。在培训的过程中,通过组织教师完成"教师一周工作时间记录表"、开展"关于教师时间安排意见征询反馈"调查、分析"骨干教师多重身份和工作量叠加"等内容,一方面提升教师的时间管理能力,一方面结合数据向校方提出可以"撤销、合并或改变"的工作内容和时间,以获取校方的支持,更好地开展教师教育科研培训。这种和实际需求密切结合的培训,非常受教师欢迎。

## 四、评估(Assess):个性化的教育科研培训课程是否促进了教师的专业发展

"评估"就是对所做的工作进行评价,为今后更有效地推进工作总结经验教训。

愚一小学针对教师的个性化教育科研培训,设置了任务性的评估标准——教师自主研修项目。以往的教育科研培训统一要求,统一进度,教师们培训后的反馈往往是填问卷或写培训感受,有的甚至没有反馈。而这次的个性化培训本身就是从教师个人专业发展的角度开展的。在培训之初,每位参与培训的教师就自行设计了个人研修项目,培训是在开展个人研修项目的过程中同步进行的。因此,评估教育科研培训课程的成效,从一定程度上来说,就等于评估教师个人研修项目的完成品质。

基于此,学校借助项目展示,采用了三种评价方式:一是其他教师对项目领衔人研究项目展示活动的反馈评价,指向研究成果的应用性和辐射性;二是项目领衔人之间在每阶段研究交流后的互荐式评价,指向研究工作的有序性和缜密性(网上交流、推荐);三是培训课程

开发团队的学术性评价,指向研究成果的可行性和科学性。同时,基于上述评价结果,不断调整教师科研培训的课程设置,并循环更新。

以上就是课题组和愚一小学借助循证教育学的基本步骤,共同开发学校个性化教育科研培训课程的基本过程。当然,循证教育学是一整套原则与实践行动,我们的探索和尝试还有很多不足之处。我们也将在后续的研究过程中,尝试构建基于循证路径的课程开发的基本步骤和实践框架。

**案例**

# 以问题为导向的学校
# 个性化教育科研校本培训课程*

## 一、问题分析

一般来说,课题研究的来源不外乎以下几种:市区热点问题,如我校曾经申报的市级课题"在课堂教学中引导学生探究性学习的实践研究"(2000年)就是围绕"探究性学习"这一全市热点问题而开展的研究;基于实际校情,如在江一、愚二两所学校合并之后,我们提出了"合作式校本教研的实践研究"(2005年)这一区级重点课题;理论指导实践,如理论研究所专家带着美国彼兹堡大学的研究成果来我校指导开展的区级重点课题"促进学生学科学习能力发展的实践研究"(2010年)。

一路走来,研究与合作几乎成了教师生活的常态,学校形成了"专业合作、专业分享,文化认同"的文化氛围,教师团队初步具备了合作研习的五大基本要素:共识、情感、责任、能力和规范。

在经历了不同类型的课题研究之后,为进一步了解教师开展课题研究工作的实际情况,分析和找准现状中存在的问题与不足,并在此基础上寻求对策,从而提高教师开展课题研究工作的积极性和有效性,学校科研室在全校范围内开展了教师问卷调查。从统计数据来看,74.44%的教师希望能自下而上地提出所要研究的课题,且这些课题能真正解决自己教育教学中的实际问题。

我们认为,初创期的学校也许可以采取"大一统"的方式开展共性问题的研究,但学校发展到一定阶段,如果还一味采取"自上而下"的方式,统一要求、统一模式地推进工作,往往会导致教师研究动力的缺失、个性特色的埋没。长此以往,学校也会失去核心竞争力。

因此,我们通过访谈的方式,对教师以往所进行的各级各类培训活动进行了梳理与

---

＊　本文由上海市长宁区愚园路第一小学徐运撰写。

反思。

**(一)"自上而下"的教师研习活动难以有效促进教师专业发展**

纵观以往教师参与的研习活动,无一不是"自上而下,任务驱动"。这里的"上",不仅指学校设计的每位教师必须参与的研习活动,也包括市、区各级各类的研习项目。

对于满工作量的部分市区骨干教师而言,市名师基地、市优青项目、区学科带头人项目、区学科中心组、校课题研究、校教研组活动等多重"自上而下"规定主题的研习任务常常令他们分身乏术。由于时间不足,这些教师在面对各级各类的研究时往往"厚此薄彼",对某一块面工作流于形式;即便能够做到"齐头并进",也难以纵向深入,获得长足发展。

而对于每日承担着繁重的教育教学任务的普通一线教师而言,面对名目繁多且又必须参与的研习任务(如市级网络教研、区级学科教研、校级专题教研、教研组专题教研、课题研究等),他们只能根据实际工作情况及研习内容对自身工作的作用选择性地对待:有的积极投入,有效合作;有的则抱着重在参与的心态,缺少学习的热情、学用结合的积极性以及持续开展研究的动力。

当然,"自上而下"的研习本身也存在一定的问题。

1. 研习主题自上而下,教师缺乏研究动力

第一,不贴近一线教师教育教学工作的研习主题,由于教师对其研习目的的不认同、不接受,导致研习活动时常演变成私底下的"声讨大会"——大家开着"无轨电车",肆意发泄负面情绪。研习的结果往往是将任务布置到某个人的头上,被动接受任务的人又往往草草了事便交差了。

第二,具有前沿意识、融入创新元素的研习主题,由于缺乏研究前的调研与辅导、过程中的反思与调整,导致教师对"为什么要做""做什么""怎么做"以及"做到什么程度"完全没有概念,从而大大降低了研究的有效性。

2. 研习组织显行政化,难以形成共同愿景

以往的研习形式主要有以下三种:

第一种以全校教师大会的形式开展,主要是聆听专家报告或动员。教师聆听报告的专心程度完全取决于报告的精彩程度。对于精彩的报告,大家听得津津有味、热血沸腾,有些教师还能将所听所记运用到自己的教育教学之中,去回味、思考,去尝试、探究;不过大部分教师还是一出会场便将报告内容当成了茶余饭后的话题,更有甚者直接将它抛到了脑后。如果报告并不那么绘声绘色,字里行间充斥着艰涩的理论和难以理解的话语系统,那么台下必定是一片"低头族",其中看手机、批作业者甚多。

第二种是教师的常规化研习,通常都以学科组或教研组的形式开展,同一年级、同一学科的教师共同参与研习活动。在行政性研习组织中,教师因被动接受研习主题,研习积极性并不高,合而不作的现象时有发生。一般来说,校长室制定研习主题,教导处传达研习要求,各学科教研组开展研习活动。活动之后,会议记录和研讨成果再一次由下而上地层层传达

上去。无论是在办公室中开展"头脑风暴",还是在某个教室进行教学设计、教学观摩、教学评价,在任务的驱动下,教研组长们总是最卖力的一个。若研讨内容和教学工作相关,有较多经验可以谈、可以写,教师必能在短时间内完成;若研讨内容与教学工作脱节,或是教师并不熟悉的,那整个研讨就像挤牙膏一般费时费力了。

另外,教研组内,人人思维互相碰撞,发言启人心智,每次研讨都能形成多赢的局面,这样的教研组有却不多,毕竟教研组内每位教师的性格、脾气、思维、谈吐、态度、情感、经验、教龄、成长经历、研究水平、看待问题的方式等都有很大差别。因此,凝聚人心容易,在教研组内形成百花齐放、直言不讳的学术氛围则不易。

第三种是市、区级教研活动,市级教研活动一般都通过网络进行,区级教研活动则以全区为单位分学段开展。由于研习活动面对的是全区的学科教师,因此,研习本身并不能满足个别教师的个别化工作诉求或教学需求。一般而言,区级教研就是在贯彻市级教研精神的基础上,在各类学校辅导优秀教师进行教学设计,而后组织全区教师开展教学观摩,最后在听课教师点评的基础上进行专题辅导。

教师们看着一堂堂堪称完美的研究课,听着一段段细致入微的评析,看似"知其然也知其所以然"了,可回到自己的课堂,失去教研员的帮助后,发现自己的教学并没有太大的变化。这其中有主观因素,如工作繁忙、习惯使然,且人类最大的敌人向来都是自我的惰性;也有客观原因,不是所有人都具备"窥一斑而知全豹"的能力的。

**(二) 教师在教育教学中的困惑没有得到有效解决**

和被动参加研习相比,教师在日常的教育教学工作中遇到问题时,往往会在一定的范围内如教研组,或同班的任课教师面前"吐槽"自己的烦恼,发泄负面情绪。在"吐槽"的过程中,会出现以下几种情况:

1. 发泄情绪时,吐槽大合奏

当某位教师发泄负面情绪的时候,出于构建和谐人际关系的需求,其他教师一般都会有所响应,消极情绪就在这样的氛围下蔓延、滋长。吐槽结束后,大家继续各自的教育教学工作,可见集体大吐槽除了缓解身心压力之外,对解决教育教学中的问题没有任何帮助。

2. 发泄完情绪,再反思问题

吐槽结束后,有些教师也会静下心来,在放学后或双休日的空闲时间里反思整个事件,梳理时间、地点、人物、事情(包括起因、经过、结果),思考解决问题的方法、途径和策略,并尝试着去干预、去实践,看问题是否能得到解决。无论是反思还是实践,都是个人行为,具有一定的局限性,且这些尝试呈点状分布,即想到一个点子、一个方法就去试一下,实验一下,思考与实践较为随意,不严谨、不周全、不系统,容易陷入"头疼医头,脚疼医脚"的误区。

3. 经验与教训,都是他山之石

有的教师在吐槽的过程中,会从同事处得到一些经验或教训,他们也会一起借助网络去寻找一些有效的方法。无论是经验还是教训,都是基于同行个人经历的积累和沉淀,是他山之石,或许可以攻玉;但所提出的策略具有鲜明的个人特征,没有将学校、教师、学生、家长等更多不同的因素考虑进去,所以简单的模仿并不一定能起到立竿见影的效果。与实证研修、项目研习相比,这样的活动缺乏对问题的深入思考,更谈不上科学性和有效性。

## 二、实施过程

基于以上问题,我们提出"以教师发展为本,通过具体的管理措施,帮助教师激发自主发展内驱力,让研究成为教师教育生活的主要方式"。

（一）调研教师合作研习的可行性

1. 调研的设计与实施

为了了解我校教师教育、教学、研究工作的实际情况,分析和找准现状中存在的问题与不足,并在此基础上寻求对策,从而提高教师专业发展的有效性,我们以课题研究为切入口设计了问卷,内容涵盖课题的提出、专家介入的形式与辅导的内容、研究的时间、研究的动机、研究的目的、研究的困难与困惑、研究的状态、研究的需求,以及阻碍教师开展研究的因素等方面。

2. 调研结果

（1）专家介入的形式

对于专家介入的形式,70%的教师希望与专家一起参与课题研究的整个过程,包括研究内容的梳理、具体方法的指导等,这说明教师希望自己的研究行为是扎实而有效的,希望通过专家过程性的辅导,既解决教学中的实际问题,又掌握一定的研究方法。另外,22.22%的教师选择专家与各学科教师开展个别化互动,这说明教师希望专家的辅导更具有学科性,更注重个别化的指导,也从侧面反映了教师对学科类专家参与研究的需求。

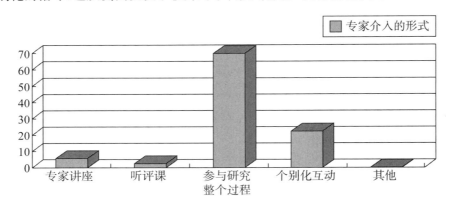

（2）专家辅导的内容

在研究过程中,近30%的教师希望专家能提出解决问题的具体方法与措施,提供操作性强的途径与策略,这说明教师非常明确课题研究的目的是解决问题,而专家能提供的最大帮助莫过于提出能解决这些问题的方法与策略、途径与措施。当然,有14.92%的教师希望专家在研究过程中帮助自己提炼总结,毕竟相对而言,教师的优势是实践,专家的长处是理论。14.18%的教师希望通过专家报告了解案例、叙事等写作技巧,13.79%的教师则希望专家通过报告提供最新理念。13.03%的教师希望专家对自己的论文进行修改,8.43%的教师希望通过专家报告了解科研的研究方法。仅有 5.75%的教师希望专家通过听评课进行研究指导,因为进行科研指导的专家基本都不是某一学科类的专家,所以教师对专家深入课堂的听评课并不十分欢迎。

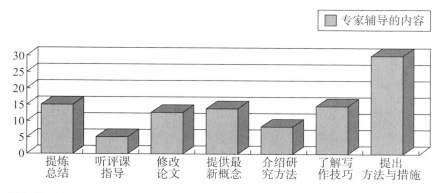

（3）研究的时间

46.67%的教师几乎没有课题研究的时间,而 37.78%的教师虽然能挤出一些时间,但并不固定。由此可见,学校里有近 85%的教师缺乏研究时间,整日忙于琐碎的教育教学工作,真正能定时开展研究的不足 15%,且时间相对比较紧张,这在很大程度上降低了学校课题研究的效率。

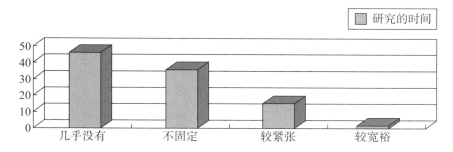

（4）研究的动机

就研究的动机而言,数据显示呈两头尖、中间大的正态分布,即个别教师出于文化自觉开展研究,认为研究能改善自己的教育教学效率,但同样也有个别教师碍于学校规定进行研究,其实心里很不愿意。41.11%的教师在任务驱动的过程中不断反思成长,45.56%的教师则因学校规定跟着大家较为被动地进行研究。

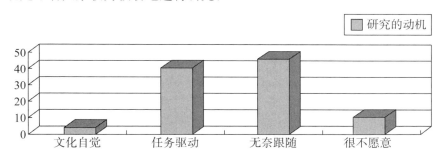

（5）阻碍教师开展研究的因素

没有时间、研究时遇到具体问题缺乏帮助以及专家辅导不给力成了阻碍教师开展课题研究的三大重要因素,分别占 25％、23.41％和 20.63％。12.7％的教师认为课题研究与自己的日常工作关系不大,7.94％的教师则因一时见不到成效而不愿开展课题研究,还有 7.14 的教师认为自己对课题的研究领域不熟悉,不知如何开展研究。认为是学校评价和奖励不到位阻碍研究的,以及是自己的惰性阻碍研究的分别占 1.98％和 1.2％。

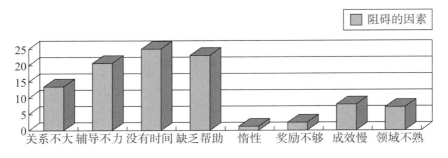

（6）研究的困难

对于研究过程中的困难,29.67％的教师选择撰写案例、论文或叙事等体现课题研究过程的文章,22.97％的教师选择撰写课题开题报告或结题报告,20.57％的教师选择有计划、有目的、有内容、有成效地开展研究。可见,部分教师对写文章心存畏惧,部分教师对课题研究过程的开展感到力不从心。14.35％的教师觉得开与课题有关的研讨课较为困难,还有 6.7％和 5.74％的教师认为读书笔记的撰写和文献资料的搜集比较棘手。

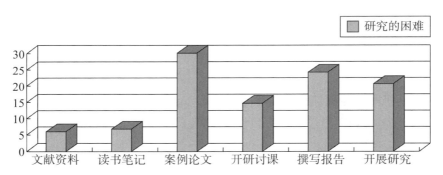

（7）研究的目的

56.08％的教师认为课题研究的目的是解决教育教学中的实际问题并有所收获。26.35％的教师认为通过研究取得成果,从而解决职称评优问题是研究的目的。另有10.14％的教师认为研究的目的是掌握一定的科研方法,6.76％的教师则认为通过研究提高写作、归纳、总结的能力是课题研究的真正目的。

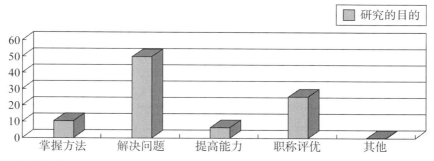

（8）研究的频率

对于课题研究组研讨活动的频率,60％以上的教师希望一学期开展一至两次,24.44％的教师希望一个月开展一次,10％的教师希望两周开展一次,各有 1.11％的教师希望一周开展一次和一年开展一次。

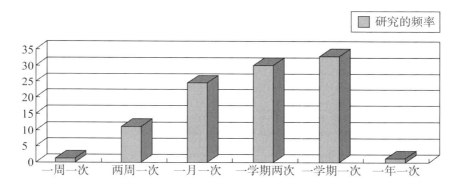

（二）学校层面合作研习的推进与实施

1.为教师"松绑减负",还教师更多研究时间

问卷调查发现,46.67％的教师认为自己几乎没有课题研究的时间,而 37.78％的教师虽然能挤出一些时间,但并不固定。鉴于此,我们做了以下几件事:

（1）组织教师完成一周工作的时间记录和安排

科研室设计了教师一周工作时间记录表,并在教研组长会议上作了原因的分析和动机的阐述。通过这项工作的推进,我们可以达到以下三方面的目的:

其一,教师能了解自己的工作时间安排,用于教学、班级事务、教育、研究、批改、辅导、备课、开会等工作的时间都一目了然。教师在此基础上系统审视自己的工作状态,看看可以在哪些方面通过什么办法提高时间的使用效率。

其二,帮助学校了解教师的工作负荷及工作现状,为提升学校各项工作的实效性服务。同时,对于教师提出的既有利于学校发展又有利于自身发展的时间管理方面的金点子,学校可以统筹安排和规划。

其三,帮助教师关注自主时间的管理,为以后组成项目组、扎实开展研究奠定基础。

主要内容如下:

教师将一周的护导、教学、批改、辅导、备课、命题、区教研、校教研、开会、培训等项目记录下来,同时罗列出除日常工作外一学期需要完成的各级各类任务,提出认为可做减法或可调整方式方法的任务,提高工作和研究的效率。

### 教师一周工作时间记录表

| | 星期一 | 星期二 | 星期三 | 星期四 | 星期五 |
|---|---|---|---|---|---|
| 7:45—8:00 | | | | | |
| 8:01—8:15 | | | | | |
| 8:16—8:40 | | | | | |
| 8:41—9:15 | | | | | |
| 9:16—9:25 | | | | | |
| 9:26—10:02 | | | | | |
| 10:03—10:19 | | | | | |
| 10:20—10:54 | | | | | |
| 10:55—11:04 | | | | | |
| 11:05—11:39 | | | | | |
| 11:40—12:20 | | | | | |
| 12:21—12:40 | | | | | |
| 12:41—13:27 | | | | | |
| 13:28—13:49 | | | | | |
| 13:50—14:24 | | | | | |
| 14:25—14:34 | | | | | |
| 14:35—15:11 | | | | | |
| 15:12—15:46 | | | | | |
| 15:47—16:15 | | | | | |
| 16:15 以后 | | | | | |

除了日常工作外,我还需要完成以下部门的工作:

| | |
|---|---|
| 校长室 | |
| 党支部 | |
| 德育处 | |
| 大队部 | |
| 教导处 | |
| 科研处 | |
| 学术委员会 | |

| 区教育学院 | |
|---|---|
| 区教育局 | |
| 市培训中心 | |

我的建议：_____

_____

（2）听取教师对各条块工作有效性的建议

在教师完成一周工作时间记录表之后，科研室设计并发放了教师时间安排意见征询反馈单，请教师对学校各项工作提出合理建议，如：哪些是可以全部或部分取消的无效工作，这些工作通常只是为了堆积材料，以便应付检查；哪些是可以简化或优化的低效工作；如何提高自主时间管理能力；等等。

### 关于教师时间安排意见征询反馈单

亲爱的老师：

您好！小小一张时间表，投射了您每天忙碌的身影，记录了您每天匆匆的脚步。多么希望自己能有时间静下心来分析教材，研究教法，讨论命题，有时间静下心来关注教育，针对问题，思考对策。

为了给教师们更多自主研究的时间和空间，让我们拿起笔，认真思考一下，在现有的机制和体制下，学校的哪些工作是可以全部或部分取消的，哪些工作是可以简化或优化的，哪些工作是可以改进方式方法的。

| 类型 | 具体事项 |
|---|---|
| 可以全部或部分取消的无效工作 | |
| 可以简化或优化的低效工作 | |
| 关于提高自主时间管理能力的合理建议 | |

注：若页面空间不够，可自行附页

（3）讨论可撤销、合并或改变要求的工作

在科研室将教师填写的表格进行整理归纳后，各分管领导在行政会上就23条关于可撤销、合并或改变要求的工作的建议展开讨论。如：每月教学反思要上传两个地方，是否可以减少一处的上传；希望取消对教学反思字数的限制，调整反思的频率及上传与评价的方式；每周一次的消防演习过于频繁，且学生重视程度不够，是否可以加强宣传，提高重视程度，定期进行演练；课堂观察这一每个教研组必须完成的项目是否可以考虑在面上取消，将落脚点放在有实际研究需要的教研组身上,它是研究的载体和方法,应该为研究服务;周三下午的拓展课,是否可以组织家长志愿者或外聘教师进行授课,这样教师就能腾出时间进行研究;中午看饭是否可以轮流,不要每天让班主任看,这样班主任就有时间深挖教材每日教研了;以后有代课任务,不要总是想到班主任,班主任的工作太繁重了;一个学期内学校规定教研主题的活动是否可以少而精,这样教师们就能分出更多时间进行研究。

针对这些建议,学校多次开会,反复讨论,以提高教师各项工作的有效性,如:对于承担市、区、校多项研究任务,同时又担任教研组长等职务的教师,在安排拓展课时尽量给予照顾;聘请数位不同学科的退休教师坐镇学校,一旦出现病假、事假、婚假、产假等情况,退休教师能及时顶岗,减轻了在职教师的代课压力;取消了对教学反思字数的限制,调整了教学反思的频率及上传的方式;对于课堂观察,各教研组可根据不同的研究需要,自主选择如何使用摄像设备等。这些举措的实施是为了尽可能地挤出时间,让教师参与项目研究。

(4)有效整合骨干教师多重身份下的研究

结合新一轮区学科带头人申报工作,学校鼓励研究骨干将市名师基地工作、市优青项目、区学科带头人项目、区学科中心组工作、区域课程改革难点以及校级研究项目进行有效统整,以保证研究具备充足的时间与空间,并与自己的日常教育教学工作有效整合,提高研究的有效性。

2. 为教师"添砖加瓦",给教师更多有效资源

(1)文献学习

① 学习内容变"全校统一"为"各组根据内容自行选择"。

假期学习几乎是每个学校的惯例。一般来说,校长室会提供一至两本书籍,要求教师在寒暑假期间进行学习,学习的要求是圈圈画画、摘录摘抄或完成一张理论联系实际的学习单。"一刀切"的学习方式具有计划性强、统计方便、反馈集中的优势,却也因为缺少选择性,导致教师在完成学习的时候多少带着点任务驱动的味道。于是,我们对这一学习方式进行了改革。各项目组根据自己研究的项目自行选择学习的内容,实现了从"任务驱动式的规定学习"到"菜单选择式的自主学习"的转变。

在研究过程中,有的项目组在细分研究内容时会提问:遇到这种情况怎么办呢?这个矛盾怎么解决呢?当个人智慧、团体智慧遇到瓶颈的时候,学习文献就成了教师迫切想要去认真完成的事情,而不仅仅是一项被动接受的任务,学习的内需得到了极大的调动。

② 文献来源变"搜索百度"为"提供中国知网下载权限"。

到哪里去寻找较为专业的资料呢?为了提高查找效率,许多教师习惯于到"百度"上查找相关资料,而"百度"上的资料其实并不专业,许多专业的资料是需要付费的,这涉及知识产权的保护。校长室经过讨论,决定以学校名义定期在中国知网这一学术性较强的网站付费购买文献下载的权限。通过查阅,教师发现在知网查询某一个或某几个关键词,出现的内容既有来自期刊的文章或硕士生、博士生撰写的毕业论文,又有文章发表的时间和被引用、被下载的次数,而从作者的单位等信息中,教师也了解了文献内容所指向的地域范围。通过

对这些信息的掌握以及对文献的预览,教师能初步了解文献的大致内容,并决定是否付费下载学习。

③ 学习方式变"圈圈画画"为"完成文献资料的学习单"。

以前的教师学习为了强调物化的学习成果,要求教师在所学内容上圈圈画画或完成一份作业单,作业单上以填空题为主,罗列了所学内容的基本信息和核心概念。但写下正确答案并不一定意味着认同、内化和实践这些新理念、新观点、新知识、新技能。在项目组选定项目并开始进行文献资料学习后,科研室设计了文献资料学习单(如下表所示),主要是帮助教师及时记录同一领域的已有成果中其他研究者研究了哪些方面的内容、有哪些值得借鉴的成果和做法,并思考学生学习行为或教师教学行为背后存在的理论依据或心理学依据。同时,为了强化教师的知识产权意识以及将来撰写论文或结题报告的需要,我们在表格中特别要求各项目组标明资料来源及文章中标注的文献目录等信息。

**校级项目文献资料学习情况表**

| 姓名 | | 资料来源 | |
|---|---|---|---|
| 项目名称 | | | |
| 同一领域的已有成果中,其他研究者研究了哪些方面的内容,有哪些值得借鉴的成果和做法。 | | | |
| 学生学习行为或教师教学行为背后存在的理论依据或心理学依据 | | | |
| 文献目录 | | | |

④ 学习时段变"研究之初"为"按需要贯穿研究全过程"。

课题研究离不开学习。以前,我们总是把文献学习放在研究之初,将其当作一项任务完成,学习结束后便不再触碰。通过实践,我们认为理论学习的时机选择很重要。它应该顺应课题研究和项目研究的发展,可以存在于研究的任何一个阶段,并非研究之初才可以进行。开题前,教师通过学习了解他人研究的现状;实践前,教师通过学习制定或修正自己的研究规划;实践中,教师通过学习打破思维瓶颈,拓宽视野和研究思路⋯⋯这样的学习,是在教师需要时才应运而生的,目的并非是完成任务。因此,只有水到渠成式的学习,才能提高教师学习的主动性和积极性,从而提高学习的有效性。

(2) 外援支持

① 变"一位专家统揽全局"为"领域专家各司其职"。

在研究的不同阶段,教师的需求并不相同。课题开题前的需求问卷调查,是为了了解教师希望研究的内容,确立新的研究课题,而在研究过程中的需求调研往往会被我们忽视。科研室作为一个职能部门,理应多为一线教师考虑,在指导的同时发挥服务的功能。因此,我们课题组又一次讨论了"项目过程研究之教师需求表"的设计,包括领域专家的需求、研究经费的筹划、成果评价的形式等。在汇总各领衔人的项目过程研究需求时,我们发现各项目组需要的专家涵盖多个领域:既有学科类专家,如上海市学科教研员(薛峰、朱浦、姚剑强)、本区(汪叔阳、曹慰年)或外区特级教师(高永娟、曹培英、王珏、顾立宁),也有科研类专家,如上海市教科院专家(王洁)及区教科室专家(吕洪波、汪泠淞);既有高校理论专家(夏惠贤、夏正江、钱初熹),也有儿童文学作家(秦文君、周锐);既有家庭教育专家(黄寿根),也有心理学专家(陈默);既有少年宫等校外机构的专家(聂晓燕),也有市名师基地导师(张家素);等等。

当各项目组需要设计调查问卷、开展访谈或撰写案例论文时,我们请来了科研方面的专家进行专题辅导;当学科类项目开展教学设计时,我们请来了具备一线教学经验的学科类专家;当阅读类项目的研究遇到难题时,我们请来了上海市著名儿童文学专家,并让负责项目的教师走出去聆听一些讲座;当艺术类项目需要帮助时,我们请来了少年宫经验丰富的学科带头人;当关注学生行为偏差的项目需要了解更多理论时,我们请来了资深的心理学教授。根据教师提出的专家需求为各项目组配备专家资源,不仅极大地满足了教师研究的需要,还确保专家辅导不再流于形式,不再大而空洞,切实地为教师解决教育教学问题出谋划策。

② 变"被动跟着专家走"为"主动根据研究进度找专家"。

我们以往的专家辅导一般有这样几种形式:一是听专家作全校性的辅导讲座或报告,二是专家深入课堂与教师一起开展听、评课活动,三是专家审阅教师撰写的案例、论文,并提出书面的修改建议。无论是哪种形式,教师基本都是被动地跟着专家的步子走,被动地接受专家给予的观点、聆听专家抛出的评论、完成专家布置的任务。而现在,我们不仅根据自己的研究进度查询文献资料,还根据自己的研究进度寻找专家,以平等互动的方式进行沟通与"头脑风暴"。

比如,趣味数学项目组在低年级时将研究重点放在巧算 24 点、火柴棒游戏及百变七巧板上,到了中高年级,教师似乎找不到可进一步挖掘的内容。于是,我们请来了这方面的专家与教师一起玩转数学——四五个"数学魔术"和七八个"数学游戏"。在分组聆听辅导讲座的过程中,教师动手体验尝试,个个认真观察,努力思考,全身心地投入其中,不仅感受到了数学的魅力和学习的快乐,也为项目研究内容的延续和拓展打下了基础。

③ 盘活校内优质师资资源,使校本导师隐性经验显性化。

作为"二期课改"实验学校与素质教育实验学校,我校的师资队伍中有一批业务素质高、综合能力强的市区级骨干教师。为了盘活学校的优质资源,使教师的隐性知识得以显性化,我们尝试了校内专家专题主讲制度。

方洁老师成了校内跨项目专题主讲的第一人。学困生项目组的组长发现,有一个成绩全年级倒数第一的孩子,在方洁老师的教育下,数学能考到"良好",有时甚至能获得优秀的成绩,所以特地邀请方老师来项目组说说她与学困生的故事。方老师用平实朴素的语言介绍了一个个小案例,并告诉我们如何去了解一名学困生、如何用孩子喜欢且能接受的方式去爱一名学困生,以及如何去批评教育学困生。整个过程中,老师们听得非常认真,有的频频点头表示认同,有的边听边记录。活动结束后,大家都说这样的专题主讲令人受益匪浅。而方洁老师回到办公室后也感慨,以前写文章前都是先从网上下载一些其他老师的文章,看看别人写些什么内容,或者找一点有关的理论去润色自己的文章,而这次主讲前完全没有看过其他任何材料,平时怎么想、怎么说、怎么做就怎么总结。因为这是发生在自己身上的故事,所以方老师主讲时并不是照本宣科,而是如平时闲聊般放松自如。可见,教师只有使用自己的话语系统,说教师听得懂、能接受且对他们有帮助的话,才能使自己说的时候有信心,听的人也有收获。

3. 为教师"保驾护航",使研习过程顺利开展

(1)尝试研究容错机制,注重低效、无效研究后的反思与调整

无论是项目研究还是课题研究,都是针对问题提出解决问题的策略,而后在实践中进行检验。这里所说的策略其实是预设的策略,是否能在实践中取得成效对每位参与研究的教师来说其实都是未知数。理想状态下,所有策略都能取得良好的效果,达到预定的研究目标;但我们在研究过程中发现,有的项目组因为各种各样的原因,研究效果并未完全达到预期,或即使达到了预期也出现了其他意料之外的情况。此时,加强反思与调整就显得尤为重要了。

比如,有一个项目组研究的是提高肥胖学生快速跑的水平,但在制定研究计划、分解研究问题的过程中,只考虑了教师的教学设计、课后辅导、动机态度、评价方式等,没有考虑到不同学生的家庭饮食习惯等客观因素,影响了个别学生的研究效果。反思之后,项目组和家长积极沟通,争取家长的配合,主要从饮食结构上调整,保证学生的营养摄入。例如:限制高热量食品的摄入;远离垃圾食品;定时定量进餐,杜绝暴饮暴食;严格控制油炸食品和含糖饮料;养成合理平衡的膳食习惯。得到家长关于饮食习惯与运动监督的支持后,项目组的研究效率大大提高。

还有一个项目组研究的对象是英语学困生。在采取了各项措施之后,学困生的成绩有了显著的提高;但是,由于项目组在教学中处处从学困生出发,为他们搭建了许多"脚手架",如在 PPT 上呈现教师所提的问题和答案的框架结构、关键词、关键句型等,过了一段时间,其他学生在听力方面的能力与之前相比有所下降。因此,项目组对干预因素及时进行了调整,将关键信息以小纸条的方式提供给个别学困生,不同学生的 worksheet 设计也有所不同。这样做,既顾及了学困生的学习需求和心理需要,也没有降低其他学生的学习要求。

（2）发挥校科研室作用，加强与各项目组在研究各环节的互动

在各项目组研究的过程中，科研室始终与项目组长进行定期的沟通与互动，以保证研究能够正常、有序地开展。有的项目组长具备独立研究的能力，曾独立承担过区级项目的研究，但人数非常有限；大部分组长都是第一次领衔承担项目研究，虽然这些教师摆脱了以往的被动式研究，但多年来他们早已习惯于听从命令、完成任务了。为了让教师平稳度过角色转换期，科研室必须给予全程的跟踪与帮助。

| 培训主题 | 培训内容 | 主要形式 | 主讲教师 |
| --- | --- | --- | --- |
| 基于科研方法 | 分解项目问题，分析形成原因，提出研究假设 | 经验分享＋讨论 | 科研室 |
| | 撰写项目研究计划书，制定项目组学期研究计划 | 经验分享 | 科研室 |
| | 如何开展课堂观察 | 讲座＋实践体验 | 专家（李玉贵） |
| | 如何开展课堂观察 | 经验交流分享 | 科研室 |
| | 如何撰写研究反思 | 经验分享 | 科研室 |
| | 如何进行文献研究 | 经验分享 | 科研室 |
| | 如何撰写结题报告 | 经验分享 | 科研室 |
| | 如何开展问卷调查 | 讲座＋讨论互动 | 科研室 |
| | 如何开展实证研究 | 讨论互动 | 科研室 |
| | 如何撰写案例论文 | 讲座＋经验分享 | 科研室 |
| | 如何撰写关键教育事件 | 讲座 | 专家（张肇丰） |
| 基于研究内容 | 学习共同体的建设 | 讲座＋听评课 | 专家（秋田喜代美） |
| | 打造发生学习的课堂 | 讲座 | 专家（谭轶斌） |
| | 我眼中的幸福教育 | 讨论互动 | 科研室 |
| | 各项目组研究成果校级展示 | 汇报＋互动＋评价 | 各项目组 |
| | 如何撰写基于儿童立场的幸福课堂课程纲要 | 讲座 | 专家（吴刚平） |
| | 基于核心素养的课堂教学 | 讲座 | 专家（张华） |
| | PBL项目化学习 | 讲座＋实践操作 | 世外培训团队 |

在研究初期，对于有研究想法但思路还比较混沌的项目组，科研室要和组长一起讨论该项目可以从哪里入手开展研究，获取第一手的数据资料；一起分解问题，梳理可研究的内容，并匹配相对应的研究方法；一起制定简洁方便、一目了然的学期研究计划；一起定夺可以聘请的专家外援及对专家的要求。在研究过程中，科研室通过与组长的不断互动，及时了解研究的动态、取得的成绩、遇到的困惑，并帮助组长出谋划策，反思调整。对于教师在研究过程中撰写的

案例、论文或研究札记,科研室必须认真审阅,并以批注的方式提出修改的意见和建议,帮助教师不断地、及时地总结研究所得。当项目组进行中期成果汇报时,在汇报形式、流程、内容、专家及座位安排等方面,科研室要提前半个月与项目组长进行磋商,反复斟酌、修改、完善。

（3）尝试管理听证机制,给予教师管理各环节的发言权

学校里任何一项工作的布置,要取得教师真心实意的支持,事前的听证和事后的调整是非常必要的。关于项目研究,科研室在制定新的制度、出台新的工作前,必定会通过不同平台、借助不同场合倾听教师的意见。

以项目研究展示评价反馈表为例。因为评价的对象是参加展示的各项目组,所以,在开学初的项目负责制组长会议上,科研室出示了初步拟定的评价反馈表,并现场听取各位组长的意见,然后请组长们将反馈表带回组内听取组员的意见,如有需要完善的地方则输入电脑形成电子文档,挂在内网科研室的指定文件夹内。科研室在规定的时间内下载教师的意见,并不断完善修改这份评价反馈表。这样一来,评价者、被评价者都能在评价之前对评价方式、评价内容了然于胸,研究展示的质量也间接得以提高。

又如在学习文献资料之前,科研室和各项目组领衔人就有过沟通,这种沟通不是布置任务,而是把要做什么、怎么做,以及为什么要做说清楚、说明白,同时听取大家的意见和建议。再如科研室在项目研究过程中设计的研究需求调研表、中国知网文献学习摘录表及项目组阶段成果展示评价表。在实施前,我们进行了听证,希望教师站在自己的角度,提出合理的建议,将这些表格设计得更人性化、更具有操作性,使其应用起来更科学、更有效。在实施后,我们在校园网科研室的文件夹下特别设立了"科研工作意见调整信息征询"文件夹,教师在研究过程中有任何想法或需要调整的意见,都可以通过这一渠道进行反馈。不署名的word文档既保护了教师的隐私权,也保证了研究工作的不断完善。

（三）项目组层面合作研习的推进与实施

为使各项目组的研究能有序开展,提高研究的质量,科研室与各项目组长定期召开研讨活动。研讨前,科研室制定主题,准备主讲内容,并将主题提前告知各位组长,以保证研讨的有效性。

1. 分解项目名称,形成逻辑严密的问题链

项目组是基于共同的教育教学问题产生的。我们首先应该在学习文献资料的基础上,共同分解所要研究的问题,将其分化成一个个可以研究的小问题,并用一条主线串联起来,形成逻辑严密的问题链。做这件事的目的在于培养教师研究的缜密性,即将有可能导致最终问题产生的各种因素都考虑进去,如第一级是项目组要研究的主要问题,第二级便是研究入手的不同方面或不同成因,第三级则更为细致地剖析了不同方面存在的问题。

① 根据不同方面进行细分的问题链。以下是"小学美术课程中单元化作业的设计与实施"项目问题链示意图。

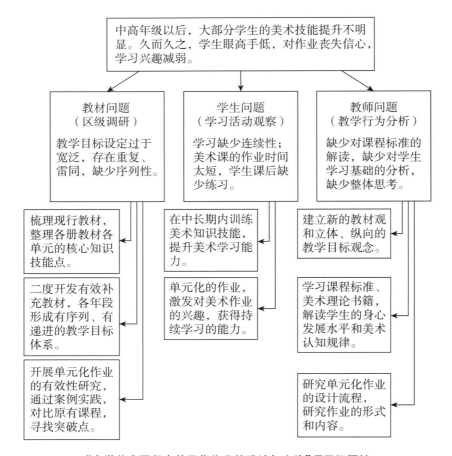

**"小学美术课程中单元化作业的设计与实施"项目问题链**

② 根据不同成因进行细分的问题链。以下是"'我阅读,我快乐'书香班级建设"项目问题链示意图。

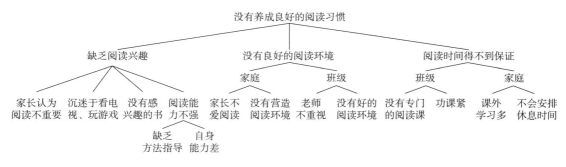

**"'我阅读,我快乐'书香班级建设"项目问题链**

2. 制定研究方案,保障研习过程的科学性

在梳理问题链的基础上,我们还要清楚每个学期研究的目标是什么,并有计划地对目标的操作进行分步骤的设计;通过 6—8 次的活动,在完成预设任务的同时,积累相关资料,为阶段研究成果的撰写做准备。

| 活动时间 | 活动内容 | 先期准备 | 积累的资料 | 后续工作 |
|---|---|---|---|---|
| 9/10 | 讨论"小学英语学困生学习情况调查"问卷的设计。 | 组长事先拟定一份待讨论的问卷。 | 1. 会议记录<br>2. 讨论修改后的调查问卷<br>3. 学生完成的调查问卷(原始资料) | 1. 组长请一位学生试做修改后的问卷,看是否有理解上的问题。有问题的及时完善。<br>2. 之后,对组内成员各班的学困生开展问卷调查,并做好数据统计工作。(仅画正字) |
| 9/26 | 讨论这些数据背后的问题,对调查结果进行分析研究,并提出初步的建议。 | 及时收齐组员的统计结果,并将各班数据进行合并统计,算出百分比。 | 会议记录 | 组长撰写《小学英语学困生学习情况调查报告》。 |
| 10/10 | 在一(7)班开展第一次教师与学困生一对一的课堂观察记录。 | 记录表:左边为教师上课的详案,右边是教师记录学生言行的留白处。 | 原始的课堂观察记录 | 组长整理课堂观察记录的内容,从中提炼出问题,并对应相匹配的片段描述。 |
| 10/14 | 针对组长提炼的问题及相匹配的片段描述,讨论问题产生的原因与解决问题的预设策略。 | 组长整理课堂观察记录内容,提炼出问题及相匹配的片段描述。 | 会议记录 | 组长完成第一位学生的个案撰写(问题—原因—策略)。 |
| 11/9 | 在三(7)班开展第二次教师与学困生一对一的课堂观察记录。 | 记录表:左边为教师上课的详案,右边是教师记录学生言行的留白处。 | 原始的课堂观察记录 | 组长整理课堂观察记录的内容,从中提炼出问题,并对应相匹配的片段描述。 |
| 11/23 | 针对组长提炼的问题及相匹配的片段描述,讨论问题产生的原因与解决问题的预设策略。 | 组长整理课堂观察记录内容,提炼出问题及相匹配的片段描述。 | 会议记录 | 组长完成第二位学生的个案撰写(问题—原因—策略)。 |

3. 有序推进研习,保证研习活动有效开展

(1) 研究活动前做好充分的准备工作

在组织组员开展研究前,项目组长必须认真策划,"有备而来"。如在进行文献资料学习交流之前,先将关键词发给组员,让大家分头查找相关资料,做好阅读和摘录的工作。这样

一来,在交流学习成果时,大家就不会只做听众了。这里要强调的是,信息的有效分享可以强化研究团队的合作意识、合作态度和合作责任。

如果需要外请专家答疑解惑或提供研究思路,项目组长可通过"项目研究需求调研表"及时将需求上报至科研室,借助学校的力量为项目组寻觅匹配度较高的专家。同时,组长要将项目组与专家互动时的要求清晰地传达给组员,做好充分的准备工作。

（2）将与研究主题相关的材料事先发给组员

为保障项目组研习活动的有效开展,在明确了研究主题之后,项目组长应该将与研究主题相关的材料,如文字材料、视频材料、图片材料等事先发给组员阅览、学习、思考,这样可以保证"头脑风暴"的效率,引发全面而深入的讨论。

（3）每项活动应有明确具体的步骤

部分项目组长由于从未担任过教研组长,因此对于开展专题研讨的组织分工、研讨的实施步骤等必须事先规划。就拿开展问卷调查来说,我们建议设计问卷时可以这样操作:第一步,在聆听科研类专家的辅导报告之后,项目组组员根据研究的需要,各自尝试出一份问卷;第二步,项目组活动时,大家比对专家的报告,在进一步学习的基础上,反思、修改所出的题目,从而形成第二份问卷;第三步,在专家的指导下,组员们对各自修改的两份问卷进行分析与完善,合二为一后形成最终稿。虽然只是设计问卷这样一个小环节,但项目组细勘探、深挖掘,做实、做透,力求使每位教师都能通过研究,真正地获得成长与发展。正式卷"新鲜出炉"后,项目组内还要进行首轮试做,并完善细节内容。随后的流程就是印制问卷、开展调查并做好数据统计工作,以及将每道题的数据制作成条状图或饼状图,便于最终调查分析报告的撰写。

（4）活动过程须科学分工,有效合作

在项目研究的过程中,项目组长需要了解每位组员的特长与优势,并以此为依据进行分工。如项目组进行课堂观察时,因为所要记录的内容较多,人员又有限,所以组长要根据研究主题、研究内容对组员进行分工:有的记录学生的言行举止、神态情绪,有的记录教师教学设计上没有的教学语言、行为等,还有的记录各种数据与频次。课堂外,组员们还要针对记录内容展开合作讨论,对自己手中的数据或描述性文字进行细致透彻的分析,从而找到大问题下隐藏的各种小问题,以及这些小问题产生的真正原因。

4. 用教师擅长的话语系统展现物化成果

（1）校刊——注重研究过程点滴经验的分享

为了调动教师的研究积极性,使过程管理显性化,科研室与校长室沟通,决定启动校刊投稿制度,即在研究过程中,各项目组撰写的个案、案例、论文,通过科研室的审核后,便可及时刊登在校刊《师说新语》上,凡是刊登文章的作者可在校领取相应稿费。以前,教师一谈到交论文、写案例就觉得头疼;现在,他们关注了研究的过程,有东西可撰写,有情感可抒发,撰写的形式既有案例、论文,也有研究日记或札记,充分体现了研究的积极性和自主性。当然,科研室还对所发表的文章进一步筛选,择优向市、区核心刊物推荐。几年来,《师说新语》已出版了二十多期,刊登了多篇研究成果,有的刊登于《长宁教育》,有的刊登于《上海教育》,有的被中国人民大学书报资料中心全文转载,并发表于《小学英语教育学——教育部基础教育课程教材发展中心推荐复印报刊资料》。

为了更好地激励教师养成及时总结点滴研究成果的习惯,也为了更好地推广研究的经验,科研室组织教师对校刊中刊登的案例、论文、札记等不同形式的文章进行了评选。教师自主地评选出对其工作最有帮助的文章,科研室在统计之后对作者进行了表彰和奖励。

阅读了本期的《师说心语》,请选出您最喜欢的或对您的工作最有帮助的几篇文章。您的每一票都将给予作者莫大的鼓励,我们期待您的选择!

_____     _____

_____     _____

_____     _____

投票人_____

（2）展示——注重研究阶段优秀成果的反馈

对于研究较为成熟的项目,科研室定期在校级层面搭建展示平台,分不同专场将研究阶段优秀成果向所有教师进行推介。为了提高效率,我们就实施方案中的部分细节进行了讨论。

① 参与对象。

全校教师根据自己所教的学科进入相应的专场聆听,无相应学科的教师可根据兴趣和需要自行选择想要聆听的专场。

② 场所布置。

研讨专场的座位不安排任何桌子,只将椅子围成一圈,进入专场的教师需将手机放在"手机休息室"这一固定位置。项目领衔人站在圆圈周长的某一点上,手持话筒进行主讲。研究团队中,一位成员帮助播放 PPT,一位成员负责会议记录,一位成员负责互动时的话筒传递。

③ 展示流程。

展示流程分为三个部分:一是研究阶段成果的介绍或其一研究内容的成果分享;二是参与教师与主讲团队的互动,即大家围绕介绍的内容进行深度的思维碰撞,形式包括提问、质疑、探讨或交流;三是教师填写参与研讨的感受,完成相关的表格。

④ 后续反思。

展示完毕,项目组收齐参与教师当场填写的研究反馈建议表(不署名),对各类数据进行了统计,并对一线教师和相关专家提出的"困惑与问题""建议与意见"进行了整理。统计数据显示,参加展示的各项目组大都获得了教师较高的评价,这对项目组来说是一种激励和肯定;而项目组整理出来的文字内容,又恰恰指出了下一阶段研究中需要调整、改进或深入研究的地方。

(四) 教师基于教育问题解决的评价

在调研"希望项目研究以怎样的方式、怎样的评价主体、怎样的评价内容进行评价?"时,有的项目组提出评价人为自己、其他项目领衔人和专家,有的提出评价人应是研究者之外的第三方,包括一名学校行政、一名教师代表、一名专家,以显示评价的公正性,还有的则提出由市、区的领域专家分类进行评价。对于评价形式,大家也想法各异,有的希望以展示加论坛的方式进行,有的希望以材料审阅和专家点评为主要方式,有的则希望以汇报加答辩的方式进行。在归纳了各项目领衔人的不同需求后,我们讨论决定:评价方式、评价内容、评价主体分层对待,相对成熟的项目组与第一次开展项目研究的项目组区别对待。也就是说,以学科带头人、中高、名师后备为领衔人的项目组或研究较为成熟的项目组,可开展以第三方评价团队为评价主体的汇报加答辩式评价,其他项目组则以材料审阅加交流汇报的自评、互评为评价方式。

基于此,我们借助项目展示,采用了三种评价方式。

其一是一线教师参与研究项目展示活动后的反馈评价,指向研究成果的应用性和辐射性。在项目展示的第三个环节,教师手持项目展示反馈表,从问题提出的真实性、普遍性到原因分析的逻辑性、条理性,从解决对策的可操作性、可行性到展示成果的应用性、辐射性,一一给予了真实的评价。表格第二部分的感受收获、疑问建议等描述性评价以及从一颗星到五颗星的模糊性评价,也都立足于改进研究方法、深化研究内容,而非简单的评判工作。

其二是项目领衔人参加每学期工作交流后的推荐式评价,指向研究工作的有序性和缜密性(网上交流、推荐)。

其三是第三方团队的学术性评价,指向研究成果的可行性和科学性。在项目展示过程中,学校领导、市区专家作为第三方团队,主要评价项目研究成果的学术性价值,同时从另一个角度对项目组的研究提出更高层次的要求。

**校级项目研究教师评价表**

项目名称:_____

主讲人:_____

研究团队成员:_____

1. 对于"问题的提出",您觉得:_____。(可多项选择)

A. 问题真实存在　　　　　　　　B. 问题具有普遍性

C. 问题接地气                 D. 问题不具普遍性

E. 问题假、大、空

2. 对于"原因的分析",您觉得:_____。(单项选择)

A. 分析有理有据     B. 分析不够全面     C. 分析有些牵强     D. 分析毫无根据

3. 对于"解决的对策",您觉得:_____。(可多项选择)

A. 操作性强、可行性强             B. 具备一定的科学性

C. 操作性强但科学性欠缺           D. 无操作性方法或策略

E. 科学性欠缺

4. 对于此次展示的阶段研究成果,当遇到相同问题时,您_____。(单项选择)

A. 愿意尝试此研究成果            B. 愿意尝试部分研究成果

C. 不愿意尝试此研究成果

5. 小伙伴们,你们真牛!

(带给我启发、感受或收获)

_____

6. 小伙伴们,我还有些疑问哦!

_____

7. 小伙伴们,我有一些建设性建议给你们项目。

_____

8. 我的评价:_____

A. 五颗星:优秀      B. 四颗星:优良      C. 三颗星:一般

D. 两颗星:合格      E. 一颗星:不合格

## 三、实施效果

### (一) 对待教育教学问题的变化

作为教师,我们面对的是一个个鲜活的生命,他们的身心无时无刻不在发生着变化,包括态度、思想、言语、行为。伴随着学生的不断成长,各种各样的教育教学问题层出不穷。我们常说解决问题的办法永远都比问题多,但真正遇到问题时首先想到的却是抱怨。这种方式不仅没有任何积极的作用,还会严重阻碍教师的专业发展。通过本课题研究,教师在面对教育教学问题时的心态出现了较大的变化,从过去的发牢骚吐槽到现在的查阅资料、分析原因、提出对策、尝试解决,这本身就是一大进步。

### (二) 对待课题研究态度的变化

以前,教师谈到科研和课题研究时总是一脸愁容,认为研究就是写文章、看专著,再加上

受到研究主题、研究时间、研究形式、过程要求的种种束缚,所以教师对研究的态度总是不那么热情。而以教育问题解决为导向的合作研习活动却改变了教师对课题研究的态度,接地气的研究主题、与工作相结合的研究时间、根据内需设计的研究过程,以及教师用自己的话语系统表达的研究成果,都不断地促进着这种改变的发生,教师甚至还会主动请科研室为自己修改一篇研究阶段成果的文章,希望投稿至校刊。

（三）组长教师研究能力的变化

由于我们的项目研究以共同问题的解决为出发点,因此在完整的研究过程中,教师面对教育教学问题的各项能力有了较大提升。如:通过分解项目问题,形成逻辑缜密的问题链,教师提高了分解问题的能力;通过课堂观察、访谈调查,以及问卷调查的设计、实施和分析,教师提高了捕捉问题的能力;通过分析问题产生的原因,提出解决问题的策略与途径,教师提高了分析问题、提出假设的能力;通过对教育教学中各项措施的实施、反思、调整、再实施,以及案例积累、论文撰写等环节,教师进一步提升了研究能力。

我们的项目组长在项目组成立之初,有的担任着教研组长的角色,有的是学校的中层管理者,有的则是一名普通的一线教师,他们怀揣着教育理想开展教学研究。通过项目组成员之间的分工合作、项目组与科研室之间的高频率互动、项目组与专家之间的平等交流,项目组的课题研究能力不断提升:从小小的一个愿景到实实在在的一步一个脚印的研究,从一篇简短的反思到洋洋洒洒数万字的报告,组长们的思维逻辑正在悄然发生着变化。几年来,有的项目组不仅在校内展示研究成果,还将展示的范围拓展到区级甚至是市级层面;研究成果的发表也不再局限于校刊,区级、市级乃至国家级核心教学刊物上也刊登了我们各项目的研究成果。

# 四、改进设想

（一）进一步探索推广现有经验的方法和途径

基于多年的实践,我们的项目研究取得了丰硕的成果。虽说我们的研究基于不同教师的实际困惑和问题,具有鲜明的个性化特点,但许多教师在聆听项目研究成果汇报或阅读校刊论文时,都表示非常愿意去尝试运用研究中的方法与策略。当然,我们在推广性研究的尝试中也发现,学科差异、教师差异、学生差异、家庭差异等因素都在一定程度上制约着推广性研究的实效;因此,我们在做这类研究时,还需要进行针对性的调整,提炼、探索具有普遍意义的方法和途径。

（二）进一步转变教师对于真实研究成果的观念

虽然我们在研究过程中引进了容错机制,但从结题展示情况来看,大多数研究最终还是有效和成功的。不过,在与项目组沟通的过程中,我们也发现了一些并不成功的案例,主要集中在个别学生身上，但教师往往会有意无意地忽略这些，并认为研究一旦失败就没有价值，毕竟大家都希望被"学习借鉴"，而不是"引以为戒"。

　　其实，失败的研究成果也是有价值的。假设其他教师再做这类研究，那么他们在设计研究内容、提出研究假设、制定研究计划时所考虑的因素、内容就会更全面、更科学。因此，科研室还需要通过各种平台，与项目组长沟通互动，让教师进一步转变观念，呈现更全面、更真实的研究成果。

# 学校教育科研"破冰"
# 教师科研素养培育起航[*]

长宁区愚一小学向红分校是一所弄堂小学,学校课题数量少,教师数量少,有科研经验的教师更少。针对教师科研能力普遍不强的情况,向红分校开启了教育科研的"破冰"之旅。以下是向红分校科研"破冰"过程示意图。

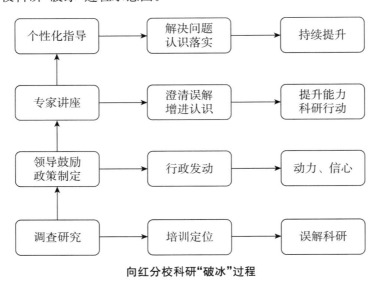

向红分校科研"破冰"过程

## 第一阶段:调查研究,针对问题,合理制定学校科研培训重点

教育科研培训要基于当前的问题,符合教师的需要,才能激发教师参训的热情,达到良好的培训效果。对学校和教师科研基础的调查研究在科研"破冰"阶段尤为重要。向红分校基于区教科室的调查数据,针对"自身能力不足、没热情、没时间"三个方面的问题,对学校教师进行了深入调研。

通过随机分层访谈、实证研究,学校发现教师将科研看作是"高大上""遥不可及"的研究,再加上平时工作安排已满负荷,大家对从事教育科研根本没有热情。问题的症结在于教师对科研有误解,应该让教师接触接地气的、能够实践运用的、能够切实解决教育教学实际

* 本文由上海市长宁区教育学院张萌撰写。

问题的科研。因此,向红分校的校本培训"面向全体教师,降低门槛,贴近一线教师真实的需求,让老师们很容易就能走进科研",希望"学校教师通过培训,能够规范日常科研行为,学习日常科研的常见方法,提升参与科研的兴趣,愿意并积极地投入到科研活动中"。

## 第二阶段:行政发动,制定政策,给予教师做科研的动力和信心

教育科研培训的目标是学校形成良好的科研氛围,教师积极主动地投入科学研究,通过科研促进教师的专业成长和学校的内涵发展。在教育科研"破冰"之时,必须首先让教师接触科研,慢慢感受科研的魅力,而这个阶段行政的推动往往是必不可少的。

向红分校在培训之初,首先请校长以"教改背景下学校发展的思考"为主题进行了第一次培训,校长提出学校要进行"项目化管理"。培训结束后,"学校的中层干部都有了一种紧迫感,意识到自己不能再用老办法来开展工作了";老师们则觉得特别"痛快",认为"平时总是要求我们这样,要求我们那样,就该让这些领导先动起来"。

接着,学校的科研负责人以"学校科研现状分析与思考"进行了第二次培训。她通过对学校以往课题的分析,让老师们发现"科研离自己其实并不是很远,自己曾经也参与过科研活动,只是当时自己不知道是在做科研",从而使大家对科研的防备逐渐松懈下来。

与此同时,学校制定了相关的激励政策,如:认真参加培训并完成案例撰写者,均在年终考评时给予一定的奖励;被专家"评优"的文章将在总结会上以论坛的形式向大家展示,获得的奖励也会相应翻倍;凡申报校级项目或课题者,按领衔与组员的级别,在项目在研期间的年终考核中给予相应的奖励;将课题领衔的老师作为科研骨干重点培养;等等。这让教师从事教育科研的动力更足了。

## 第三阶段:集体培训,提升能力,让教师投入科研行动

外聘专家是校本科研培训的重要外部资源。专家的讲授和点拨能够开阔教师的眼界,让他们从一开始就接触较为规范的研究要求。当然,由于培训的定位不同,学校还需要与专家协商讲授的主题和侧重点。

向红分校基于科研"破冰"的培训定位,先后请专家进行了"'小学教师做科研'案例分享""如何撰写案例""如何撰写论文""如何撰写课例""如何将课堂实录转化成案例"等符合科研起步阶段特点的讲座。

比如汪泠淞老师的"教师如何做自己的小课题"讲座,让老师们"感到自己平时就生活在教学情境中,最了解教学的困难和需求,最能感知到问题所在,只要学会在教学中发现问题,课堂中就会有很多研究的素材"。这次培训后,老师们有了研究的信心——"写好学习笔记,就能进行数据信息的研究;写好教学札记,就能进行教学现状的研究;写好案例分析,就能进行个案比较的研究",也有了探索的欲望——"我对班级里的特殊生感到非常头疼,想研究又觉得自己能力不够,今天的讲座给了我不少启发"。再如杨帆老师有关案例、论文、课例、教学实录等方面的讲座,让老师们掌握了基本的规范和模式,在教育科研中拥有获得感。

## 第四阶段：个性化指导，解决问题，使教师科研能力持续提升

经过行政的推动和专家的集体培训，很多教师充满动力，也非常动心，开始撰写论文或案例，尝试进行教育科学研究。比如自然组的两位老师认为博物馆作为非正式的学习场所，可以利用的资源很多，于是申报了"小学基础型课程与博物馆有效结合的研究——以'自然'学科为例"的课题。针对这些课题，学校再次邀请专家进行个性化指导，就课题的研究设计、研究过程中产生的问题等展开辅导，手把手地教老师们进行教育科学研究。

针对教师在科研实战中遇到的难题进行个性化指导，往往比讲座式的培训更加具体、深入，能让教师对讲座内容的理解更加到位，是持续提升教师科研能力的重要途径。向红分校在统一培训的基础上，为从事教育科研的教师提供针对性的指导，给予他们有力的帮助。比如沈老师想研究如何应对突发状况频繁的特殊学生，专家建议"可以和班上有类似情况的班主任一起组团研究，先收集已有的针对这些学生情况的理论策略，然后逐条使用检验效果，最后结合自己的实例总结出可供他人参考的方法，即出现什么情况就用哪一条"。沈老师听了豁然开朗：科研其实是有很强的操作性的。可以想见，经过这次有专家支持的科研实战，沈老师会成长为学校的科研骨干，能独立从事科学研究，并带动周围教师的参与。

经过四个阶段的科研"破冰"之旅，向红分校的科研管理和教师的自主研习都更加完善。这一切得力于在培训的准备阶段，学校将认准基础与找准问题相结合，合理制定了学校科研培训的重点；将行政推动与专家辅导相结合，大力激发了教师从事科研的热情；将统一培训与个别指导相结合，切实提升了教师进行教育科研的能力。"破冰"之后，向红分校没有停止前进的步伐。面对新的阶段、新的问题，相信他们会找到新的方法、新的机制，从而不断取得新的进展。

**案例**

# 提升教师科研素养校本培训课程
## ——"莲子"破皮才易于"发芽"*

1952 年，我国科学家们从辽宁省普兰店东五里处新金县普兰店的洼地里，在 1—2 米深的泥炭层中挖掘出一些古莲子。经中国科学院考古研究所的专家测定，这些古莲子的寿命约在 930—1250 岁之间。之后，科学家们开展了一系列实验，企图使古莲子发芽。他们将古莲子浸泡了 20 个月之久，却始终不见发芽。后来，他们想出一个绝招，将古莲子的外壳钻上一个小洞，或将古莲子外壳的两头磨短 1—2 毫米，再进行培养，奇迹便出现了。96％的千年

---

* 本文由上海市长宁区愚园路第一小学向红分校谷春子撰写。

古莲子竟抽出了嫩绿的芽子!

专家认为,古莲子的外壳坚固致密,宛如一间完全密闭的房子,把种子紧紧地包裹在中央加以保护。这种得天独厚的形态使得外界水分不能进入,同时也防止了果核内部水分的泄漏,这就使古莲子始终处于休眠的状态,直到等到适宜的温度和水分条件的刺激,才会重新焕发生命活力。

## 一、培训背景

我校地处长宁区的最东面,位于愚园路与镇宁路的交界处,是一所弄堂小学。学校场地小,学生人数与教师人数也很少,在职在编并且符合参加培训的适龄教师只有二十几位。多年以来,学校的科研状态是维持一个区级课题。课题组成员的结构,多以中层以上的领导干部为主,辅以几个被领导点名的教师,这些有幸被点名的教师基本也是以学科组长或骨干教师为主。学校的大部分教师几乎从来不参与科研活动,对科研的相关内容也知之甚少。

2017年9月,我区教育学院教科室以问卷调研的方式,对全区中小学教师科研素养的情况做了一次全面调研。整套问卷包括"学校科研生态、科研意识、科研知识、科研能力、科研精神、科研培训需求"等9项一级指标及40多项二级指标。我校参与问卷35份,回收且有效的问卷23份。

我们仔细阅读了区教科室的反馈报告,从第25题"阻碍您开展教育教学课题研究的主要问题(请选三项)"的数据中发现,"自身能力不足、没热情、没时间"是阻碍我校教师开展科研活动的最主要的三个原因。我校科研室立即着重对这三方面问题进行了分析。

### (一) 自身能力不足

在本次调查问卷中,有几题都是针对教师对科研工作中几种常用的方法的掌握情况:课题选题知识的了解程度,撰写课题研究方案的基本要求,撰写课题开题报告的基本要求,教育文献研究方法的掌握情况,教育调查研究方法的掌握情况,教育实验研究方法的掌握情况,教育叙事研究方法的掌握情况,教育案例研究方法的掌握情况。

调查数据显示:选择对这些内容"非常了解"的一个都没有,选择"比较了解"的最高不超过7人,其余老师都表示"了解一般"和"不了解"。

我们又随机访谈了几位老师:"能具体说一说您为什么觉得自身的科研能力不足吗?"

A老师:"我进校以来,从来没有参加过任何课题组活动,'开题报告''结题报告'之类的名词我只是听说过,它们具体是什么样子的,我根本不知道。即使平时工作中要求交一些案例,也是到网上找些资料拼拼凑凑,再结合一点自己的具体事例。一般都是看人家用什么格式写,我就用什么格式写。"

我们又采访了一位多次参加课题研究的老师:"您对课题的选题知识、研究方法有哪些了解?"

B老师："别看我参加了好几次课题组,其实我对课题的选题一概不知,校长叫我参加我就参加,校长说研究什么我就研究什么。文献研究就是理论学习喽,就是给我一篇文章,让我学完以后写感受,写完以后大家一起交流,最后听专家怎么讲,专家说什么就是什么。至于什么实验研究、教育叙事研究,这些词都很高深,不知道在说什么。如果一定要我谈的话,教育叙事是不是就是案例的撰写?这个我们平时也在做,大概还能做一点吧。"

我们又访谈了一位曾经独立带过课题的中层领导:"请您谈一谈对课题研究方案撰写有哪些了解。"

她也很实事求是地说:"当时也是为了评中高,要求必须领衔一个课题,所以只能赶鸭子上架,照着学校里的区级课题模式,依葫芦画瓢,碰到课题组请的专家过来,就厚着脸皮请专家给点意见。如果什么参考也没有,让我独立完成,我也做不到。"

从以上调查数据和访谈内容中,我们不难看出:老师们普遍觉得科研是很高深的理论研究,尤其对小学老师来说太"高大上"了,实在是力有所不逮。

（二）没热情

我们依然随机抽取了几位老师进行访谈:"如果学校邀请您参与课题研究的活动,您愿意吗?"

C老师:"我不愿意。那些专家讲的理论又高深又难懂,和我的工作也没有很大的关系,讲座一听就要两三个小时,对我的工作一点帮助也没有。"

D老师:"以前参加课题组是为了写文章,多一点机会获奖、发表,可以评职称。现在评职称,论文也不是必要的条件。既然不需要写论文了,那我为什么还要假装对科研有热情呢?"

科研,是每个学校必须开展的工作之一,它能促进教师素质和教育质量的提高,能使教师通过实践运用、总结经验、探索规律,上升到理论的高度来认识教育现象和问题,同时促进教师理论修养的提升。但在实际工作中,这两位老师的话很具代表性,绝大多数教师参与课题研究源于任务的驱动,对于枯燥的理论学习和撰写各类文章,他们本就心存畏惧,而课题研究中要求教师做得最多的恰恰就是这两件事,这就导致课题研究成了一件不得人心的事,大家参与的热情自然也不会高。

（三）没时间

教师因日常工作繁忙,很难做到有固定且宽裕的时间来开展课题研究。各部门的任务千头万绪,汇聚到一线教师身上,工作量还是相当惊人的。为此,我们设计了一张表格,请老师们写一写自己一周的工作安排。下表为学校科研负责人的一周工作时间安排。

**教师一周工作时间安排表**

|  |  | 星期一 | 星期二 | 星期三 | 星期四 | 星期五 |
|---|---|---|---|---|---|---|
|  | 8:00—8:30 | 进班辅导 | 进班辅导 | 进班辅导 | 进班辅导 | 进班辅导 |

（续表）

|  |  | 星期一 | 星期二 | 星期三 | 星期四 | 星期五 |
|---|---|---|---|---|---|---|
| 1 | 8:31—9:05 | 备课 | 上课 | 上课 | 上课 | 上课 |
| 2 | 9:17—9:52 | 批改 | 批改 | 上课 | 批改 | 全天带见习生 |
| 3 | 10:10—10:45 | 上课 | 备课 | 批改 | 批改 | 备课、批改 |
| 4 | 10:57—11:32 | 上课 | 上课 | 备课 | 批改 | 班主任会议 |
|  | 11:33—12:30 | 午餐管理 | 午餐管理 |  |  | 午餐管理 |
|  | 12:40—13:00 | 午会 | 午会 | 午会 | 午会 | 午会 |
| 5 | 13:01—13:35 | 上课 | 批改 | 上课 | 双周培训 | 上课 |
| 6 | 13:59—14:34 | 批改 | 备课 | 上课 | 双周培训 | 师徒带教 |
| 7 | 14:46—15:21 | 个别辅导 | 备课 | 全体教师会议 | 双周培训 | 活动 |
| 8 | 15:34—16:09 | 个别辅导 |  | 全体教师会议 |  |  |
|  | 16:10—16:15 |  |  | 全体教师会议 |  |  |

除了日常工作外,我还需要完成以下部门的工作:

| 校长室 |  |
|---|---|
| 党支部 |  |
| 德育处 | 家班共育案例、中国节日校本课程、主题集会活动 |
| 大队部 | 教室版面布置、二年级入队仪式 |
| 教导处 | 教学案例、四次说备课活动、每月上传一篇反思、教研组各类资料整理、一课多轮、师徒带教 |
| 科研处 | 制定计划、撰写小结、组织课题组活动、整理资料、问卷设计 |
| ——— |  |
| ——— |  |

  从以上表格中,我们可以看到:一线教师的日程排得满满当当,即便是专门负责科研工作的老师,也很难在 8 小时工作时间之内挤出时间来搞科研。再结合之前的两点,在这样一种工作满负荷的情况下,还要拨出大量的时间来搞一个和平时工作关系不大的、艰深难懂的、评职称又不用的东西,难怪老师们对科研唯恐避之不及了。正是因为有了这样一层"外壳",紧紧地包住了科研这颗"古莲子",它才没有办法在我校生根发芽。

  其实,大家对科研有一定的误解。教师这一职业本身的内涵、教育教学改革实践与教师专业发展的内在需求都赋予了教师"研究者"的角色,要求教师不断提高自己的科研素养。科研不仅有很高深的理论研究,还有很接地气的实践运用。教育科研活动,是教师教学的精髓所在。结合自身的教学感受与思考,以规范的形式进行呈现,最终形成教师特有的理论成果,不仅是对教师工作能力的肯定,也为教学理论与实践提供了真实的依据。

俗话说得好："知易行难。"我们知道问题在哪里,可是怎样才能有效地改善现状呢? 正当我们发愁的时候,区教育科研特级教师吕洪波老师带着教育科研创新团队来了。通过交流,我们了解了她们这个项目的背景,知道她们可以围绕学校发展和教师需求,帮助我们开设个性化的校本培训课程,提升我校教师的科研素养。

平时,区、市级的科研培训虽然多,但面上的教师轮不上,轮上了也听不懂;如今,学校有了这样一个校本培训,它面向全体教师,降低门槛,贴近一线教师真实的需求,让老师们很容易就能走进科研。通过本次培训,我们希望学校教师能够规范日常科研行为,学习日常科研的常见方法,提升参与科研的兴趣,愿意并积极地投入到科研活动中。换句话说,就是为我校的"古莲子"——科研进行"破皮",让"种子"接触到"土壤""水分"和"空气",易于生根发芽。

## 二、培训策略

### (一) 培训人选

既然要提高教师参与科研的热情,就应该自上而下,发挥表率作用,所以第一次集体讲座,我们请高壁茹校长亲自上阵。

为了改变老师们对科研疏离、躲避的态度,拉近大家与科研的距离,第二次培训,我们请学校的科研负责人谷春子老师为大家分析学校的科研现状。作为学校的"老科研",谷老师参与了学校的三个区级课题,两次被评为"区科研先进个人",相信她的报告一定很接地气。

我们希望,本次培训能改变我校多年来"只有一个课题,只有一小部分人参与"的现状,希望有更多的老师能把自己在平时工作中默默做的那些小尝试、小探究以科研的形式呈现出来。为此,我们特意邀请长宁区教育学院教科室科研员汪泠淞老师就"教师如何做自己的小课题"做了一次讲座。

任何形式的科研,最后总要落笔成文,"案例撰写"是老师们平时工作中接触最多的一种形式,但大家对案例的规范格式把握不准。于是,我们邀请上海师范大学教育学院教育学系副教授杨帆老师,针对"规范案例撰写"为大家进行辅导。

### (二) 培训内容

高校长主要向大家介绍了学校未来几年的发展设想,其中提到的很重要的一点,就是"实现项目化管理"。她希望学校各部门都能以项目的形式来推进工作,用科研的思维来科学、规范地开展工作,明白自己手上的工作内容"为什么做""怎么做""做到什么程度"。这样既可以最大限度地避免各部门工作无序开展,即想到一出是一出,又可以从源头上减轻一线教师身上工作的过度叠加。

经过这次培训,学校的中层干部都有了一种紧迫感,意识到自己不能再用老办法来开展工作了,只有用科学的方式开展工作,才能使大家减负,同时为自己带来高效。老师们听了也觉得特别"痛快"。一位老师私底下说:"平时总是要求我们这样,要求我们那样,就该让这些领导先动起来!"

　　第二次培训,科研负责人谷老师针对本次教科室反馈的教师科研素养的相关数据,为大家进行了细致的分析。她在分析时特别风趣幽默,很讲究策略。无论数据反映出大家的能力有多么不足,对科研的兴趣有多么低,她都站在一线教师这边,绝不批评大家,也不唱高调提要求,而是心疼大家的辛苦,体谅大家的无奈,"痛斥"学校做法的不合理。一番深入人心的分析之后,老师们被她"忽悠"得都把她当成了亲人。接着,她又拿出《学校课题研究开展情况一览表》,对学校已有的课题和项目进行梳理。大家通过表格中反馈出来的信息发现,科研离自己其实并不是很远,自己曾经也参与过科研活动,只是当时自己不知道是在做科研。这样一来,大家对科研的防备心理又松懈了不少。最后,她呼吁:与其被别人牵着鼻子走,东一榔头西一棒槌地做无用功,不如自己干科研,搞明白自己的工作"为什么做""怎么做""做到什么程度"。

　　谷老师的一席话太具有煽动性了。会后,我们私下接触了几位老师,询问她们是否有做一些小课题、小研究的意向,她们居然都半推半就地答应了!

　　此时,把科研员汪泠淞老师请来做"教师如何做自己的小课题"讲座,对老师们而言,就是把"要我学"转变成"我要学"。在培训中,汪老师用深入浅出的语言教大家如何选题、怎么确定研究目标和内容、如何选择合适的研究方法等。汪老师还指出:一线教师应尽量选择自己实际工作中所能接触到的相关内容进行探究,要根据个人的专业和专长加以选择,要符合自身的兴趣,能发挥自己的优势,做一些实践性较强的课题。她为大家介绍了一个"提高小学生数学计算正确率的实践研究"小课题案例。通过她的讲解,老师们感到自己平时就生活在教学情境中,最了解教学的困难和需求,最能感知到问题所在,只要学会在教学中发现问题,课堂中就会有很多研究的素材。的确,我们写好学习笔记,就能进行数据信息的研究;写好教学札记,就能进行教学现状的研究;写好案例分析,就能进行个案比较的研究。如果能真正做到"教中研、研中教",这对学生、对自身来说都是一件大好事。

　　培训过程中,不时有老师兴奋地提问,汪老师也给出了不少建议。讲座结束后,我们随机采访了几位老师,请她们谈谈对本次培训的感受。

　　E老师:"我对班级里的特殊生感到非常头疼,想研究又觉得自己能力不够,今天的讲座给了我不少启发。我可以找和我有类似情况的班主任一起研究。尤其对于那些因生理因素造成行为习惯不良的学生,我们可以一起去收集已有的理论和方法,一条一条地去尝试,看看什么情况下哪条最有效。这就是科研,我很喜欢。"

　　F老师:"汪老师的讲座给了我很大的启发,让我意识到原来不是非得自己去搞出一套理论才叫科研,能把人家已有的理论和策略拿来用,谈谈自己如何用这些策略,也是科研。"

　　杨帆老师做的关于案例撰写的讲座,短短一小时,却干货满满。从他的讲座中,老师们学到了不少案例撰写的方法和形式,如蕴涵问题的教育叙事加对行为细节的解读、蕴涵问题的教学设计加对学生成绩的分析、蕴涵问题的教学实录片段加对教学绩效的解读。在讲座中,杨老师还指出了写案例时容易犯的错误,并提醒大家平时要注意规避。比如:一份完整的教育叙事必须有一个"照亮"全文的主题,它应产生于具体的教育(学)事件,是从"实事"中"求是",而不是将某个教育理论作为一项"帽子",再选择几个教育实例作为佐证;另外,不能采用"观点加材料"或"事实加总结"的记叙模式。

又如:任教者应从当事者的角度或旁观者的立场去解说自己的课堂行为,去发现自己忽视的问题和细节、不良的言语习惯和行为方式、错失的教学契机,去思考特定的问题、活动和方法是如何激起或压制学生的学习兴趣的,自己的行为及这些行为对学生学习产生了哪些影响,有哪些值得关注和改进的细节;也可提出自己的疑惑或不解,而无须引经据典对自己或学生的教与学的行为进行任何的反思、评价或判断。

培训结束后,老师们纷纷表示,教育问题、教学设计、课堂实录是自己撰写案例时最常见的选材渠道,杨老师从这三方面进行讲解,太符合大家的需要了。

(三)培训时间

教师因日常工作相当繁忙,很难有持续、固定且宽裕的时间来开展培训;但如果没有在固定的培训时间进行一系列规范的培训活动,本次培训的推进也是不扎实的。因此我们考虑,可以将固定和机动相结合,全员与个别相穿插。

我们把每个月的某个周三下午定为教师集中学习的时间,专门用来开展提升教师科研素养的集体培训。两次培训间隔的时间,供老师们自行消化吸收培训内容,思考如何将其与自己的实际工作相结合。

在两位外请专家为大家进行集体培训后,老师们需要自行组团尝试小课题研究,或撰写某一类型的案例。有意向尝试小课题的老师在申报过程中,肯定会遇到各种各样的困难,我们就邀请汪泠淞老师再次来校,为这些老师进行个别辅导。当大家都尝试完成了案例的撰写后,我们又请杨帆老师从中挑选几篇格式比较规范、内容比较完善的文章,与这些老师进行面对面、一对一的修改意见交流。

这样既能保证校本培训顺利有序地开展,也避免了教师工作过度叠加。

我们除了保证固定培训的时间以外,还在集中培训的时长上进行了调整。考虑到老师们本来看到科研就发怵,一旦讲座时间太长,就会出现坐不住、听不下去、掏出手机、来不及消化等现象,参与科研的兴趣必定大受影响,因此,对于两次校内人员的讲座、两次校外专家的讲座,我们安排的时长都不超过一小时。这种"短培训"赢得了大家的"五星好评"。老师们纷纷表示:"培训时间短一点,我倒是还愿意听一听的。""时间一短,我还没开始厌烦,就结束了。""这种短时间的讲座,可以有。"

## 三、培训成效

### (一)学校管理科学有序

自高校长提出"项目化管理"的倡议之后,各部门负责人在制定下一年的工作计划时都开始重视立项、立课题。

　　我们的科研负责人谷老师先起了个头。当时,学校正在筹备微信公众号的工作,由谷老师领衔,校长直接参与,信息技术老师和青年班主任加盟的四人小组成立了。她们共同钻研技术,设计栏目框架,经过小半年的研究,推出了操作指导手册、发送制度、栏目及负责部门框架结构图,还为全体教师做了一次关于微信公众号的技术培训,以吸引更多的老师参与到学校微信公众号平台的建设中。

　　2017 年,我校学生参与区三个指数测评的报告结果显示:学生在成就动机、安全感、责任感、意志力、自信心及情绪管理方面均低于区水平,时间控制倾向高于区水平。本次测评反映,我校学生身心健康状况良好,身心健康指数属于 B 类学校,但部分指标还是低于区水平。鉴于以上情况,德育处的负责人张老师决定带领班主任团队,通过对我校学生心理健康发展水平的实践研究,找到影响学生心理健康发展水平的因素、提升学生心理健康发展水平的策略,努力践行学校的核心办学理念"引领每个孩子走向成功",使我校学生健康快乐地成长,身心健康指数得以优化提升。

　　劳动教育是缪副校长分管的一项工作。由她牵头带领劳技老师、自然老师、品社老师、家长代表等组成的一支项目团队,以家校生活为情境,基于学生的生活经验,拓展品德与社会、劳动技术等课堂教学内涵,与各学科教学相结合,引导学生积极地参与和融入社会生活实践,不断地体验、领悟道德准则,培养社会生活能力和动手实践、创新能力。

　　有了这三个部门的示范引领,其他部门也都开始认真梳理自己的工作,就连总务处也开始酝酿关于制定《教师事务性工作指南》的项目了。

　　课题、项目的引领,不仅使部门工作的主线变得清晰,也使各部门之间的支线交叉变得有序合理;不仅有效避免了一线教师工作过度叠加,也便于校长对各部门进行管理。所有部门的所有工作都围绕课题、项目展开,"为什么做""怎么做""做到什么程度"成了各部门负责人思考最多的问题。也正是因为采取了这种科研的管理形式,本学年,我校在学生扩招、教师不足的艰苦环境下,依然忙中有序,有条不紊。

| 序号 | 课题名称 | 负责部门 | 负责人 |
|---|---|---|---|
| 1 | 用微信展示学校风采,搭建家校共育的平台 | 科研室 | 谷春子 |
| 2 | 提升我校学生心理健康发展水平的实践研究 | 德育处 | 张一玮 |
| 3 | 浅谈家校共育下劳动教育实施的策略研究 | 校长室 | 缪　静 |
| ...... | | | |

（二）教师抱团自主研习

　　老师们都觉得区教科室科研员汪泠淞老师的讲座很接地气,因此讲座结束后,大家都各自在心里酝酿开了。

　　自然组的两位老师结合平时的教学感悟,觉得博物馆作为非正式的学习场所,其中有很多可以利用的资源,但是国内目前利用博物馆的资源开展教学的学校还不多。她们希望能将博物馆的资源引进小学自然课堂,总结出小学自然与博物馆的结合方式及效果,最终找到小学自然和博物馆有效结合的模式,通过几个案例的研究,为其他小学自然老师提供参考和借鉴。不久,她们就向学校科研室提交了"小学基础型课程与博物馆有效结合的研究——以'自然'学科为例"的课题申请。

班主任沈老师的班上有好几个特殊生,她很想研究研究如何应对这些因生理原因突发状况频繁的学生,但又觉得研究这些是很高深的理论,自己好像没有搞出一套理论的本事。汪老师的辅导帮她打开了一条新思路。汪老师建议:可以和班上有类似情况的班主任一起组团研究,也无须自己总结出新的理论;先收集已有的针对这些学生情况的理论策略,然后逐条使用检验效果,最后结合自己的实例总结出可供他人参考的方法,即出现什么情况就用哪一条。听了这个方法,沈老师豁然开朗,觉得科研似乎没有那么遥不可及了,而且科研其实是有很强的操作性的。

体育组的两位老师觉得学生在体育活动中的秩序意识不强,仅凭一味的说教也不起作用,因此想尝试在游戏教学中培养学生的秩序意识。但是,她们当时只有一个初步的想法,并不知该如何具体设计和实施,更担心在实施过程中遇到困难、缺少支持。这时,汪泠淞老师的个别辅导对她们来说无疑是"及时雨"。汪老师手把手地教她们如何结合自己的学科特点制定课题研究方案,还利用自己的资源帮她们联系已有同类做法的兄弟学校,把前人的经验传授给她们,让她们能少走弯路。

体育组的赵老师根据第一阶段的研究所得,撰写的《游戏模式的改变——游戏与学生共发展》的案例,经过杨帆老师多次精心的个别辅导,已经由学校推选报送"长宁区第十七届教育学会论文评选"参评。

## 四、培训启示

校本培训虽然只有短短的一期,却对我校的科研"古莲子"进行了"破皮",使它在我校生根发芽。我们惊喜地看到:校级课题从无到有,老师们的科研意识变得敏锐了,各部门都在用科学的方法指导工作、开展研究。

破皮后的古莲子,接触到了阳光、空气、水分,开始慢慢发芽;不过,要使它苗壮成长,施肥也很重要。

肥料一:奖励落实到位。以往,学校虽有奖励制度,但落实得并不是很好。即便是参与区级课题的老师,也只是在学期末得到不超过三位数的奖励,所以老师们参与科研的热情自然不高。本次,凡是带头尝试参与校级小课题的老师,学期末得到的奖励较之以前翻了好几番。对于课题领衔的老师,学校还将其作为科研骨干重点培养。

肥料二:引进研究团队。自然组的两位老师想要有效地整合教材与博物馆的资源,但仅凭两人赤手空拳是很难办到的。于是,学校聘请了资深教研员、上师大专家带的研究生团队,定期开展校本教研活动,为她们进行个性化指导,加强理论与实践之间的对话、沟通与重建,促进教师的专业发展。

有了这两种肥料的催化,老师们对科研的抗拒心理在很大程度上被削弱了。在未来,我们希望能根据老师们研究的进程,多开设几轮这样的培训,为大家搭设更多更大的平台,让科研这颗"古莲子"不仅能生根发芽,还能开出美丽的鲜花。

# 为提升教师科研素养创设内外环境[*]

学校个性化教育科研课程的开发与实施,旨在提升教师的科研能力和素养,促进教师的专业成长。要促进教师的专业成长,就要发展教师的成长力。在《初中教师成长力发展模型研究》一文中,作者江苏省淮阴中学的朱留明校长提出,初中教师成长力发展的过程分为内环境和外环境两部分:内环境自内向外,包括最内层的"信仰价值观"、中间层的"教育哲学"、第三层的"应用层";外环境,包括教师文化和教师管理制度。

愚园路第一幼儿园开发的科研培训课程,首先从认知上帮助教师克服对科研的畏难情绪,随后通过科研和教研的类比,提升教师对科研的熟悉度,并通过案例,让教师结合日常实践学习并运用科研方法;另外还为教师提供各类与教育科研相关的信息,注重同步改善学校整体科研工作的生态环境。从某种程度上看,这既为教师提升科研能力优化了内环境,也为教师开展教育科研创设了外环境,使科研校本研修真正地形成由外至内促进教师发展的创新模式。

## 一、主题观点

### (一) 教师成长力的内涵

所谓教师成长力,是指教师在未来一段时间内实现专业成长的能力和潜力,决定了教师个体发展的可能性和发展程度,是教师持续取得"进步"的综合力。

教师成长力具体分为核心力、内生力、应用力,由内而外,分别位于教师的信仰层面、教育哲学层面、教育教学实践层面。其中,核心力是教师信仰层面的力量;内生力是教师发展的内部实力;应用力是指教师的专业执行力,包括教学能力、组织能力、沟通能力等。

### (二) 教师成长力发展模型

在江苏省教育科学"十二五"规划重点课题"初中青年教师成长力发展研究"的课题成果中,明确了教师成长力发展的环形模型,把教师成长力发展的影响因素分为内部个体环境因素和外部环境因素。内外环境相互作用、共同影响教师成长力的发展。

所谓内部个体环境因素,就是教师成长力发展的内在因素,主要包括教师个体的信仰、价值观和教育哲学、应用力等几个层面。所谓外部环境因素,是指教师成长力发展的外部支

---

[*] 本文由上海市长宁区教育学院汪光珩撰写。

持条件,主要包括教师文化和教师管理制度等支持教师发展的相关机制。

作为教师专业发展的核心,教师成长力的发展过程就是教师成长力的结构要素回应各种环境因素,并随之此消彼长、循环互动的过程;同时,教师成长力的发展也离不开教师所掌握的条件性知识、本体性知识、实践性知识。

## 二、案例解析

### (一)科研培训为教师成长力优化内环境

愚一幼儿园自 20 世纪 80 年代中期至今,在教科研专家的引领下,从参与开展行动研究到独立承担课题研究,围绕课程、教师、幼儿发展进行了有主题、有系统的研究;一方面在幼儿园内形成了浓厚的研究氛围,另一方面也积累了教育科研的经验,推动了以科研为先导的教研工作,逐步形成了有愚一特色的园本课程。

为了传承学校以往科研工作的精髓,基于高起点的工作基础,愚一幼儿园的科研员兼师训员首先对教师开展了问卷调查,了解了教师在科研方法的培训内容、培训方式、培训频率等方面的需求,进而设计了幼儿园科研方法培训课程,旨在培养教师在掌握常用科研方法的前提下,通过研究、反思自己和同伴的教学实践,实现拓宽专业知识、逐渐发展成为研究型教师的目标。

整个课程具有五大特点:一为培训方式多元机动,二为培训内容系统生动,三为培训与教育实践结合,四为培训与自主学习结合,五为培训与信息交流结合。课程的实施采用创新的方式,一开始就对科研与教研进行了整体对比,通过比较"做课题"和"开发教学活动"在选题、方案撰写等方面的异同,破除深藏在教师心中的科研坚冰,减轻教师对开展科研的心理负担,进而引导她们相信自己有科研的思维和能力,提升了教师的科研自信。随后,课程中介绍了教育科学研究的实质、发展轨迹、研究目的及一般过程,通过图文并茂、详略讲解、案例充实等方式,一方面帮助教师整理科研思路,另一方面按照课题研究的顺序,对教师进行系统的科研方法的培训,可以说为教师成长力的发展优化了内部个体环境因素;特别是在教育教学实践层面,对教师在教育科研方面的应用力发展起到了积极作用。另外,在每次培训结束之前,还会向教师推荐与培训内容相关的书籍,支持教师的自主学习,拓展科研培训的成效和影响力。这是教师自主发展的重要方面,是教师发挥主观能动性的第一步。

### (二)科研培训为教师成长力创设外环境

教师成长力的发展也离不开外部环境因素。愚一幼儿园依托科研培训的契机,不定期地发布有关科研工作的信息,从工作环境、激励方案、参与途径等各个方面,为教师科研素养的提升创设外部环境,从而激发教师参与科研的热情。

具体包括:对幼儿园结构工资方案进行调整,加大对教师开展科研工作及获得成果的奖励比重;对教师分层评价指标进行调整,增加科研工作的量化标准,并将科研工作成效作为推优、奖励、竞聘等重要依据;对市、区级课题申报通知及要求进行解读,提示教师关于申报的注意事项;为教师申报不同级别的课题提供平台,凡经园内审核后推荐参加市、区级课题申报但落选的课题可自动转为园级课题;为教师提供心理协会课题申报的平台,发布各层面论文评选的资讯,并为教师分析各类评选的标准;等等。由此可见,改善幼儿园科研工作的生态环境,创设有利于教师提升科研素养的外部环境因素,特别是在教师管理制度方面,能够真正地激发教师参与科研工作的积极性和可能性。

综上所述,愚一幼儿园的科研培训课程,以调研为先导,以行动为跟进,以激励为支持,富有成效地培养了教师的科研意识和研究能力。今后,学校若要进一步发挥培训成效,还需要教师个人对专业发展的追求、幼儿园整体科研生态环境的优化,以及教师发展体系对科研工作的重视和认可;只有如此循序渐进,越来越多的教师才能发现科研的意义和价值,从而提升科研素养,有效发展成长力。

**案例**
# 幼儿园科研方法校本培训课程
## ——科研培训助推成长*

一直以来,以幼儿教师为研究主体、以幼儿园为研究场所的教育科研工作,因其研究者接受的培训体系与发展优势的差异性,以及研究对象的灵动性、复杂性等因素,颇受争议。然而,越来越多的事实证明,教师需要应对不断变化的教育实践,就必须成为一名研究者,在主动运用科学的教育理念、创造性地开展教育工作的同时,敏锐地捕捉实践中的问题,定位研究焦点,进而不断地反思与改进教育行为,提高教育效力。因此,幼儿园教师在职后培训中接受与教学实践紧密联系的科研方法培训,提升解决问题的科学性和规范性,就显得尤为迫切。

## 一、科研培训课程的开发机缘

开发科研培训课程,源于三个现实需要:第一,教育科研工作自身的发展需要;第二,教育实践和课程建设的需要;第三,教师发展和团队建设的需要。

### (一)困难初体验

2008 年 9 月,刚刚毕业的我来到上海市长宁区愚园路第一幼儿园(以下简称"愚一幼儿园")做教师,这是一所有着悠久历史的幼儿园,底蕴深厚,历程辉煌。由于我是华东师范大学学前教育专业的硕士研究生,园长自然而然地将科研的工作交给了我。虽然这件事发生

---

* 本文由上海市长宁区愚园路第一幼儿园陈丽丽撰写。

在十多年前,但我至今记忆犹新。开学后,我一面与园长沟通办园方向与期待,一面向倪冰如老师、杨宗华老师等长宁区幼教专家学习,了解愚一的历史、课程发展以及最新的幼教讯息。短短一个月内,我结合情报查阅,先后完成了两项课题的申报材料,其中一项有关课程建设的课题成功入选上海市规划课题,另一项保健课题成功入选长宁区重点课题。首战告捷!我为体现了自己的价值而感到欣慰。

然而,在科研工作的后续开展过程中,我日渐觉得举步维艰。一方面,在开展课题时,由于课题负责人是园长,课题组成员都是中层干部,且每位成员都有自己负责的工作,因此大家都认为课题应由科研负责人负责。这就导致老师只在讨论具体的教学活动设计时发表自己的意见,在有关课题研究的讨论中则沉默不语,课题例会成了我和园长的对手戏,甚至有时园长不在,就成了我的独角戏。另一方面,在开展其他科研活动时,老师们的参与度不高,比如在论文、案例、叙事等各类评选活动中,收到的来稿数量有限、质量也不够理想。我曾私下与老师们聊天,希望大家多参与投稿,但提交的案例、论文还是马马虎虎。

科研工作的现实引起了我的反思:是不是课题开题的立意太高,要求过多,超出了课题组成员理解和掌控的范围?是不是教师们把论文想得太过高深,所以才有心无力?再次面对科研工作,我变得谨慎而多虑,我深深地体会到开展幼儿园课题研究与单打独斗地完成毕业论文有很大的区别;这其中不仅需要调动团队,需要传承基础,还需要考虑现实的影响因素。总之,想要踏踏实实地开展幼儿园的科研工作,不能抱着"短、平、快"的心态,必须做好打持久战的准备。

### (二)光明陡出现

2009年是我工作的第二年,恰逢幼儿园建园70周年庆典。园庆工作组经过讨论,决定梳理出70年园史的文本材料,出一本专辑,以纪念70年的风雨历程。虽然我当时只工作了一年,但是文本工作我责无旁贷。在梳理过程中,我有幸得到了倪冰如老专家的鼎力相助,她把愚一幼儿园70年的点点滴滴娓娓道来,尤其对20世纪80年代以来幼儿园的科研历程如数家珍。伴随着倪老师的讲述,我对愚一幼儿园的科研发展阶段和阶段性成效有了进一步了解。

#### 1. 阶段一:在参与式研究中奠定科研高起点

愚一幼儿园的教育科研工作由来已久。自1985年起,在特级教师赵赫园长的引领下,幼儿园率先与教育理论工作者合作,积极自发地参加了长宁区"综合性主题教育"的课题研究。作为"综合性主题教育"的首批试点园,幼儿园全程参与了长达八年的课题研究,经历了探索、实验、扩大验证和成果推广四个阶段。"综合性主题教育"吸取了陈鹤琴先生"活教育"的精髓,包括"活教育"的三大目标、"整个教学法"的思想和十七条"活教育"原则,并借鉴了国际上有关现代幼儿教育课程结构的理论,课题成果先后获得"上海市第二届普教科研成果一等奖""全国中、小(幼)教学改革金钥匙奖"等荣誉。"综合性主题教育"课程的教育实效广受赞誉,极大地激发了教师参与科研、以科研引领教育改革的信心。更重要的是,园长引领、骨干教师担任教育变革的实践者等教育科研工作,为幼儿园锻炼、培养了一批优秀的幼教人,奠定了科研工作高起点的优势。

2.阶段二:在独立式研究中彰显科研真成效

通过参与区级课题"幼儿园综合性主题教育",幼儿园积累了教育科研经验,并培养了一批兼具实践智慧与研究能力的优秀教师。但在全面实施"综合性主题教育"的过程中,也反映出一些不足之处,主要表现在:重集体教育,轻个别化教育;重教师预设活动,轻幼儿生成活动;重学习活动,轻其他活动;过多的规定限制了为不同发展速度、不同认知风格、不同个性的幼儿提供适合其发展的环境和教育支持。因此,幼儿园开始将研究集体教育的目光投向注重个别化教育的研究,并从参与式科研逐步向合作式科研、独立式科研过渡。

从20世纪90年代开始,幼儿园依托一系列课题研究,从"综合性主题教育"的深化研究入手,并以"综合性主题教育"为主线,对幼儿发展、课程发展和教师发展进行了多维度的研究。

一方面,幼儿园开展了一系列独立式课题研究,其受益面十分广泛。幼儿园以三年为一个周期,借助课题研究验证"综合性主题教育"对幼儿的教育成效,将研究重点从课程建设转向幼儿发展,通过两项市级课题"3—6岁幼儿克服困难能力教育的实验研究""着眼自我,发展幼儿社会性的实践研究",创新性地提炼了"创设环境""激励动力""适度点拨"三种基本教学方法,从幼儿与自我、幼儿与他人、幼儿与群体及社会的关系三个维度出发,总结了涵盖小班、中班、大班三个年龄段幼儿社会性发展的教育策略。在将科研工作聚焦于具体的教育问题,使其为解决教育问题服务的过程中,三个年龄段的一线教师都参与到科研工作中,幼儿园内形成了浓厚的研究氛围。同时,幼儿发展研究对课程建设和教师培养也提出了新的挑战。为此,幼儿园又开展了两项市级课题"幼儿个别化教育的探索——幼儿园综合性主题教育的深化研究""在'综合性主题教育'深化研究中促进教师专业发展的实践研究",既深化了"综合性主题教育"的目标,丰富了课程内容,又重点探索了教师成长的有效途径,形成了全方位、多角度的教师培养机制,使科研成效得以全面辐射到幼儿成长、教师发展和课程完善,彰显了科研的独特价值。

另一方面,幼儿园与长宁区姐妹园合作开展了"幼儿园互动式主题的研究""幼儿园区域活动的研究"。其中,"互动式主题活动"依据二期课改"以儿童为主体"的理念,以主题为中介,以互动为特点,通过活动实施,不断唤醒和激发幼儿的内在需要和兴趣。比如,教师通过及时捕捉幼儿的兴趣点"恐龙到底有几条腿",生成了为期一周的恐龙主题,使幼儿的学习兴趣大大提高,园本课程也从教师预设向教师预设与幼儿生成相结合的方式转变。在这一转变的过程中,教师能够更好地理解儿童,理解自己的教育行为对儿童发展的影响,从而朝着有利于儿童发展的方向努力,既积累了教育科研的经验,又推动了以科研为先导的教研工作,使园本课程彰显恩一幼儿园的发展特色。"区域活动"经过起始、反思、定性三个阶段的研究,形成了一套可操作的区域活动内容,使集体学习活动与活动区个别学习活动相辅相成、相得益彰。

自 20 世纪 80 年代中期到 2009 年,历经 25 年,愚一幼儿园在长宁区教科研专家的引领下,从参与开展行动研究到独立承担课题研究,围绕课程、教师、幼儿发展进行了有核心、有系统的研究,不仅在课题研究方面取得了显著的成绩,在教师培养方面也表现不俗。愚一幼儿园的历任领导班子,以及长宁区其他姐妹园的园长、教科研骨干,多出自愚一幼儿园,都经历过课题的锤炼,自身的教学风格、教育理念、管理理念都带有鲜明的特色。

在梳理园史的过程中,我对幼儿园的发展历程有了相对完整的了解,同时对科研工作的开展有了更深刻的认识,既感受到了高起点带来的压力,也坚定了科研带动教研、引领教师发展的信心。如何夯实基础、精益求精、传承精髓,是愚一幼儿园科研工作的出路,也是我作为科研负责人努力的方向。光明乍现,如何让科研的光芒洒满更多的角落,照亮更多的人?我在寻找更好的契机。

(三)契机终成熟

2011 年,随着老园长的退休,张蕙园长来到愚一幼儿园主持工作,而这也是我工作的第三年。张园长在建青实验学校工作多年,具有理性的管理思维,针对幼儿园不断输出骨干教师的现状,她大胆地起用年轻教师承担部分管理工作。正是在这样的情况下,她把幼儿园的师训工作交给了我。"十二五"教师教育工作中,校本研修课程的申报成了全新的挑战,幼儿园要自主开发校本研修课程,而课程如何设计、如何申报,没有先例可循,大家都只能摸着石头过河,作为师训管理员的我就是"第一个吃螃蟹的人"。既然要开发课程,就得找自己擅长的领域,于是科研成了不二之选。在开发课程之前,我设计了如下《愚一幼儿园科研培训需求教师问卷》,面向在编在岗的教师,共发放问卷 32 份,回收的有效问卷 32 份,问卷的回收率和有效率皆为 100%。

## 愚一幼儿园科研培训需求教师问卷

亲爱的教师们,为了增强教育科研为教育教学服务的力度,提升教师从事科研工作的规范性,我园将开展系列科研培训,现就教师的培训需求进行调查。请各位教师认真填写,切实地表达自己在科研方面的专业发展所需,为提升科研培训的实效性提供参考。

一、教师基本信息

1. 教师姓名:＿＿＿＿＿＿＿＿　　　　2. 年龄:＿＿＿＿＿＿＿＿

3. 最高学历:＿＿＿＿＿＿＿＿　　　　4. 教龄:＿＿＿＿＿＿＿年

5. 现承担课题情况:(请在合适选项后的括号内打"√",可多选)

(1)为课题组负责人,课题规格为:区级(　　　)　　市级(　　　)

(2)为课题组成员,课题规格为:区级(　　　)　　市级(　　　)

(3)与园外资源合作研究,课题规格为:区级(　　　)　　市级(　　　)　　国家级(　　　)

(4)没有参与具体的课题研究(　　　),其他(具体说明):＿＿＿＿＿＿＿＿＿＿

6. 是否愿意尝试参与课题研究:是(　　　)　　否(　　　)

7. 是否需要科研培训:是(　　　)　　否(　　　)

二、科研培训需求

1. 科研理论培训：

（1）教育科研的含义、目的、功能、基本原则

（2）教育科研的一般过程、特殊性

（3）心理与教育基本理论简介，如结合课题讲解各年龄段幼儿的身心发展特点、运动的相关理论等

（4）其他（具体说明）：＿＿＿＿＿＿＿＿＿＿＿＿＿＿＿＿＿＿＿＿＿＿＿＿

请按照重要程度排序：＿＿＿＞＿＿＿＞＿＿＿＞＿＿＿

2. 研究计划的制定：

（1）课题选题

（2）查阅文献

（3）撰写开题报告

（4）其他：＿＿＿＿＿＿＿＿＿＿＿＿＿＿＿＿＿＿＿＿＿＿＿＿＿＿＿＿＿＿

请按照重要程度排序：＿＿＿＞＿＿＿＞＿＿＿＞＿＿＿

3. 研究类型：

（1）定性研究与定量研究

（2）评价研究与行动研究

（3）跨文化研究

（4）个案研究，包括案例研究、叙事研究

（5）其他：＿＿＿＿＿＿＿＿＿＿＿＿＿＿＿＿＿＿＿＿＿＿＿＿＿＿＿＿＿＿

请按照重要程度排序：＿＿＿＞＿＿＿＞＿＿＿＞＿＿＿＞＿＿＿

4. 研究资料收集方法：

（1）历史研究法

（2）观察法

（3）访谈法

（4）问卷法

（5）测验法

（6）其他：＿＿＿＿＿＿＿＿＿＿＿＿＿＿＿＿＿＿＿＿＿＿＿＿＿＿＿＿＿＿

请按照重要程度排序：＿＿＿＞＿＿＿＞＿＿＿＞＿＿＿＞＿＿＿＞＿＿＿

5. 资料分析与报告：

（1）研究资料的管理与初步整理

（2）研究资料的统计分析

（3）撰写结题报告

（4）其他：＿＿＿＿＿＿＿＿＿＿＿＿＿＿＿＿＿＿＿＿＿＿＿＿＿＿＿＿＿＿

请按照重要程度排序：＿＿＿＞＿＿＿＞＿＿＿＞＿＿＿

6. 你对科研培训的建议:

(1) 培训内容建议:(如上述选项中未出现的,但你需要或感兴趣的相关内容等)

_____

(2) 培训方式建议:(如园内自培、专家讲座等)

_____

(3) 培训频率建议:(如每月开展培训的次数、每次培训的最佳时长等)

_____

其他建议:_____

谢谢你的合作!

愚一幼儿园

通过对 32 份教师问卷的数据进行分析,我发现:

第一,愚一幼儿园的科研培训基础良好。问卷信息显示,我园一线教师的平均年龄为 30 岁,本科率为 90%,平均教龄达八年半,94% 的教师愿意尝试参与课题研究,97% 的教师需要科研培训。由此可见,我园教师理论基础好,队伍年轻化,易于接受发展的挑战,教师主观上想要开展课题研究,并愿意接受相关培训,具备提高科研普及率的优势条件。

第二,愚一幼儿园的科研对象还需拓展。调查结果表明,32 名教师中共有 7 名,即只有 22% 的教师目前正承担区级(5 人)、市级(4 人)、国家级(2 人)的课题研究,皆为中层干部,平均教龄为 20 年。由此可见,我园课题研究呈现出较明显的"一人多课题"现象,且机会集中于少数教龄长的中层干部身上。中层干部开展课题研究具备一定的优势,其丰富的教学经验和管理能力有助于科研工作的开展,但科研任务过于集中,既不利于调动全园教师的积极性,也不利于科研质量的提高;因此,开展科研培训,激发全园教师的参与热情,拓展科研平台,显得十分必要。

为什么参与课题研究的人如此少? 我分析后发现,这其中主要存在三方面的影响因素。首先,对幼儿园一线教师来说,申报课题的平台非常有限。在每年一次的区级课题申报中,每所幼儿园只有一个名额,多留给了以园长为负责人的课题,一线教师基本没有机会,也很难与其他姐妹园的园长竞争,所以一线教师中,无人申报过长宁区的课题;而针对一线教师的上海市青年教师课题,对教师的年龄和人数都有要求,不是人人可报的,由于名额限制,每年幼儿园送出的课题只有一个,再加上市级课题难以立项,成功率不高,教师们觉得高不可攀,所以申报率和立项率都不理想;幼儿园没有提供园级课题的申报平台,如果教师未在市、区级平台申报成功,也就没有其他机会参与课题研究。其次,幼儿园以往的课题都是由园长牵头申报的,多以课程建设、师资发展、家庭资源等为主,需要联动幼儿园各部门的力量一起完成,所以中层干部自然成了课题组成员,而一线教师受课题组人数限制,很难加入其中。最后,在私下的聊天中,我经常听到教师们感慨自己离开大学后,虽在工作中积累了实践的经验,却遗忘了规范的研究方法,对于搞课题、写论文无从下手。总之,鉴于以上种种原因,教师们感到科研遥不可及,从而渐渐失去了申报课题的信心和勇气。

## 二、科研培训课程的园本设计

在数据的支持下,经幼儿园校本研修小组研讨决定,我于 2011 年 9 月申报并实施"幼儿园科研方法培训"的校本研修项目,每周开展一次科研专题培训,每次 2 课时,持续 8 周完成系统培训。

为使科研校本研修真正地形成由外而内促进教师发展的创新模式,支持全体教师在掌握常规科研方法的前提下,通过研究、反思自己和同伴的教学实践,更好地拓宽专业知识,逐渐发展为研究型教师,我根据教师需求汇总、2011 年幼儿园课程建设需要等因素,设计了幼儿园科研方法培训课程,具体特点如下:

第一,培训方式多元机动。专项培训采取园内自培与专家讲座相结合的培训方式。其中,每周一次的规范的科研方法培训以园内自培为主,由我系统实施;个别主题的科研培训引入专家资源,以增强培训的专业性。

第二,培训内容系统生动。结合科研需要和教师需求,有重点地设计每次的培训内容,并辅以大量科研案例分享和我园课题交流,以提高培训的吸引力。

第三,培训与教育实践结合。在开展科研专项培训的过程中,幼儿园结合教研开展科研培训,同步开展半日活动观摩,提高教师发现问题、解决问题和反思调整的能力,达到"教中存疑、研中解惑"的目标。

第四,培训与自主学习结合。幼儿园将科研资料投放在职工书屋,为教师的自我充实、研究参考提供支持,满足教师自学的多元需求。

第五,培训与信息交流结合。幼儿园同步改善科研工作的生态环境,如拓宽课题申报途径、增加科研评价比重、发布各类征稿通知等,并借助科研培训,向教师介绍科研工作的各类信息,从而激发教师的信心和热情。

因此,我设计了如下《愚一幼儿园学前教育科研方法课程方案》。

### 愚一幼儿园学前教育科研方法课程方案

一、指导思想

以科研服务于教育教学为目标,以提高教师的科研素养为根本,以"学用结合,以研促教"为原则,积极开展富有实效的科研培训活动,从而提高教师的科研能力和理论素养,打造一支学习型、研究型、创新型的教师队伍。

二、课程目标

1. 提升教师开展教育科研工作的规范性。

2. 激发教师开展课题研究、科学撰写案例的积极性。

三、课程内容

为了增强教育科研为教育教学服务的力度,提升教师从事科研工作的规范性,本课程将以陶保平撰写的《学前教育科研方法》为教材,结合幼儿园课题研究的实际需要和相关案例开展科研培训。主要围绕教育科研概述、选题、开题报告的撰写、行动研究、个案研究等一线

教育工作者所需要的内容进行培训,从而激发教师参与科研的积极性,培养教师开展教育科研的能力。具体内容如下:

## 第一讲:教育科研基本概述

一、教育科学研究的发展轨迹

(一)教育科研的实质

(二)教育科研的昨天

(三)教育科研的今天

二、教育科学研究的目的

三、教育科学研究的一般过程

(一)选题

(二)研究设计

(三)收集实证资料

(四)分析资料并检验假设

(五)评价研究成果

四、教育科学研究的特殊性

(一)研究对象的特殊性

(二)研究主体的特殊性

(三)研究过程的特殊性

五、推荐书目

## 第二讲:研究计划的制定

一、课题开题报告的内容

二、如何选题

(一)选题的意义

(二)选择课题的三条原则

(三)选择课题的过程及方法

## 第三讲:如何撰写开题报告

一、课题名称

二、课题提出的缘由及意义

三、课题研究的假设或目标

四、课题研究的主要内容

五、课题研究的主要方法和手段

六、课题研究的步骤安排

七、课题研究的价值和关键问题

八、课题研究的成果形式

九、研究基础

十、参考文献

## 第四讲:情报查询

一、如何进行文献查询

(一) 中文文献必查数据库

(二) 通用技巧

(三) 确定检索途径

(四) 检索结果分析与调整检索策略

二、文后参考文献表排写格式

## 第五讲:质的研究

一、含义

二、适用范围

三、量的研究与质的研究的对比分析

四、研究计划的制定(案例分享)

(一) 研究目标

(二) 研究内容

(三) 研究方法及过程

(四) 研究报告的基本框架

## 第六讲:行动研究

一、含义

二、行动研究的三个基本特征

三、适用范围

四、行动研究的基本过程

(一) 计划

(二) 行动

(三) 考察

(四) 反思(案例分享)

(五) 行动研究的优缺点

## 第七讲:个案研究

一、概述

二、特点

三、具体方法

四、分类

五、个案研究的设计、描述需考虑的 7 个 W 问题

六、个案研究的基本步骤

七、个案研究的模式

(一) 问题解决模式

（二）对象跟踪模式

八、案例分享

九、个案研究的优缺点

### 第八讲：如何撰写教育教学案例

一、什么是教育教学案例

二、撰写教育教学案例的目的与作用

三、好案例的基本标准

（一）有鲜明的案例主题

（二）有清晰的案例背景

（三）有典型生动的案例事件

（四）有深入浅出、富有启发性的案例分析和启示

（五）有值得研究的案例问题

四、案例主题的确定与提炼

五、案例背景的撰写（案例分享）

六、案例事件的撰写要求（案例分享）

七、撰写案例分析时的注意事项

**四、课程实施**

| 时间 | 内容 | 主讲人 |
|------|------|--------|
| 第一周 | 第一讲：教育科研基本概述 | 科研负责人 |
| 第二周 | 第二讲：研究计划的制定 | 科研负责人 |
| 第三周 | 第三讲：如何撰写开题报告 | 科研负责人 |
| 第四周 | 第四讲：情报查询 | 科研负责人 |
| 第五周 | 第五讲：质的研究 | 科研负责人 |
| 第六周 | 第六讲：行动研究 | 科研负责人 |
| 第七周 | 第七讲：个案研究 | 科研负责人 |
| 第八周 | 第八讲：如何撰写教育教学案例 | 科研负责人 |

**五、课程管理与评价**

本课程以按需培训为原则，参培意愿、培训内容、课程安排等都是根据《愚一幼儿园科研培训需求教师问卷》的信息汇总情况而定的；因此，对于课程管理，也应坚持学用结合、按需培训的原则，从课程质量和学习质量两方面进行管理和评价。为提升教育科研培训的有效性，本课程根据评价对象的不同，可分为课程评价和学习质量评价。

根据评价阶段和内容的不同，对课程的评价分为及时评价和总结性评价，分别制定针对每次培训专题的《科研培训互动档案》和针对整体科研培训课程的《学前教育科学研究方法课程评价表》。科研负责人及时汇总《科研培训互动档案》中教师对每个专题的评价情况，围绕具有普适性的教师建议完善下一轮课程实施资料；师训部对《学前教育科学研究方法课程

评价表》进行内容汇总,作为本课程综合评价的依据。

对教师学习质量的评价分为学习成果评价和工作成效评价。其中,学习成果评价要求参培教师自主选题,撰写一份开题报告,由科研负责人进行点评;工作成效评价根据教师参与各层面课题研究、论文交流及获奖情况等维度开展。

六、课程所用问卷及评价表样张

附件 1:《科研培训互动档案》

附件 2:《愚园路第一幼儿园课程评价表——学前教育科学研究方法》

## 三、科研培训课程的创新实施

为了保障科研培训的规范性、准确性,我以华东师范大学出版社出版的陶保平主编的《学前教育科研方法》为教材,按照教师开展课题研究的主要阶段筛选出部分章节进行培训,并结合一线教师的特点,在理论培训的基础上,辅以丰富的科研案例进行分析、佐证,帮助教师将理论与实践对接。同时,考虑到教师对科研的畏难心理,我将自己对教育科研的思考进行了梳理,在科研培训的第一课中,首先从科研与教研的对比出发,破除深藏在教师心中的科研坚冰,引导她们相信自己有科研的思维和能力。

### (一) 消除畏难,教研科研整体对比

在正式启动科研培训前,我在安化分园进行了一个小的教师调研,题目是"大家觉得做课题最大的困难是什么"。教师们的反馈显示,最大的困难就是选题,还有一位教师甚至表示,做课题的过程中全是困难。一个有趣的现象是,向我反馈困难的都是有机会、有意愿申报上海市青年教师课题的教师,包括那位说全是困难的教师,而没有反馈困难的教师,其实并不准备申报课题。这反映了教师们在做课题上确实存在困难,只是有的教师因为自己要做课题从而意识到有哪些困难,有的教师因为对课题采取回避态度,所以意识不到自己在科研方面究竟有哪些困惑。

在科研培训第一课的开始阶段,我和教师们交流了这个小调研的结果,大家都若有所思。随后,我做了一个现场小调查,先请独立主持过课题的教师和独立设计过集体教学活动的教师分别举一下手,接着问大家做课题与设计新的教学活动哪个更困难。结果显示,独立设计过教学活动的教师人数明显多于独立主持过课题的人数,而且大家基本上都认为做课题难,还有教师觉得两者都是富有挑战的活动。当然,能否完成教学设计和课题研究工作原本就是对教师处于不同发展阶段的主要评价指标,但相对来说,教师们潜意识里还是对设计集体教学活动更有信心,觉得课题比较高深,自己把握不住。而事实上,做课题与开发教学活动有许多相似之处! 具体可参考下页的"科研第一课"之教研与科研选题对比图。

在集体教学活动的设计之初,教师们都会遇到选材的问题,因此要先解读教材,并在这一过程中考虑到很多因素,如幼儿的发展需要、素材的新颖性、活动的教育价值等。同样,在课题立项之初,我们也要进行选题,选题的来源很多,可以是大家在工作中的实际困惑、教育

界和社会的热点话题,或有价值的研究方向。经过对比,我们可以发现,两者的选择维度很相似。其实,这些维度都可以归结为理想,我们希望能够选好题,所谓的"好"就是研究主题不仅本身有研究价值,有时代性,能填补很多空白,还能解决困惑,有推广价值。那么如何让理想的阳光照进现实呢? 我们在考虑到这些维度的同时,也要结合自身的现实情况进行选择。例如,在选择教学活动素材的时候,教师们通常结合自己的优势领域进行选择,同理,课题的选题也要考虑自己的研究能力、研究兴趣,超出能力范围的选题会影响科学性和可操作性。教学活动的选材还要充分考虑幼儿的年龄特点,那么课题的选题也要考虑自己的工作范围。建议教师尽量结合自己的日常工作进行研究,带着研究的意识在日常工作中观察、调研,积累课题的过程性资料,这样才能保障课题的扎实推进。为了确保课题的时代性或创新性,我们需要开展情报综述,到中国知网等学术期刊数据库了解相关研究的进展,避免重复研究,这与设计教学活动时要广泛看课、避免上重复的课是一个道理。

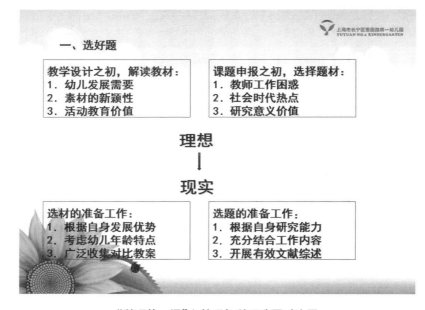

**"科研第一课"之教研与科研选题对比图**

将科研选择题材与教研解读教材进行对比讲解,既解决了教师们调研中反馈的"选题难"的困惑,也减轻了教师们的心理负担。因为无论是否能设计出一节好的教学活动,解读教材这件事对一线教师来说都是家常便饭,是要经常开展的活动,所以从这个角度来看,科研离教师的日常工作并不遥远。

有些教师反馈称不知道如何撰写课题申请书。针对这个疑惑,我也制作了一份对比图,将教学活动方案与课题申请表的撰写过程进行了对比分析。具体可参考右面的"科研第一课"之教案与申请表撰写对比图。

相信一线教师对教案的撰写都非常熟悉。规范的教案包含以下内容:1.活动名称;2.活动目标;3.活动准备;4.活动过程。下面再来看课题申请书,以区级课题申请书模板为例,主要内容有：1.项目名称；2.立论依据（研究价值与文献综述）；3.研究方案（研究目标、研究内容、研究方法、研究过程与步骤、成果形式及最终完成时间）；4.本项目拟解决的关键问题和特色创新之处。虽然课题申请表看起来比教案复杂，但实际上，填写申请表的过程就是梳理研究思路的过程。选好题后，经过文献综述环节，教师就可以填写申请书中的1、2两项了。接下来就是把项目分解细化的过程。其中，研究内容、方法、过程与步骤结合起来就是教案中的活动过程。教学活动分为导入环节、回顾已有经验、引入新经验或新挑战、幼儿探索、结束环节等；在整个活动设计中，要注重每个环节之间的逻辑结构，层层分解重难点，各环节有清晰的小结语。同理，课题研究思路也是要把项目进行分解，教师通常可以根据开题阶段、中期实践阶段、经验总结阶段划分研究过程和步骤。比如：开题阶段，教师通常要完成情报综述、开题报告撰写、开题论证这几件事；中期实践阶段，建议教师先围绕项目关键词进行基本情况的调研，根据问题进行假设，然后开展行动研究，验证假设是否成立，接着进行阶段性总结，完成中期报告，同时反思研究思路，进而调整研究重点，明确后一阶段的研究内容；经验总结阶段，教师主要收集、整理资料，形成课题成果，撰写结题报告。在这三个阶段中，教师可围绕每一个研究内容选择研究方法，比如基本情况的调研，可选择问卷法、访谈法、观察法、实验法等。

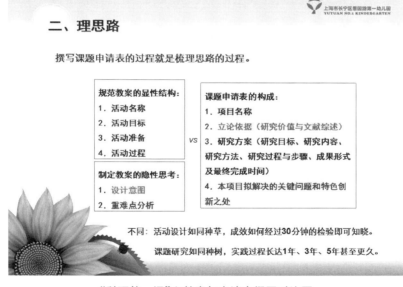

"科研第一课"之教案与申请表撰写对比图

经过对比，教师们发现，其实自己一直在开展类似的工作，也不缺乏科研的思维，只是尚未形成有意识的行为模式而已。就这样，教师们和科研的距离近了！

（二）循序渐进，科研方法系统培训

科研之所以被称为科学研究，是因为方法具有规范性。通过严谨的选题论证、研究方案设计，辅以合适的研究方法，不断地反思调整，去伪存真，发现普适性的规律，使其可推广、可借鉴,这就是课题研究与教学研究的差异。减轻心理负担是第一步,但教师们切勿因此产生错觉,将教研与科研相混淆。所以,我们有必要按照课题研究的顺序,对教师进行系统的科研方法的培训(详见《愚一幼儿园学前教育科研方法课程方案》),这样既可以帮助教师梳理科研的思路,也保证了每次培训有专题,问题有聚焦,同时通过各种手段支持教师更好地理解和内化培训内容。

1. 讲解有详有略,旨在突出重点

在第一讲"教育科研基本概述"中,我介绍了教育科学研究的发展轨迹(教育科研的实质、教育科研的昨天与今天)、教育科学研究的目的、教育科学研究的一般过程(选题、研究设计、收集实证资料、分析资料并检验假设、评价研究成果)、教育科学研究的特殊性和推荐书目五个部分。其中,关于教育科研的今天和教育科学研究的目的,我进行了如下重点性的介绍。

教育科研的今天:

1. 改革开放后至今,教育呈全面开放的态势:在理论上表现为把国外教育研究新成果引进来,加强了研究意识;在实践上表现为轰轰烈烈地开展教育教学的实验研究,除了调查法、观察法、文献法以外,数理统计、行动研究、质的研究也被引入教育研究领域,而且大量的一线教师纷纷开展教育研究。

2. 教育研究方法的新趋势:

(1) 数量化。学前教育科研中,已有大量研究采用定量数据分析的手段来说明结果,如SPSS统计软件包的迅速推广。

(2) 现代化。广泛使用录音、录像、照相等声像设备,同时,应用眼动仪、脑电图扫描仪、生理测试仪等测量仪器,或通过单向玻璃屏观察儿童等。

(3) 综合化。方法的综合,如朱家雄的《从人类发展生态学立场对两种不同幼儿教育方案的比较研究》采用的是实验研究和历史研究相结合的方法;学科的综合,即跨学科的合作研究,如研究幼儿入睡困难的矫正,需要把学前教育学、发展心理学、儿科医学等学科相结合。

(4) 现场化。教育研究更注重应用研究,更注重在真实的现场情境中研究人的心理活动和教育规律,比如传统节日、数活动等行动研究。

教育科学研究的目的:

1. 描述。初始任务就是要回答研究对象"是什么"的问题,如独生子女心理特点与教育的研究、当前课程设置存在的主要问题是什么等。对研究对象的特点与现状的正确描述,是最基本的目的,所以,研究关键词的界定很重要。

2. 解释。在描述的基础上,进一步探讨"为什么",如为什么适宜的运动会促进幼儿学习能力的提升等,要对教育现象的内在变化和相互作用机制进行解释说明。

3. 预测。一旦规律得以整理提炼,科学理论得以建立,它们就将成为人们预测事物今后发展变化或在特定条件下变化的重要工具,如测定准教师心理特质,预测其专业发展的可能性。但是,从目前来看,教育科学理论的预测力相当不足,这也和研究对象——人自身的复杂性和外界因素的多样性有着密切的关系。

4. 控制。超越解释水平的是预测,超越预测水平的是控制,控制是科学研究的最高目的,也是最难达到的目的。如行为主义对条件反射的研究,就是以"控制"为研究的直接目的,但与一些相对成熟的自然科学学科相比,实现这一目标的难度更大。

四个目的是相互联系的。正确的描述是合理解释的基础,只有通过合理的解释才能产生正确的预测,只有根据正确的解释和预测才能进行有效且合乎预期目的的控制,四者是层层递进的关系,教育科学研究必须根据实际情况选择恰当的研究目的。

其实教育研究是每位教师必须做,也都在做着的事情,大家熟悉的教育案例或教育叙事,就涉及上述目的的达成。比如,一个好的教育案例等于一个生动的故事加一个精彩的点评,其实生动的故事就需要正确、动人的描述,精彩的点评需要到位的解释,最好还有一个有感染力、让人信服的预测,为进一步的控制或干预提供思路。

2. 培训图文并茂,便于理解记忆

在讲解教育科学研究的一般过程时,考虑到幼儿园教师形象思维占优势,我借助以下的流程图进行了说明。复杂而庞大的过程经过提炼,变成了简明的步骤图,便于教师识记。

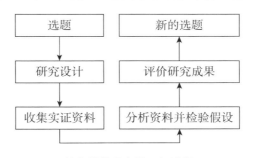

**教育科学研究的一般过程**

在后续的培训中,无论是研究方法的培训还是研究模式的介绍,我都尽量以表格或流程图的形式进行整理和归纳,以同时满足采取视觉型、听觉型这两种学习方式的教师,使其更好地理解培训内容。以下是量的研究与质的研究对比表和问题解决模式步骤图。

**量的研究与质的研究对比表**

| 项目 | 量的研究 | 质的研究 |
|---|---|---|
| 方法论基础 | 实证主义范式 | 解释主义范式 |
| 研究目的 | 检验理论,证实事实,统计描述,指示变量间的关系,预测,并寻求共识 | 解释性理解,描述复杂现实,提出敏感概念和有根据的理论,指向新问题,提高认识 |
| 研究的问题 | 事先确定 | 在研究过程中产生 |
| 研究的内容 | 事实、原因和影响 | 故事、事件和过程 |
| 研究手段 | 数字、计算和统计分析 | 语言、图像和描述分析 |

（续表）

| 项目 | 量的研究 | 质的研究 |
|---|---|---|
| 研究工具 | 量表、统计软件、问卷和计算机 | 研究者本人，录音机、录像机和照相机 |
| 收集资料方式 | 封闭式问卷、统计表、实验、结构性观察，有可操作的变量 | 开放式访谈、参与性观察和实物分析 |
| 理论假设 | 在研究之前产生 | 在研究之后产生 |
| 抽样方式 | 随机抽样，样本较大，控制无关变量 | 目的性抽样，样本较小，个案形式多 |
| 研究者心态 | 明确 | 不确切，开放性，多样性 |
| 效度 | 固定的检测方法，证实 | 相关关系，证伪 |
| 信度 | 可以重复 | 不能重复 |
| 推广度 | 可控制，可推广到样本总体 | 认同推广、理论推广和积累推广 |
| 研究者受训练 | 理论的，定量统计技术 | 人文的、人类学的，多面手本领 |
| 研究关系 | 相对分离、疏远，研究者独立于研究对象 | 密切接触，互相影响，移情与共情，平等，信任 |
| 资料分析 | 在资料收集终结时进行，统计学的 | 不断发展的，分析归纳，不断比较 |
| 伦理问题 | 不太重视 | 非常重视 |

**问题解决模式步骤**

3. 案例充实培训，渗透科研素养

在开展科研培训的过程中，我经常结合幼儿园正在开展的各类课题进行举例说明，这样既便于教师结合自己的教育教学行为进行匹配理解，也有助于教师了解幼儿园科研工作的现状和进展，从而更好地配合开展科研工作。比如，我结合保健课题"幼儿园开展睡眠保健的探索研究"，讲解了课题组如何运用 SPSS 软件，对干预前的入睡时间数据和干预后的入睡时间数据进行统计，发现午睡情况良好的幼儿通常在家有固定的午睡习惯。

如果幼儿园现有的课题无法满足培训需求，我还会从《长宁区科研成果辑》中选取历年获奖的科研成果报告进行解剖式讲解，希望教师能够感受到身边科研力量的存在以及科研成果的萦绕。

另外，考虑到教师每个月要进行案例撰写，个案研究是教师眼前的一个现实困难，我在选择课程内容时，先后从质的研究、行动研究、个案研究、教育教学案例撰写等方面入手，层层递进地开展了四次培训。

以个案研究为例。在培训之初，我与教师们聊起了班级里的特殊幼儿，这个话题得到了大家的积极响应,每个班级似乎都有那么几个与众不同的孩子,他们或容易退缩,或自理能力差,其中最令教师头疼的就是那些有攻击性行为的孩子,他们不仅会扰乱班级的秩序,更容易带来安全隐患。说到攻击性幼儿的干预,我列举了一个自己做过的对象跟踪模式案例——透视"沙画",解读"童心"。

初识晨晨:

晨晨是一个6岁的男孩子,就读于大班,班主任对他的评价是:健康活泼,头脑聪明,在幼小衔接阶段,认知能力很突出,已经掌握了大量的汉字。但令人担忧的是,晨晨规则意识薄弱,常表现出攻击性的行为或语言,因此同伴关系紧张,成了班主任重点"关注"和"干预"的对象。受到晨晨年龄特征、身心发展水平等因素的限制,班主任在实施教育干预时遇到了不少难题,如:认知行为干预模式虽然有效,但较难实施;常用的惩罚法、鼓励法等很难掌握适度性问题,实施不当还可能引发其他问题行为。由此可见,必须找到一种有效、可行且能为晨晨带来积极体验的干预手段。听了晨晨班主任的介绍,我的脑海中立刻浮现出"沙箱游戏疗法"。沙箱游戏疗法是在治疗师的陪伴下,游戏者从模具架上选择模具,放进盛有沙子的箱子里创造作品的一种心理游戏。于是,在晨晨的配合下,我和他开始了为期五个月共20次的沙游之旅。

为达成这个干预目标,我在以下四个方面下足了功夫。

一、营造自由、安全的环境。这种治疗环境再现了最初的母婴一体阶段,创造了一种内在的平静;这种内在的平静和安全感,可以引发儿童内心自我康复的潜能获取新的发展,使发展完整个性的潜在因素得以滋长。我邀请晨晨在每周的固定时间、固定地点进行一次沙游操作,为他提供了安全的物质环境;我告诉晨晨每次游戏时间为40分钟,他可以在游戏过程中选择任何模型进行操作,也可以随时停止沙游操作,甚至可以决定沙游干预是否提前结束,为他提供了自由的氛围。事实上,晨晨不但乐于体验系列沙游,而且每次都玩足40分钟,在整个过程中都表现得放松且愉悦。

二、接纳的态度。每次进行沙游时,我都坐在晨晨的对面,中间隔着沙箱,这样既便于我观察沙画的内容和晨晨情绪的变化,也可避免晨晨过于依赖于我(事实上,信任的关系一旦建立,很多孩子会邀请我跟他一起制作沙画)。在保持一定物理空间的情况下,我对晨晨只有两个要求:1.要在沙箱内玩沙子或模型;2.不要吃沙子或将沙子弄到眼睛里。除此之外,晨晨可以选择任何模型,甚至不选模型而只是玩沙子。他也可以赋予模型任何意义,演绎任意的故事情节,如战争、比赛等,我都不会表现出是非判断,只在必要的时候提出问题,请晨晨澄清某一行为或某一情节,这样不仅能帮助我把握晨晨使用模型的象征意义,也能促使晨晨逐步清楚自己的内心感受和想法。

三、支持性的行为。为了提供选择和创造的空间,我准备了包括人物、动物、植物、交通工具、家居用品、医疗用品、自然物等十大种类,共计360个模型。在游戏之初,我告诉晨晨:"你看,这里有一个沙箱,里面白色的是沙子,愿意的话,你可以用手摸摸看。这里还有很多玩具,你都可以玩,愿意的话,你也可以和老师讲讲你正在玩什么游戏。"我边介绍游戏元素,边用手抚摸沙子,或摆弄玩具模型,以引起晨晨对这些物品的关注。就这样,晨晨自然地进入了沙箱游戏。在游戏过程中,对于晨晨想上厕所、擦鼻涕等需求,我都会及时满足,目的是进一步赢得晨晨的信任,营造自由、安全的环境。

四、系统的分析。每次沙游结束时,我都会站在晨晨操作的位置前拍照,将照片和过程记录作为后期分析的资料。沙箱游戏的过程记录要翔实,结果分析则不一定要非常及时,因为沙游是个长期的过程,儿童的沙画作品会呈现出不同的主题,即使是同一主题的作品也会出现波动,呈现出整体螺旋发展的态势。因此,单一的分析容易受到个人主观意向的影响,需要整体地、系统地分析儿童的沙画作品。在进行沙画分析时,可以从作品的逻辑性、秩序感、模具摆放的空间方位和作品主题等角度加以解析。

体验成长:

一、晨晨的第一次沙画——问题呈现阶段

晨晨第一次沙画的主题为"沙滩游戏"。如右图所示,晨晨在沙箱的左下角制作了"正在休眠的火山"的场景,这似乎是其内心愤怒可能随时爆发的象征,是其潜意识中愤怒情绪郁积的象征,也是第一次沙画反映出的问题所在——消极情绪的困扰。晨晨在沙箱的右下角放置了种类较为丰富的玩具,但令人担忧的是,有生命的动物形象都倒卧沙中,交通工具深陷沙中无路可走,这反映了晨晨自我感的失衡和内心能量的流动受阻。

原来,行动受限是其愤怒情绪的来源。值得欣慰的是,沙箱上方出现大面积海水,水能滋养万物,是沙画中的能量点所在,茶壶等心理容器的象征物和贝壳的出现则反映了晨晨内心蕴藏着自愈的潜能。

在第一次沙画中,我读到了晨晨的问题所在,即自由行动的受限、愤怒情绪的郁积,同时也看到了治愈的希望,初步确定了治愈的方向,即愤怒情绪的发泄与舒缓、心理能量的顺畅流动,以及自愈潜能的激发。

二、晨晨的第五次沙画——转化阶段

晨晨在第五次沙游的过程中聚焦于做蛋糕的故事情节,这一内容是晨晨成长的体现。之所以得出这样的结论,是因为晨晨第三次体验沙游时,曾表达过想要制作一个蛋糕的想法,但他在操作过程中无法顺利地将沙子堆成一个圆圆的蛋糕的形状。虽然我给予了言语提示,但晨晨屡次将沙子扬出箱外,尝试了几次失败后,最终换玩其他的游戏。在间隔了一次沙游后,

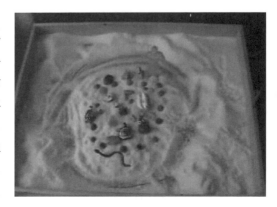

晨晨刚来到游戏室,就主动要玩做蛋糕的游戏。

在主题为"动物小蛋糕"的沙画中,可以看到,晨晨将外在的冲突体现转化成对自身能力的探索和挑战。在经历了挫折的体验后,晨晨再次尝试解决这个问题,虽然动作仍不熟练,但通过反复试探,他终于成功地在沙箱的中间区域做出蛋糕雏形。更难得的是,他用一圈蓝色区域将蛋糕与周边的沙子相隔离,这对动作的精确性提出了较高的要求,也体现了晨晨对自身的要求在提高。成功制作蛋糕的体验增强了晨晨的自我力量感,使他认识到自己对自身和外界环境具有一定的控制能力,而不仅仅是被控制的。沙箱中央的圆形的出现体现了沙箱游戏疗法中的治愈主题。一些原始部落认为圆形具有治疗疾病的作用,巫师在病人身体的外面画一个保护圈,以抵挡周围的袭击,圆形因此具有了集中和保护的意义。晨晨通过制作蛋糕,表现出与"吃"相关的内容,是他学习如何获取营养的第一步,也是他迈向独立的一步。但考虑到晨晨仍以动物为主要模型,动物代表一种原始的、本能的力量,它们的大量出现可能反映了幼儿早期自主性的缺乏和内心力量的尚未分化,属于自我发展的原始阶段,因此,我将此次沙画看作是晨晨积极转化的开端,而非治愈的体现。

三、晨晨的最后一次沙画——治愈阶段

晨晨最后一次沙画的主题为"沙滩"。海水出现在沙箱右侧,是滋养的力量,象征着对未来的希望;蓝色的出现,具有积极的意义,在纳瓦霍人的象征学中,蓝色具有强大的、有益的力量,象征着太阳燃烧的热量,这热量能为生命带来能量,使万物生长……

沙箱下方再次出现火山,说明晨晨的一些情绪没有得到完全的宣泄,但他自觉地在火山上种上一棵树,以防止火山爆发,说明晨晨对控制情绪有信心。通过一系列的沙游操作、一系列的成功体验,晨晨了解了自身的控制能力,认识到自己不仅有破坏的能力,也有再造和修复的能力,因此尽管面临困扰,仍能自觉地寻找解决办法,这是儿童拥有自我治愈的愿望和能力的体现。自然场景中缺少人类,也反映了晨晨对人与环境缺乏有效的互动和联结,还需要进一步探索和尝试,但贝壳、珊瑚、宝石等潜意识力量的象征和谐地构成一个圆形的图案,是晨晨内心的对立面出现整合和接纳时的外显表达,沙画的结构因此变得平衡,并且在中央形成一个圆圈,象征着个性整合的实现。与前面的沙画相比,晨晨的最后一次沙画表现出明显的治愈特征,如场景由混乱到有序、生命体由倒卧到站立、行动由受阻到顺畅、能量由缺乏到丰富、构图由分裂到整合等。

通过沙画的一系列变化,我欣喜地看到晨晨在自由、安全的环境中,释放并表达了一些被忽视、否定、压抑的情绪,激活了自我治愈力,从而获得了心理的发展和成长。从班主任对晨晨最新的积极评价中,我确定,晨晨已经把在沙游中学会的控制能力顺利地迁移到日常生活中,这说明系列沙游对晨晨确实产生了积极的干预效果。

因此,我更加坚信,只要给予任何一个儿童尊重和机会,他们便会发挥天生向善、忠于自己的潜能,从而尊重自己,学会以更合适的方式与环境互动,成为一个真正的自己。

在介绍这个案例的过程中,我从教师们的表情中可以看出大家内心发生着明显的变化:他们从最初的好奇、怀疑到为晨晨的变化感到欣喜、欣慰,再到后期的信服和认可;从最初只是听众到一起分析沙箱作品中蕴含的意义和变化,再到后期一起体验成功干预带来的快乐和满足。当我告诉教师们这就是典型的个案研究结果时,大家都对个案研究产生了浓厚的兴趣。随后,我又结合案例详细介绍了个案研究的特点、具体方法、7 个 W 问题、模式、优缺点等内容。

个案研究的模式:从个案内容上看,可分为以问题切入为主的问题解决模式和以研究对象为主的对象跟踪模式。

1. 问题解决模式:帮助研究对象解决其行为或人格上的特殊问题。

2. 对象跟踪模式:根据研究目的和内容,选择典型的研究对象进行跟踪研究,以探讨问题的产生、发展和结果。

• 个案资料:包括个案本人的个人资料、来自幼儿园的有关记录,以及有关个案家庭和社会背景的资料。

① 个案的个人资料。包括:个案当前的行为资料,如问题行为的症状和表现;身份资料,如姓名、性别、年龄、出生年月、籍贯等;个人发展史,如胎儿史、出生及新生儿期的情况、学习情况、人际关系情况等;文档资料,如记录的在园情况、学习记录、测验成绩、照片、绘画作品等;身体心理特征,如身高、体重、生长发育情形、健康情况、既往病史、药物过敏史、能力、兴趣、人格、智商、态度、习惯、情绪等。

② 幼儿园的有关记录。即各种情况登记表、测验成绩、操行评定、奖惩情况、同伴关系等。

③ 家庭和社会背景资料。主要有父母年龄、健康情况、教育程度、职业、社会经济地位、家庭成员之间的关系、个案在家庭中的地位、父母的教养方式、亲子关系、家庭中的重大事件、社区文化环境、家庭病史等。

收集个案资料的方式多种多样,可以是书面调查、口头访谈、现场观察记录、心理测量与评估、查阅文档分析、设置情境所获得的行为。

• 诊断与假设:在收集个案资料的基础上,还要对相关问题进一步测试,以诊断问题的症结,推论原因(主因、次因、远因、近因等),形成初步的假设。诊断最好能有标准化的测验量表。

• 形成结论:个案研究报告格式包括五个方面。

① 个案的基本情况。包括个人资料、背景资料、家庭史、与家庭成员的关系、学习生活、社会关系等。

② 问题行为的描述。即个案的特殊表现,与其他儿童行为表现的异同。

③ 问题行为的诊断与分析。整理个案资料,分析造成行为差异的原因,作出基本推断。

④ 矫正策略与指导。提出、实施矫正措施和指导策略,观测、检验策略的有效性。

⑤ 效果与建议。描述效果,推论得出一般性的结论,可以针对性地提出一些建议或启示。

个案研究的优缺点:

1. 优点:能以生动的描述,形象地展示个案;研究灵活,可以不断地转变研究重点,采用新的收集资料的方法和手段,以满足研究的需要。

2. 局限:研究结论的主观性较强,常会遇到伦理道德问题,个案研究的推广性有限,对研究人员的语言技能、洞察力有较高要求。

可见,案例分享既增强了培训过程的生动性,使教师们一边听故事一边参与培训,又促使更多的教师重新认识个案研究的意义和价值,激发他们去学习更多的教育学、心理学理论,重新理解个案研究的模式和方法,并在日常的师幼互动中研究、发现、比较、总结,从多种角度解读幼儿,及时提炼成文,积累教育经验,提升自身的科研素养。

4. 推荐参考书目,支持自主学习

在科研培训第一讲的最后,我向教师们推荐了两本书,分别是浙江教育出版社出版的董奇的《心理与教育研究法》和华东师范大学出版社出版的陶保平的《学前教育科研方法》,以鼓励有更多需求的教师开展自主学习。推荐书目是我的保留项目,每节课,只要有与培训内容相关的书籍或杂志,如上海科学普及出版社出版的邵志芳的《心理与教育统计学》、教育科学出版社出版的陈向明的《质的研究方法与社会科学研究》《上海教育科研》等,我都会推荐给教师们,旨在延伸科研培训的影响力。

**(三) 多方激励,吸引教师开展研究**

在开展科研培训的过程中,我会不定期地发布有关科研工作的信息,从工作环境、激励方案、参与途径等各个方面激发教师参与科研的热情。

比如:通过与园长沟通协调,在调整结构工资方案时,加大对科研工作的奖励比重;在调整教师分层评价指标时,增加科研工作的量化标准,将科研工作成效作为推优、奖励、竞聘等重要依据。我会在某一次科研培训结束前宣布并解读这些利好消息,以激发教师参与科研工作的积极性。

又如:在科研培训中,对市、区级课题申报通知和要求进行解读,提示注意事项,布置课题申报工作;为教师提供申报园级课题的平台,凡经园内审核后推荐参加市、区级课题申报但落选的课题可自动转为园级课题,这样可以提升教师参与课题申报的积极性;作为上海市中小学心理协会理事,张园长还为教师提供了心理协会课题申报的平台。通过科研培训,我将这些好消息分享给广大教师,促使他们为课题申报做好充分的准备。

最后,发布各层面论文评选的资讯,同时结合历年的获奖论文,分析各类评选的倾向与标准,如长宁区三年一轮的"希望杯""长教杯"论文评优、师德论文评选、长宁区教育学会论文评优等,为教师们系统地梳理各类参评机会和方向,帮助他们有针对性地积累和调整。

## 四、科研培训的多元成效

科研培训为更好地开展幼儿园科研工作照进了一束光,2011年至今,取得多元成效。

（一）科研培训课程得到认可

2015年,经过长宁区专家评审,我园的校本研修课程《学前教育科学研究方法》被评为"长宁区第十二届教学工作研讨活动优秀区域共享课程方案"。

（二）打造一支科研教师团队

在浓厚的科研氛围中,我园教师积极参加各层面课题申报与研究。自2011年9月至今,幼儿园一线教师累计申报市级课题17项、区级课题8项、园级课题6项,教师课题参与率达85%以上。

（三）科研有效引领课程建设

幼儿园以龙头课题为抓手,带领全体教师参与到"乐·活"教育特色课程建设的探索研究中,经过六年的开发、实践、优化、扩大验证,构建了"乐·活"课程系统框架与典型活动,研究成果荣获"上海市教学成果一等奖""第六届上海市教育科研成果二等奖"。幼儿园还受邀参加上海教改30年成果邀约会,将"乐·活"教育研究成果推广至全国,成果更是发表在上海教育出版社出版的《创·生——上海课改30年区校实践成果荟萃》一书中。

我们能够取得如此多喜人的成效,既和系统的科研培训有关,也和优质的师资基础有关,更离不开幼儿园领导对科研工作的重视与配合。科研培训以调研为先导,以行动为跟进,以激励为支持,富有成效地培养了教师的科研意识和研究能力。

## 五、改进设想

科研培训课程实施于2011年,如今看来,还有很多不足之处。如果再次实施科研培训课程,可从以下几方面改进:

第一,科研培训课程应该从开学第三周开始,即开学准备工作完成,幼儿和教师已进入常态,这样便于教师安心参与研修。同时,课程实施者也可利用前两周的时间做好充分的访谈调研,辐射全体教师。

第二,科研培训的频率可以调整为两周一次,这样有利于教师的消化吸收。在开展案例培训之前,可以收集一下教师已经撰写的案例,分析共同的问题,结合教师的案例进行培训,这样更有针对性。

第三,培训主体可以更加多元,可请参与课题研究的教师客串培训,有助于从不同角度完善培训内容。

科研培训课程的开发和实施,受到课程时间和课程开发者自身能力的限制,对教师来说,只是一个引导,旨在消除教师对科研的误解,增强教师的信心和勇气。若要使培训真正地发挥作用,还需要教师个人对专业发展的追求、幼儿园整体科研生态环境的优化,以及教师发展体系对科研工作的重视和认可;只有如此循序渐进,越来越多的教师才能迈出走向科研的第一步,才能发现科研的意义和价值。路漫漫其修远兮,我们还需不懈地努力与探索!

**附件:**

### 附件1 科研培训互动档案(样张)

培训主题:科研培训第一讲之教育科研基本概述

培训主要内容:

一、《科研培训需求教师问卷》反馈

二、教育科研基本概述

1. 教育科学研究的发展轨迹

2. 教育科学研究的目的

3. 教育科学研究的一般过程

4. 教育科学研究的特殊性

5. 推荐书目

通过本次培训,我的收获是:




对于本次培训,我的困惑是:




对于下次培训,我的建议是:




教师姓名:_____

_____年____月____日

## 附件2 愚园路第一幼儿园课程评价表(样张)

——学前教育科学研究方法

1. 学员姓名:＿＿＿＿＿＿＿

2. 您所在的教研组为(　　)。

A. 小小班　　　　　B. 小班　　　　　C. 中班　　　　　D. 大班

3. 本次培训在多大程度上反映了教育教学改革的动态与要求?(　　)

A. 一点也不　　　　B. 有一点　　　　C. 一般　　　　D. 很大程度

4. 本次培训对您的教育观念的更新有多大程度的帮助作用?(　　)

A. 一点也不　　　　B. 有一点　　　　C. 一般　　　　D. 很大程度

5. 本次培训对您的专业成长有多大程度的帮助作用?(　　)

A. 一点也不　　　　B. 有一点　　　　C. 一般　　　　D. 很大程度

6. 其他任何反馈、意见或建议:

_____

_____

_____

# 专题 2

◆ ◆ ◆ ◆ ◆ ◆ ◆ ◆ ◆

## 单项能力驱动下的专题设计

本专题由三个案例组成，聚焦教师的课题研究能力、课例研究能力和论文撰写能力培养，对教师教育科研素养提升的培训课程进行设计。

# 以课题研究为载体
# 提升教师教育科研素养 *

中小学教师培训是促进教师专业发展的重要途径。教师作为成人学习者,具有独特的学习特点,教师培训应该遵循成人学习的特点与规律,以解决教育教学问题为契机,从而促进教师的专业发展。"成人学习之父"马尔科姆·诺尔斯(Malcolm.S.Knowles)提出了成人学习理论:成人学习者重视知识的实用性而不是学术性,重视应用性而不是理论性,重视技能而不是信息。成人学习倾向于实用性,学习动机较为明确和实际,成人学习的动机整体上同他们实际工作的进展、学习能力的提升、生活水平的提高、自身素质的加强,以及服务于社会等联系在一起。

## 一、中小学教师培训是成人培训,更是职后培训

教师培训的目的是促进教师专业的发展,从而有效推进教育教学实践的发展。中小学教师培训必须以解决教师的教育教学实际问题为基础,提高教师主动参与教育改革的积极性,以解决问题带动中小学教师理念及能力等方面的发展。而一个教育教学实际问题的解决并不是一件容易的事,往往需要教育理念的更新,需要教学新技能的操作及其他各种能力、素质的支撑。因此,在教师培训工作中,必须以解决教育教学实际问题与困难为切入点,这样中小学教师才会积极主动地参与到培训学习中。

长宁实验小学以课题研究为载体的教师科研素养培训课程,正是在这一理念的指导下,围绕学校重点课题"关注高阶思维培养的小学课堂教学研究"在研究过程中遇到的各类问题,开展的基于教师专业发展需求、基于问题解决、非良构的教师培训课程。

## 二、以课题研究为载体的校本培训课程是教师提升科研素养的实战场

教师教育科研素养的提升与教师专业能力的提升是密切相关的,往往聚焦于教师教学研究水平的提升、专业阅读水平的提升、专业写作水平的提升等方面。而长宁实验小学所开展的教师科研素养培训课程,结合了教师在学校重点课题研究过程中遇到的真实问题,缺什么补什么,让教师在实战中提升教育科研素养。具体表现在以下几个方面:

---

\* 本文由上海市长宁区教育学院汪泠淞撰写。

（一）设计了围绕主题推进的教学研究课程模块

"课"与"课堂"是教师的立身之所，平凡源于此，创造也源于此；如何在"课"中培养研究的品质，如何让"课堂"生成教学的智慧，才是最具研究价值的。"关注高阶思维培养的小学课堂教学研究"这一重点课题的研究重点，就是要立足课堂，研究课堂中高阶思维的培养。因此，在研究过程中，不断提高教师的课堂教学实践研究能力显得非常重要。

学校从梳理课标入手，继而在教学设计、课堂教学研讨、教学再设计等方面，建立了围绕主题推进的教学研究培训课程模块，对教师进行了理论与实践的指导。比如，研读了《布鲁姆教育目标分类学》、斯腾伯格（Robert. J. Sternberg）的《思维教学——培养聪明的学习者》、王天蓉的《问题化学习》之后，在关于高阶思维培养的理论的基础上，依据课程标准，对各学科教材进行"关注小学高阶思维培养"的梳理与分析。在梳理、分析教材的过程中，以学科为单位开展小组合作学习，再进行大组的交流、研讨、修改文本。

（二）设计了以文献研究为导向的深度阅读课程模块

"关注高阶思维培养的小学课堂教学研究"课题的关键词有"高阶思维""高阶思维能力"等。学校围绕这些核心概念，开展了文献阅读课程培训。

在培训过程中，学校一改以往专家"一言堂"的方式，边研究边培训。根据专家的建议，课题组按照文献学习的基本流程"制定提纲—确定主讲教师—编制主讲文本—集体研讨"引导教师研读。通过集体讨论的方式，确定每次学习的文献内容、阅读重点、讲述要求和主讲教师。以探究问题的解决为目的，将教师的学习与其承担的研究任务相联系，根据研究命题来收集相关的文献。研读方式如下所示：

首先，文献推荐者以问题或问题链形式编拟学习提纲；

其次，主讲教师按"读懂了什么—联想到什么—怎样才能实现"的研读思路，提出基于问题解决的设想或对策；

再次，其他教师的交流应把握作者的思路和内容的要点，提出有待探究的问题；

最后，综合文献学习、主讲教师的讲述和其他教师的交流，编写专题性的学习研读综述。

（三）设计了以课堂诊断为形式的教学反思课程模块

在课题研究的过程中，学校发现，教师的教学设计和研究能力的提升，离不开教师基于课堂诊断的教学反思能力。因此，学校根据高阶思维能力培养的实施要求，将教师基于课堂诊断的教学反思的培训分为两个阶段：先对如何基于案例开展教学反思进行了理论上的指导，提出要求，明确任务；随后请教师针对课堂教学案例展开分析，与同伴交流，并在专家的指导下修改个人反思。

比如，指导教师根据布鲁姆的目标分类法，梳理课例中的问题。一方面，要求教师根据2001版布鲁姆教学目标分类法分析具体课例中包含"创造、评价、分析"这三个高阶思维要素的教学片段。另一方面，要求教师围绕"内容问题（有关学科知识的问题）、单元问题（以教学单元为背景设计的开放性问题）、基本问题（聚焦课程的核心问题）"等三类问题展开教学反思,撰写案例分析等。

（四）设计了以经验总结为内容的专业写作课程模块

课题研究的成果表达,离不开教师专业写作水平的提升。学校在课题研究的过程中,结合教师科研素养培训课程,设计了任务驱动的写作课程。一系列围绕文献阅读的读书笔记、围绕课例研究的案例反思、基于个人教学经验的教学论文等,不仅训练了教师的专业写作能力,还帮助他们积累研究的素材。在整个培训的过程中,学校组织教师在《长宁教育》上连续刊发了两期专栏,这对教师们来说也是很大的鼓励和促进。

## 三、以课题研究为载体的校本培训课程促进学校教育科研持续发展

长宁实验小学这种以课题研究为载体的校本培训,同时也是"研训一体化"的教师专业培训。整个培训过程,就是专家、理论工作者、教研员和教师一起以先进的教育理论、学习理论为指导,对教学进行诊断与评价、研究与分析,经过反复的探索和实践,把新的教育理念真正转变为教师的教学行为的过程。这也是提升教师教育科研素养的最为有效的办法。

通过这样的培训,学校营造了健康的科研文化氛围,教师们对科研的认可程度也在不断提高,大家逐渐把科研当作一种方法,运用到教育教学甚至教育管理的各个方面。

通过这样的培训,学校形成了课题研究的组织管理机制,学校科研室主任在其中发挥了巨大的作用,一边研究,一边培训,一边积累研究成果,工作的成就感大大提升。

通过这样的培训,学校建立了一支能独立研究也能合作研究的教师队伍。研究表明,教师之间的广泛交流是提高教学能力最有效的方式。在培训的过程中,学校特别强调同伴互助和合作,鼓励教师之间加强交流、沟通、协调与合作,建立积极的伙伴关系,共同分享经验与成功,教师的综合能力因此显著提高。

| 案例 | 依托课题研究的"研训一体化"校本培训课程 |

# 依托课题研究的"研训一体化"校本培训课程

## ——以"关注高阶思维培养的小学课堂教学研究"课题研究为例 *

## 一、问题的提出

（一）学校科研校本培训的意义

"教师即研究者"作为教师专业化发展的新名词,已经成为教师专业化发展的重要理念,

---

\* 本文由上海市长宁实验小学潘宗娟、何星撰写。

是当今教师发展的主要趋势。教育部科学技术司司长王延觉曾强调:"科研创作是广大教师应从事的一项基本工作,不仅能够提高教师自身的专业素质,增强其教学能力,而且能够推动社会实践、教学改革与学科理论建构,具有多方面的价值。"而著名科学家钱伟长院士则明确提出:"你不教课,就不是教师;你不搞科研,就不是好教师。"这充分彰显了科研对教师的重要性。

基于校本的科研,是真实的科研。科研校本培训,是从学校和教师教育过程中的实际问题出发,以解决实际问题、改进教师的教育行为、提高教育质量为近期目标的教师培训,是以教师的自学、探究、合作、研讨及他人的指导帮助为主要方式的教师培训,是在教师的教育教学过程中结合教育实践进行的教师培训,是充分利用学校资源的教师培训。

### (二) 学校科研校本培训存在的问题

为了切实提高培训的有效性,我们将科研培训的重心下移到学校,依据本校教师的实际需要,有针对性地选取培训内容,采用适当的形式与方法,对本校教师进行有计划、有目的、有组织的培训。可是,在实际操作的过程中仍存在不少问题。

#### 1. 需求增长,供给难以满足

随着教育管理和课程改革的不断深入,作为培训对象的教师的需求也在不断地增长,其中包括新的教育教学理念、研究方法的新趋向等。不同的研究内容、研究对象对培训提出了更高的要求。教师们需要的不再是泛泛而谈的理论类培训,而是切合自身工作实践需要、具有真正指导意义、可操作性强的培训。

教师们都希望通过培训,在有限(最短)的时间内,满足自己学习的需求:内容丰富,形式灵活多样,理念层面与操作层面并举,内容贴近实际,有助于工作岗位上的运用……但考虑到培训时间、师资素质、个体差异等因素,教师们的需求很难满足。

#### 2. 内容缺乏针对性、递进性、系统性

随着学校教育科研的不断深入,教师逐渐成了研究的主体,研究所涉及的内容也越来越广泛,办学活动中的一切内容都可以成为研究的内容;而且,这些研究的内容既可以是单项性的研究,也可以是整体性的综合研究;同时,教师的研究水平也存在着较大的差异。

目前,培训的内容往往是一些通识性的科研方法,没有根据研究的内容进行分层分类,在培训内容上过于注重理论,与研究内容相脱节,缺乏针对性。各培训之间缺乏联系,缺乏递进性、系统性。

#### 3. 形式单一

传统的科研培训模式以聘请专家或名师开设讲座为主,过于强调培训对象单向的接受与培训者外在的给予,其特点是以培训者为主,参训教师为辅,教师处于被动地位,缺乏对问题的主动思考,缺乏与专家或同伴的互动、交流,忽视了在培训过程中让教师拥有更多的自主学习与自我反思的时间与机会。

培训可采取交流式、互动式、参与式、实战式等多种形式。专家要从组织者、培训者、旁

观者转变为参与者、交流者、带动者,把研究和培训融为一体,使培训"实现一次次平等的对话、一次次心灵的交流、一次次思想的碰撞、一次次理念的升华"。

由于诸多方面的因素,教师对科研校本培训的积极性不高,缺乏主动性和热情。这种被动、枯燥的培训课程,很容易让教师失去学习动力,从而产生惰性。培训中,很多教师对培训内容的掌握只停留于识记层面,没有进行深入的思考;培训后,又缺乏行为跟进,缺乏过程性的指导,遇到问题时没有及时得到帮助。这样的科研培训无法达到预期的效果。

## 二、"研训一体化"——课题研究与科研培训相融合

学校科研工作要对学校教育教学实践创新、教师专业发展起引领促进、保驾护航的作用。科研要在具体的教育实践过程中展开,要为教育教学服务;中小学教育科研的优势在于应用研究,即开展以解决问题为目的的诊断性研究,以及以自身实践情境和经验为视角的反思研究等。教师进行科研的目的不是发现科学原理,而是获得更好的实践技能,完善教育行为。

近年来,课题研究已成为学校科研工作的重要载体。改变传统的培训方式,以课题研究为载体,将研究与培训整合在一起,开展"研训一体化"的培训,是值得探索的有效的培训新途径。"研"是方法,要求教师在课题研究中用科研的方法开展研究;"训"是途径,即在教师自身内部驱动力的推动下开展有效的专业化培训;而"研"和"训"的目的就是促进教师教育教学实践能力的提升,为教育教学服务。

建立"研训一体化"的培训模式可以从以下几方面入手:

(一)培训目标的确定

教育观念是教育教学行为的先导,而教育科研是教育观念变革的重要载体或平台。通过科研培训,可以引导教师确立自我定位与角色担当——由传统意义的"教书匠"向现代意义的学者型教师转变。

培训目标,主要是帮助教师(即课题参与者)了解和掌握课题研究的一般研究思路、策略和方法,使其掌握与该课题研究领域相关的内容,从而有效提升教师的科研素养。

(二)培训内容的确定

培训内容包括该课题研究领域的前沿信息的学习,一般研究思路、策略、方法的学习,以及个别化问题的探讨。培训内容可以随着课题研究的推进而变,一旦发现问题,及时进行调整,因此具有针对性、递进性和系统性,而且可调节性强。

(三)培训方式的确立

培训方式包括:专家引领,如开设讲座、报告;团队协作,如开展教学研讨、经验分享。培训方式可以根据培训内容而定,由于这是一种在课题研究过程中的浸入式培训,因此培训方式更符合课题研究的需要,融合性、可操作性更强。

以课题研究为载体建立"研训一体化"的培训模式,强调教师的主动参与和探究,有助于

促进教师理论和实践的结合,促进教师科研和教学的融合,帮助教师用研究的思维和方法解决教育教学问题,提升教师的专业智慧、专业素养和专业能力,进而提高教育教学质量。这种模式的校本培训弥补了大规模教师集体培训的不足,具有针对性、系统性、渐进性、融合性等特点。

# 三、以课题为载体,实现"研训一体化"

我校以龙头课题"关注高阶思维培养的小学课堂教学研究"为载体,以课题组成员为研究共同体,开展"研训一体化"的校本培训。在培训过程中,突出培训内容的针对性、培训方式的灵活性和培训目标的实践性,强调培训重心的基层化、培训对象的全员化和培训时间的全程化。

## (一)培训内容

确定培训内容的依据来自课题研究的需求,来自课题组成员的需求,因此我们将培训内容分为"研究内容的培训"和"研究方法的培训"。

### 1. 研究内容的培训

本课题的研究目标为:明确小学中高年段高阶思维教学的基本内涵与特征,从情境创设、问题设计、认知支架搭建、任务学习单等方面探索不同学科高阶思维教学的设计、实施与评价。

研究内容包括:

- 小学阶段高阶思维教学的内涵与特征
- 小学阶段高阶思维能力培养的现状
- 激发学生主动思维的情境创设
- 指向学生高阶思维能力的问题设计
- 促进学生高阶思维发展的认知支架的搭建
- 有效检测高阶思维能力提升的任务学习单设计

根据课题的研究目标和研究内容,我们从以下三方面入手对研究内容进行培训。

(1)关于"高阶思维的认识与分析"

通过《布鲁姆教育目标分类学》《国外高阶思维及其教学引介》《思维教学——培养聪明的学习者》等内容的培训学习,了解小学阶段高阶思维教学的内涵和特征。

(2)关于"问题链的设计"

通过《高阶学习中的问题类型和方法》《以问题为核心的高阶思维教学》《问题、提问及教学方法》等内容的培训学习,进一步了解问题化学习,尝试问题链的设计。

(3)关于"高阶思维教学的基本思路与流程"

通过《提升学生创新素养的高阶思维教学》《教学设计的宗旨:促进学习者高阶能力发展》《关注小学高阶思维培养的教材梳理与分析》等内容的培训学习,为逐步形成高阶思维教学的基本思路与流程打下基础。

2. 研究方法的培训

只有掌握了研究方法,才能真正有效地开展教育科研;只有正确地运用研究方法,才能保证研究成果的可靠性与科学性。因此,在课题的研究过程中,对教师进行研究方法的培训是必不可少的。

本课题所提出的高阶思维能力培养的教学设计与实施都是在真实的教学工作环境中进行的,是为促进小学阶段高阶思维能力的发展、改革小学的课堂教学服务的。因此,本研究以行动研究为方式,主要采用了文献研究法和案例研究法。

(1) 文献研究法

文献研究法主要指搜集和分析研究各种现存的有关文献资料,从中选取信息,以达到某种调查研究目的。它所要解决的是如何在浩如烟海的文献群中选取适用于课题的资料,并对这些资料进行恰当的分析和使用。本课题研究主要搜集与"高阶思维""高阶思维能力"等有关的资料,并对资料进行比较分析,借鉴已有的研究成果和经验,寻找构建小学阶段高阶思维能力培养的新视角。

在培训过程中,我们一改以往专家"一言堂"的方式,边研究边培训。根据专家的建议,课题组按照文献学习的基本流程"制定提纲—确定主讲教师—编制主讲文本—集体研讨"引导教师研读。以集体讨论的方式,确定每次学习的文献内容、阅读重点、讲述要求和主讲教师。以探究问题的解决为目的,将教师的学习与其承担的研究任务相联系,根据研究命题来收集相关的文献。研读方式如下所示:

① 文献推荐者根据集体讨论确定的学习重点和研读要求,参考文献的内容提要精读各章节;聚焦作者的核心理念、主要观点或标题题眼,以问题或问题链形式编拟学习提纲;

② 主讲教师按"读懂了什么—联想到什么—怎样才能实现"的研读思路,把握文献的核心概念,归纳作者的主要观点,联系自己的经验,讲述相应的体会或感受,提出基于问题解决的设想或对策;

③ 其他教师的交流应把握作者的思路和内容的要点,围绕主讲教师的讲述各抒己见——补充相应的观点,交流独到的见解,提出有待探究的问题;

④ 综合文献学习、主讲教师的讲述和其他教师的交流,编写专题性的学习研读综述。

如在学习《提升学生创新素养的高阶思维教学》这部分文献资料时,文献推荐者以三个思考题的形式编拟了学习提纲,教师根据学习提纲研读文献,并撰写研读体会。

【案例 1】《提升学生创新素养的高阶思维教学》文献研究

### 提升学生创新素养的高阶思维教学

（学习提纲）

思考题(请选择其中一条来重点思考)

1. 选择高阶思维的一种能力,按其任务和基本技能中的一项提示,联系自己任教的学科,以问题或提问的形式举例。

2. 根据"2001 版布鲁姆教学目标分类"和昆士兰州立学校关于交通问题的举例,联系自己任教学科的某个单元或某篇课文,先明确聚焦的"单元问题",再假设表征高阶思维三个维度的"内容问题"。

3. 联系作者的观点和自己的经验,谈谈你对教师"有意识的作为"的认知,说说为什么教师"有意识的作为"很重要。

## 提升学生创新素养的高阶思维教学

### (研读体会)

1. 选择高阶思维的一种能力,按其任务和基本技能中的一项提示,联系自己任教的学科,以问题或提问的形式举例。

《我给奶奶送阳光》一课教学中,通过分析推论、倾听质疑、逻辑归纳等技能训练开展批判性思维活动,引导学生理解关键语句"我的好宝宝,不要担心,阳光都跑到你心里去了",体会鹿儿对奶奶的爱。

就事论事:

(1)(指导朗读文中描写阳光的句子)这些描写阳光的句子给你留下了什么印象?

(2)看到可爱的阳光,鹿儿心里有什么想法?

(3)鹿儿为什么要给奶奶送阳光?

就事说理:

(4)奶奶收到阳光了吗?仔细读课文,找到能支持你观点的句子,简述理由。

借题发挥:

(5)阳光自然不能跑到鹿儿的心里,但是鹿儿心里有什么?

(6)你觉得鹿儿是一个怎样的孩子?

2. 联系作者的观点和自己的经验,谈谈你对教师"有意识的作为"的认知,说说为什么教师"有意识的作为"很重要。

(1)教师有意识地培养学生的高阶思维,可以在低阶思维和高阶思维之间进行有效的转换。

如果教师能够用简单的问题引出学生复杂的思考,这就意味着把低阶思维转换成高阶思维。但是,如果教师缺乏高阶思维培养的意识,极有可能把高阶思维转换成低阶思维,如把本该由学生探究得出的结论直接告诉他们,美其名曰是为了提高解题速度及解题正确率。在这样的课堂中,学生不是越学越聪明,而是越学越机械,越学越没有创造力。

例如,一位教师在教学了《迷人的蝴蝶谷》后,让学生搜集相关资料,模仿课文介绍一种蝴蝶。有的学生在互联网上搜集了一大段,却没有进行深入的思考,这其实就是把高阶思维转换成了低阶思维。

而另外一位教师先引导学生研读课文,让他们了解作者是抓住了蝴蝶某一方面的特点,写出它的与众不同,然后指导学生分析所搜集的资料,梳理出蝴蝶的特点,再模仿课文的句式进行介绍。这就有效地培养了学生分析、综合和创造的高阶思维能力。

从上述两位教师的不同做法中不难发现,在培养学生高阶思维的过程中,教师"有意识地引导学生从低阶思维转向高阶思维"非常重要。

（2）教师有意识地设计能引出学生复杂思考的问题，就能打开高阶思维的空间，引领学生的高阶思维学习。

教学中，问题的思维空间很重要，它决定了学生思考领域的广阔程度。在现实的课堂教学中存在着大量"教学问题"，但它们几乎都是应试型问题；也有一些教学看起来没有什么问题，只有活动和任务，但在热闹的气氛背后，学习者不知道需要解决什么样的问题，以及应该怎样解决。而在引发学生高阶思维的课堂中，课堂气氛的调动和学生思维的触发，很多都是通过教师精彩的问题设计引起的。

例如，在教学《找骆驼》一文时，一位教师针对老人对商人的指点——"至于骆驼究竟往哪儿去了，应该顺着它的脚印去找"这句话提出了一个问题：你认为按照老人的指点，商人最终找到骆驼了吗？

学生提出了不少的异议：沙漠里风沙很大，骆驼的脚印很可能被埋没，仅仅顺着脚印去找是不行的；找骆驼的人如果不像那位先生一样有这么严密的推理能力是很难找到那只骆驼的……

从上述教学片段可以看出，教师有意识地提出了一个开放性问题，在读说思辨的教学实践中，学生们思维的火花被点燃，他们能大胆质疑，综合考虑问题，提出了不少带有批判性的看法和意见。

所以，在培养学生高阶思维的过程中，教师"有意识地设计问题"很重要。

（3）依据"最近发展区"理论，教师有意识地利用"脚手架"，可以促进学生思维的提升。

例如，在刚开始学习"春"字时，学生停留在低阶思维阶段，只是运用分析结构的方法学习了字形。后来，教师出示了"春"从小篆到简体字的演变过程，引导学生找出它们的共同点，学生很快就关注到下半部的"日"字。接着，教师又和学生一起讨论"为什么'春'字里有'日'"，从而帮助他们将字形和字义有效地结合起来，加深对"春"的识记和理解。

上述例子中，教师通过提供资源，为学生搭建了"脚手架"，让学生在已有的知识基础上提升了认知，达到了高层次的思维。

由此可见，在培养学生高阶思维的过程中，教师"有意识地利用脚手架"很重要。

综上所述，教师要时常反思自己的教学是处于低阶思维层次还是高阶思维层次，自己的教学设计（特别是问题设计）是否有利于促进学习者打开高阶思维空间，自己的教学方法和学习任务是否提升了学生的问题求解、决策、批判性思维和创造性思维等高阶思维技能，这样才能更好地促进学生高阶思维能力的发展。

通过这种方式的培训，教师对文献研究法的理解不再是纸上谈兵，不再是盲目地搜集文献资料，泛泛地通读，而是有目的、有计划地研读研究成果，学会梳理，做好文献综述，并时时注意结合自己的工作实际进行有针对性的思考，将自身已有的经验与阅读材料中的分析相联系，把理论论述转化为对自己工作中相关问题的解读与说明。不论是对于主讲教师还是其他教师而言,研读的过程中都有规范的要求,教师完成任务有章可循,集体研讨,轮流主讲,交流也有公认的评价标准,有利于教师在自评、他评中不断地修正、改进,最终在实践中真正掌握文献研究的方法。

（2）案例研究法

案例研究法是指结合文献资料对某个案例中的单一对象进行分析,得出事物一般性、普遍性的规律。在本研究中,我们根据高阶思维能力培养的实施要求,将案例研究法的培训分为两个阶段:先对如何进行案例分析进行了理论上的指导,提出了案例分析的要求;随后请教师根据要求进行案例分析,与同伴交流研讨,并在专家的指导下进行修改。随着课题研究的推进,我们将案例研究的培训分为两个阶段。

第一阶段:根据布鲁姆的目标分类法,梳理课例中的问题。从内容问题（有关学科知识的问题）、单元问题（以教学单元为背景设计的开放性问题）、基本问题（聚焦课程的核心问题）三类问题入手,搜集课例中的问题。

根据"2001版布鲁姆教学目标分类",将"认知过程"维度分为记忆、理解、应用、分析、评价、创造六个维度,其中创造、评价、分析为高阶思维。根据这一分类标准,对所搜集的案例中的问题进行梳理。

【案例2】关注高阶思维培养的课例中的问题梳理

# 芭 蕉 花
## ——关注高阶思维培养的课例分析

一、请根据"基本问题""单元问题""内容问题"的要求,以表格形式提炼你所搜集的课例中的三类问题。（若缺少基本问题或单元问题,注明后请尝试添加）

| 课例名称 | 内容问题 | 单元问题 | 基本问题 |
|---|---|---|---|
| 只有一个儿子 | 1. 课文一共写了几个人物？<br>2. 三个妈妈分别是怎样介绍自己的儿子的？<br>3. 在妈妈最困难、最需要人帮助的时候,三个儿子的表现是什么样的？<br>4. 既然三个孩子都是好孩子,为什么老爷爷说"只有一个儿子"呢？<br>5. 这是一个怎样的儿子？ | 三个孩子中,你最喜欢哪个孩子？为什么？<br>（本单元的重点目标:选择本单元课文中的某个人物,结合课文内容,谈谈自己对他的看法） | 如何传承中华美德？ |

二、请根据"2001版布鲁姆教学目标分类",结合钟志贤关于高阶思维能力构成的分析,以表格形式对你所搜集的课例中的问题进行梳理。

| | 问题 | 问题数量 | 主要任务 | 行为特征 | 强调技能 | 一般结果 |
|---|---|---|---|---|---|---|
| 记忆 | 课文一共写了几个人物？ | 1 | 提取文本信息,理顺人物关系。 | 回忆、陈述 | | |

（续表）

| | 问题 | 问题数量 | 主要任务 | 行为特征 | 强调技能 | 一般结果 |
|---|---|---|---|---|---|---|
| 理解 | 1. 三个妈妈分别是怎样介绍自己的儿子的？<br>2. 在妈妈最困难、最需要人帮助的时候，三个儿子的表现是什么样的？ | 2 | 1. 品读语句，理解母亲都是爱孩子的，只是有的妈妈会把对孩子的爱表达出来，有的妈妈则把对孩子的爱深藏在心里。<br>2. 品读语句，理解第三个儿子在妈妈最困难的时候给予了帮助。 | 比较、讨论、定位 | | |
| 应用 | 假定你身边就有一只水桶，你拎拎看，怎么拎呢？ | 1 | 运用文中的语句述说自己拎水桶的感受，内化课文语言，产生经验，感受妈妈的辛苦。 | 利用、叙述 | | |
| 分析 | 既然三个孩子都是好孩子，为什么老爷爷说"只有一个儿子"呢？这是一个怎样的儿子？ | 1 | 结合文本相关事实，比较、评论三个儿子的不同表现，阐述自己的看法。 | 分析、辨别、推断 | 转换：逻辑归纳<br>因果关系：建立因果关系，推论、判断、评价 | 普遍性（对"怎样的儿子才是真正的儿子"的正确认识） |
| 评价 | 三个孩子中，你最喜欢哪个孩子？为什么？ | 1 | 在道德思辨的基础上，联系课文内容，对第三个儿子进行评定。 | 评价、证明 | 因果关系：建立因果关系，判断、评价 | 证据（寻找支持自己观点的证据） |
| 创造 | 第二天，水没有了，又要去打水了。三个妈妈打了水站在井台旁。请你和同桌合作演一对母子。 | 1 | 结合自己的理解和感悟，创造性地进行发挥，升华孝敬父母的主题。 | | 转换：类推 | |

三、请在课例梳理的基础上，结合你任教的学科和单元中的相关教材，按学生获取知识的思维程序，尝试设计以问题求解为核心的"问题链"。

以二年级第二学期语文《芭蕉花》一课为例，我尝试设计了以问题求解为核心的"问题链"。

1. 记忆

（1）读了关于芭蕉花的介绍后，你对芭蕉花有了哪些了解？

（2）课文围绕芭蕉花讲了一个什么故事？（借助填空说一说）

2. 理解

看到芭蕉花后，"我"和二哥是怎样做的？圈出句子中的动词，谈谈你的感受。

3. 应用

根据你对"照实"的理解，联系上文，把"我便照实说了"写具体。

4. 分析

（1）父母为什么生气？读读母亲的话，想一想这番话的背后蕴含着什么。

（2）在父母看来，孩子们不应该拿不属于自己的东西，但是在"我"和二哥看来，为了治好母亲的病，这有什么错呢？谈谈你的看法。

5. 创造

你有没有更好的办法——既不必随便拿别人的东西，又能用芭蕉花为母亲治病？

四、请结合你任教的学段和学科，谈谈关注高阶思维培养的课堂教学应具有哪些行为特征，请举例说明。

就二年级语文教学来说，我认为关注高阶思维培养的课堂教学应具有以下行为特征：

1. 目标层级"分析"的行为特征：提问、比较、分析

学生能在教师的引导下学会提问，发现有价值的问题，并在问题意识的驱动下，通过比较、分析相关信息，作出恰当的推断，加深对问题的理解。

例如《芭蕉花》一课，教师在引导学生体会父母对孩子的真爱时，先让学生思考父母是如何看待孩子们"翻墙进院，偷摘花朵"一事的，画出相关语句，并针对父母的态度进行提问。然后，引导学生联系上文，分析母亲是在什么情况下说出这句话的，以及母亲的话语背后蕴含着什么。从而让学生体会到病中的母亲虽然盼花心切，但依旧没有忘记育子的重任，父亲虽然体察到孩子们的孝心，但依旧坚守"勿以恶小而为之"的信条，把孩子们狠狠地训了一顿。他们把孩子的品德看得比治病还重要、比生命还可贵，他们对孩子的爱才是真爱，爱得有价值。

2. 目标层级"评价"的行为特征：选择、支持、讨论、评价

学生能从文本中选择相关信息支持自己的观点，并在与伙伴的讨论中修正或证明自己的观点。

例如教学《狐假虎威》时，教师引导学生就"文中的狐狸究竟是聪明还是狡猾"展开讨论，并要求学生从文中找出相关信息支持自己的观点。在讨论之初，两派学生各执一词。有的学生认为狐狸是聪明的，因为它在遇到危险的时候想办法保住了自己的性命；有的学生则说狐狸是狡猾的，因为它先利用老虎去欺骗百兽，再利用百兽的惶恐来蒙蔽老虎。后来，通过

不断的讨论,以及对"眼珠子骨碌一转""扯着嗓子""神气活现""摇头摆尾"等词语的理解,原本认为狐狸聪明的学生逐渐认识到,文中的狐狸实际上装腔作势,非常狡猾。因此,"狐假虎威"这个贬义词的寓意指向也很明确:讽喻狐狸倚仗别人的势力来欺压人。

3. 目标层级"创造"的行为特征:讨论、表演

学生能在理解文本的基础上,结合生活体验,通过讨论或表演等形式,对文本的空白点或生发点进行合理的再创造。

例如《只有一个儿子》一课,教学接近尾声时,教师创设了一个情境:"第二天,水没有了,又要去打水了。三个妈妈打了水站在井台旁。请你和同桌合作演一对母子"。引导学生结合自己的理解和感悟,创造性地进行发挥,升华孝敬父母的主题。

第二阶段:收集课例,对课例中的问题进行具体分析。

所收集的课例片段应该能体现低阶思维能力向高阶思维能力的培养。参考《学科课程标准》,在课例问题的具体分析过程中,说明所选课例或片段在学科中的地位、主要学习意义、相关单元目标和课时目标,进而阐明开展高阶思维教学的必要性。

从课例或片段中选取 3—5 个问题,或一组问题链,对问题的类型、层次、任务进行具体分析,在此基础上尝试根据高阶思维教学的要求对问题进行完善,并进行再分析。

一般来说,课堂提问的问题可以分为以下几类:

• 事实性问题:通常要求学生根据事实,根据回忆或再认回答问题,主要用于测量学生的记忆力。

• 经验性问题:通常要求学生对已有的信息进行分析、综合,提供一个或几个确定的答案,主要用于测量学生的理解力。

• 创造性问题:通常要求学生超越对知识的简单回忆,运用自己的想象力和创造性思维,对原有知识和经验进行重组,产生一种独特、新奇的答案。

教师的引导问题可以分为以下几类:

• 驱动问题:课堂教学导入时,教师启发学生发现问题的问题。它一般是在教学环节开始时启动学生思考的问题,通常需要具体的问题情境,与学生经验产生联系,以激发学生的兴趣、动机与自主学习的愿望。

• 推进问题:与解决核心问题具有内在联系的系列问题,是教师围绕核心问题不断聚焦与深化、归纳和引申的问题。这种问题往往呈现为课堂上教师的追问。不同的追问之间形成了内在的系统关系,可以是层层推进的问题链、迂回曲折的问题网、逐步扩展的问题圈,以反映对核心问题分阶段、多层次、多角度演绎、归纳的思考。推进的问题通常包括分解、扩展、聚焦、转化、归纳、引申和促进反思等,可以出现一个或多个,多种类型并存也是可能的。

• 核心问题:在学科基本问题关照下,在起点问题的基础上产生的课堂统领性问题。

这种问题可以由教师课前预设在课上提出,也可以通过学生的筛选与思考得出。

问题层次:分为高阶和低阶,包括记忆、理解、应用、分析、评价、创造等。

问题任务:参照布鲁姆认知过程维度中的"低高阶认知类别"来定义,如:识别、解释、距离、推断、区分、概述、归因……

教师的引导方式:扩展、转化、分解、聚焦、归纳、引申、促进反思等。

| 课例名称 | | | | | | | | | |
|---|---|---|---|---|---|---|---|---|---|
| 问题1 | | | | | | | | | |
| 问题分析要素 | 教师方面分析 | | | | 学生方面分析 | | | | |
| | 问题层次 | 问题类型 | 问题任务 | …… | 能力目标 | 问题解决所需成分 | 问题回答时长 | 行为特征 | 一般结果 |
| | | | | | | | | | |
| 问题2 | | | | | | | | | |
| 问题分析要素 | 教师方面分析 | | | | 学生方面分析 | | | | |
| | 问题层次 | 问题类型 | 问题任务 | …… | 能力目标 | 问题解决所需成分 | 问题回答时长 | 行为特征 | 一般结果 |
| | | | | | | | | | |

在分析课例片段,尝试重新设计相应问题的基础上,按学科的课标要求和对高阶思维学习的认知进行思考与设计。

在这两个阶段的培训中,我们始终坚持与课题相融合的"研训一体化"的培训模式。对案例分析的学习,不仅仅是聆听一场报告或讲座,而是经历了一个在专家的引领下,有目的、有计划地逐步推进的学习过程;对于案例分析应该聚焦哪几个方面,如何根据目标进行细致的分析,也有了深入的了解;同时,教师在培训中实践,在实践中反思,在反思中再培训、再实践,发现问题后,及时得到指导,及时得以调整,使研究有了过程性的跟进指导,有效地提升了自身的专业素养。

(二)培训方式

1. 专家浸入式培训

为了克服科研"只讲不练"的弊病,我们把培训专家请到课题组,对课题研究进行全程指导。就每个具体问题进行有针对性的讲解、研讨,甚至进行示范性操作,将科研培训嵌入教师本人的课题研究活动,嵌入课题研究过程的各个节点,开展"真枪实弹"的训练。只有把培训落实到教师承担的课题上,落细到课题研究的某个环节上,才能有效提高教师的科研能力,巩固科研培训的效果,及时解决教师在科研中遇到的困惑和难题。

我们聘请长宁区原教科室主任徐亚青老师围绕课题研究进行"研训一体化"的科研校本

培训。根据课题研究的需要和教师已有的科研基础,徐老师确定了培训内容,确立了培训方式。在文献学习中,徐老师介绍了文献研究的基本流程,制定了详细的研读方案,并为大家示范了如何拟定研读提纲、撰写研读体会。在之后的每次研读活动中,徐老师都会对主讲教师和其他教师的发言进行点评,帮助他们发现问题、及时调整。

同样,在案例分析中,徐老师不仅提出了案例收集、分析的要求,还和每位教师进行面对面的交流,对他们撰写的案例提出修改意见。这种培训方式直接、有效地促进了教师的专业发展。

专家的专业引领,使"研训一体化"的校本培训得到了强大的支持,为教师的研究指明了方向,保证了培训和研究的质量。专家的浸入式指导,使培训真正地落到了实处,强化了培训的实效性。

2. 同伴互助

同伴互助是教师之间一种平等的互助合作方式,以发现和解决教师现有的问题为基础,通过团体合作、经验分享等增进教师的专业成长。

在以课题为载体的"研训一体化"校本培训中,同伴互助是一种不可或缺的培训方式。无论是文献研究中的主讲式学习、课例研究中的互动式学习,还是课堂教学实践研究中的听评课活动,都离不开同伴互助。为了形成同伴互助研修的良好氛围,并通过这一方式获得良好的成效,我们在专家的指导下,拟定了《课题组自主教学实践研究方案》。

### 关注高阶思维培养的小学课堂教学研究
——课题组自主教学实践研究方案

一、研究目标

1. 引导课题组教师通过教学实践,加深对高阶思维的认识和理解,并将认识转化为教学实践,从而改进教学。

2. 通过研究小组的形式,形成同伴互助研修的良好氛围,努力让每位教师都能够有所收获,形成个性化的见解,提升自身的专业素养。

3. 完善课题组研究,形成小学高阶思维培养的典型教学案例,同时不断地丰富、优化研究内容和主题。

二、研究形式

分组研究:自主备课、同伴互助

三、研究时间

2016 年 4—6 月(每组研究的时间不超过一个月,可几组同时进行)

四、研究步骤

1. 小组划分:根据学科及课题组教师的专长分为三组,小组研究活动由组长组织安排并进行小组活动记录。

品社：组长——姚梅，组员——朱佩文、康艳琼，执教——余明

语文：组长——查晓华，组员——王婷婷、贺梦瑶，执教——林自圆

劳技：组长——江漪敏，组员——许文珺、张聪炜，执教——薛雯霏

2. 自主备课：执教者自选教学内容（可以征询小组成员的意见），根据高阶思维培养教学设计思路进行教学设计，厘清教学设计的缘由。小组研讨前三天将教学设计提供给小组成员。

3. 小组研究：小组成员针对执教者的教学设计，参照课题组的教学设计思路、教学研究的重点及学科教学的要求，互助研讨，发现问题，解决问题，提出教学设计建议。执教者在此基础上修改完善教学设计。

4. 调整：根据需要进行一次或多次试教，研究探讨该研究课的高阶思维培养的最佳策略，并对教学设计思路提出建议。在此过程中，通过小组讨论，明确该研究课的研究主题，即本研究课是在哪个方面进行探索尝试，拟解决小学高阶思维培养教学的什么问题。

5. 大组研究：由各小组呈现一堂相对完善的研究课，并提供研究主题和教学设计。邀请专家老师诊断、引领，进行研讨碰撞，拓展研究的深度和广度，为后续研究提供诊断性建议。

6. 研后反思：执教者整理教学设计和研究中的得失，形成教学研究课例，小组成员围绕研究过程中的印象深刻处撰写研究随笔。

五、研究安排

六、研究管理

1. 课题组长及科研室主任将随机参与小组活动，及时了解研究情况，调整研究的进程。

2. 各组组长组织小组研究活动，做好与课题组长、科研室主任的沟通，发现问题，解决问题，及时收集、整理小组研究的过程性资料。

在此后的课堂教学实践研究中，课题组成员根据此方案，积极开展实践研究，取得了显著的成效。

（三）课堂教学实践研究的开展

"课"与"课堂"是教师的立身之所，平凡源于此，创造也源于此；如何在"课"中培养研究的品质，如何让"课堂"生成教学的智慧，才是最具研究价值的。本课题研究亦立足课堂，研究课堂中高阶思维的培养，因此，提高课堂教学实践研究的有效性不容忽视。

在这一模块的培训中，我们从梳理课标入手，继而在教学设计、课堂教学研讨、教学再设计等方面进行了理论与实践的指导。

1. 梳理、分析教材

研读了《布鲁姆教育目标分类学》、斯腾伯格（Robert. J. Sternberg）的《思维教学——培养聪明的学习者》、王天蓉的《问题化学习》之后，在关于高阶思维培养的理论的基础上，依据课程标准，对各学科教材进行"关注小学高阶思维培养"的梳理与分析。在梳理、分析教材的过程中，以学科为单位开展小组合作学习，再进行大组的交流、研讨，修改文本。以下是小学低年段识字写字教学内容梳理。

小学低年段识字写字教学内容梳理

| 学科 | | | 语文 | |
|---|---|---|---|---|
| 项目 | 内容 | 课程标准的具体要求 | 认知目标维度 | |
| 识字与写字 | 识字 | 1. 巩固 2000 个左右的常用汉字，并将识字量扩大到 2500 个；能运用字典增加识字量。<br>2. 能理解、运用 2500 个常用汉字。<br>3. 能辨别形近字和音近字。 | 1. 记忆、理解<br>记忆字形和字音，运用已掌握的查字典法识字。<br>2. 理解、分析<br>理解字义，并在语言环境中进行分析，选择运用。<br>3. 分析<br>分析字义的不同，并在语言环境中正确使用。 | |
| | 写字 | 1. 正确书写 2500 个常用汉字。<br>2. 会用钢笔写楷书。<br>3. 学会用毛笔描红和书写。<br>4. 写字态度认真，文面整洁，字的结构匀称。 | 1. 记忆<br>记忆字形，正确书写。<br>2. 运用<br>掌握正确的运笔方法，学会用钢笔写楷书。<br>3. 运用<br>掌握正确的运笔方法，学会用毛笔写楷书。<br>4. 分析<br>能独立分析字形结构，并正确书写。 | |

2. 教学设计

在梳理、分析教材的基础上，针对"关注小学高阶思维培养"进行教学设计的培训与实践。由于课堂关注点不同，因此教学设计的要求也不尽相同，本课题研究的教学设计更注重问题的设计、情境的创设。

在学情分析中，关注学生的思维倾向、学力基础和可能遇到的困难；在设计过程中，从课时问题入手，预估学生的起点问题，确定学习的核心问题，制定学习目标，关注教学中学生的思维特点，分析思维培养的优势和不足，确定思维培养重点。教学过程的基本流程为：提出问题、明确方向；分步设疑、解决问题；反思设问、提出新问题。

在培训过程中，我们对教学设计的各个环节进行了详细的指导，教师根据要求完成教学设计，并通过交流、研讨，在专家的指导下，进行教学再设计。以下是《识字小秘密》一课的教学设计。

**识字小秘密**

**(沪教版小学语文第二册第 17 课)**

| 学科 | 语文 | 年级 | 一年级 |
|---|---|---|---|
| 项目类别 | 阅读—儿歌 | 设计者 | 王婷婷 |
| 主题内容 | 形声字的造字规律 | 教学时间 | 2015 年 4 月 28 日 |

**学情分析和教学目标**

| 课时问题 | 认识和掌握形声字的造字规律 | | | | |
|---|---|---|---|---|---|
| 思维特点 | 1. 直观形象:能借助图例、媒体、板书等直观信息,识别不同字体的间架结构和偏旁部首。<br>2. 联系比较:能联系既有知识,区分不同汉字的声旁、形旁,能通过比较,推测声旁的读音和形旁的语义,能尝试针对声旁、形旁的结构特点,对不同的字分类。<br>3. 利用声旁和形旁辨别形近字、同音字的意识不强,分辨、判断的能力弱。 | | | | |
| 学力基础 | 优势:1. 能根据字体的间架结构和偏旁部首辨读字音,识记字形。<br>2. 能借助图例、字的形旁和组词尝试理解字义。<br>不足:联系学习经验,根据"同音、形近"的特点,识别、联想、推测、比较的能力有待提高。 | | | | |
| 起点问题 | 1. 什么是秘密?<br>2. 什么是识字的小秘密?<br>3. 是学习哪一类字的小秘密?<br>4. 是不是识字都有小秘密?<br>5. 怎样学习识字的小秘密? | 核心问题 | 借助同音字和形近字的比较,掌握形声字的造字规律。 | 教学目标 | 1. 能借助儿歌认读"浇、烧、晓、饶、挠、翘、丰、富、足、食、变"等 11 个生字。<br>2. 能按儿歌的提示,借助拼读、区分、描述,尝试形声字的"同音比较"。<br>3. 能按儿歌的提示,借助识别、讨论、推测,尝试形声字的"形近比较"。<br>4. 能按形声字的造字规律,积累、拓展声形结构不同的字。 |
| 思维培养重点 | 联系识字经验和课外生活,主动提问、质疑,举一反三,寻求所需的答案。 | | | | |

**教学过程**

一、提出问题,明确方向

(一)读课题,提问题

1. 通过前一阶段的识字,你们掌握了哪些秘密?

2. 还想知道哪些新的识字秘密?

(二)理问题,亮主题

1. 你对哪些识字秘密感兴趣?

2. 你最关心的识字秘密是什么?

3. 你认为其中最重要的识字秘密是什么呢?

二、分步设疑,解决问题

(一)自学教材,认识问题

阅读儿歌一

1. 读了儿歌,你有哪些发现?

2. 你感觉哪些字的读音相近?

3. 读一读,说说拼音中的相同之处和不同之处。

4. 还有哪些字的偏旁或部首相似?

5. 读一读,说说它们的相同之处和不同之处。

6. 你能根据这些字的声形特点给它们起个名吗?

(二) 追问质疑,明辨问题

阅读儿歌二

1. 你发现形声字的识字小秘密了吗?

2. 你认为哪些识字秘密自己还不太懂?

3. 你能不能在上一首儿歌中找出两个字,说说它们的声旁和形旁?

4. 你发现这些字的声旁和形旁有哪些相同之处和不同之处?

(三) 合作讨论,验证问题

阅读儿歌三

1. 儿歌中有没有形声字?

2. 这些形声字藏着哪些识字秘密?

3. 小组讨论

(1) 选择其中的一个字,说说它的声旁和形旁的小秘密。

(2) 和第一首儿歌中的六个字相比,字体结构有哪些不同?

4. 你知道还有哪些形声字也藏着相同的小秘密?

三、反思设问,提出新的问题

1. 你能不能举类似的例子考考大家?

2. 你还知道哪些字的识字小秘密?

3. 你还想知道哪些识字小秘密?

3. 课堂教学实践

课堂教学实践建立在教学设计的基础上,是将教学设计转化为课堂教学,而研究的聚焦点仍是培养学生的高阶思维,遵循课题研究过程中提出的教学过程的基本流程开展教学实践,不断优化问题链的设计以及提问的策略。每次观课前,都由培训者提出思考题,教师边观课边思考,并做好观察记录,课后集体进行探讨。通过研究小组的形式,形成同伴互助研修的良好氛围,努力让每位教师都能够有所收获,形成个性化的见解,提升自身的专业素养。以下是某"学生课堂学习"观察记录。

**"学生课堂学习"观察记录**

观察日期:　　　　观察对象:　　　　观察内容:分步设疑,解决问题　　　　观察者:

| 教学环节 | 思维活动 | 学习行为 | 认知类别 |
|---|---|---|---|
| 一 | 1. 借助阅读找到与问题相关的词语 | | |
| | 2. 将画出的单个词语转化为连贯的句子 | | |
| | 3. 从获取的课文信息中得出结论 | | |

（续表）

| 教学环节 | 思维活动 | 学习行为 | 认知类别 |
|---|---|---|---|
| 二 | 1. 自主画出与提问相关的词句 | | |
| | 2. 甄别心情变化的词语,择要分别提问 | | |
| 三 | 1. 将选定词的词义转化为词意 | | |
| | 2. 画出表现"心灰意冷"的词句 | | |
| | 3. 解说课文语句中潜在的观点、假定 | | |
| | 4. 联系提示和自己的认知提出相关假设 | | |

## 四、培训成效

（一）教师科研素养整体提升

教师总觉得课题研究高不可攀,一听说做课题研究,往往不知所措。通过此次"研训一体化"的校本培训,教师们发现科研并不那么可怕,课题研究是与自己的教学密不可分的,问题就发生在课堂上,因此必须通过课堂进行改变。

每一个项目的培训都是触手可及的。教师学会了查找、研读文献,并在分析后形成综述;学会了有指向性地收集案例、分析案例;学会了根据研究主题设计教学,有效地进行教学实践,参与观课、评课等研究活动。

经过这一轮培训,课题组成员中有两位教师以课题组长的身份成功申报了区级一般课题,带领其他教师积极地开展课题研究。

自本次"研训一体化"的校本培训开展以来,关注高阶思维培养的课堂教学实践研究已取得了显著的效果。教师的专业素养得到了大幅提升,参与培训的几位教师撰写的 12 篇论文、案例在各级各类评比活动中荣获等第奖,多位教师在《上海教育》《长宁教育》等刊物中发表文章 24 篇,6 位教师在课堂教学评优活动中获奖。学校的教学质量也稳中有升,学生不仅在学科竞赛中屡屡获奖,还在艺术、科技等各级各类竞赛中取得累累硕果。

（二）课题研究成效显著

1. 教师的教学发生了转变

通过"研训一体化"的校本培训,教师的教学发生了转变。

（1）达成新共识——有意识地进行高阶思维培养

许多人认为在小学阶段培养高阶思维能力为时过早,也有人认为这是超出课标要求的内容。受大众观念的影响,在此次研究之前,教师们大多囿于传统的教学观念,不敢轻易突破。通过本次"研训一体化"的校本培训,教师们达成了统一认识:高阶思维在小学教学中是存在的,而且是普遍的;但在研究正式进行之前,教师对高阶思维的教学是无意识的。实际上,现行的课程标准中本身就隐含着培养高阶思维能力的目标,只是教师们并没有意识到自已在对学生进行高阶思维能力的培养。因此,课题研究的重大成效之一,就是让教师从无意识地进行高阶思维教学转变为有意识且主动地对学生进行高阶思维能力的培养,即教师的教学观念得到了转变。

（2）教学理念发生了转变

高阶能力的培养是对局限于低阶能力的传统教学设计的一种制衡与超越,是对知识时代的特点和个人发展的要求的自觉回应。通过大量的理论学习和实践研究,教师们对高阶思维有了较为系统、全面的认识,发现在小学阶段进行高阶思维能力的培养并非遥不可及。教学设计中,遵循高阶思维教学的基本思路和流程,通过有效的问题链的设计,可使学生的高阶思维能力得到切实的训练和提高。

教师在教学中不再满足于知识的传授、学习和应用,而更注重思维能力的培养、训练和提升,注重课堂教学目标的高效达成。课堂教学更加强调学生经验的学习,有意识地帮助学生树立问题意识,引导学生在学习中发现问题,形成认知冲突,然后探索解决问题,解决认知冲突。

（3）教学行为发生了改变

最适合思维的教学,是以思维为基础的问答策略。在关注学生高阶思维培养的教学设计中,教师所要思考的不仅仅是如何落实知识点、达成知识目标,还要研究教学问题的设计,通过丰富多样、启发意义强的系列问题来发展学生的高阶思维。比如,有些问题具有开放性、挑战性,有些问题没有现成的答案,需要学生运用聪明才智才能回答,这些都是发展学生高阶思维能力的好问题。

教师在精心设计问题的同时,要教会学生提问、质疑和反思,这也是培养高阶思维能力的关键所在。课堂上,教师们努力"让学生学会提出有思维价值的问题",引导学生在学习中不断地自我反思,在自省中形成一定的思维方式,以"独立思考"的精神面对一切不熟悉的问题,不但成为一个"问题解决者"和"学会了怎样学习的人",而且成为一个"批判性思维工作者"和"终身学习者"。

通过此次培训,教师的教学理念、教学行为发生了质的变化,语文组的两位教师王婷婷和查晓华在这一过程中表现得尤为突出。

王婷婷是一位年轻教师,有想法,肯实践。她虽任教低年级语文,但一直坚持分析学生的学情,将高阶思维培养与课程内容、教学方法有效整合。经过半年多的训练,她带的一年级学生的提问意识、提问能力有了明显的提高。王老师在教学反思中这样写道:

教师在确定教学思路时,首先要遵循课程标准,这是一切课堂教学行为的标尺。在此基础上,教师要深入研究教参,确定本课的课时问题,并依据教学经验,预设学生的起点问题,结合学生学习的核心问题,最终确定教学目标。与传统的课堂教学设计相比,教师通过这样做,能够更准确地把握教材和学生。当然,表格中最大的亮点是对学生思维发展程度的分析。教师要对学生进行思维培养，首先要了解学生的思维现状、思维特点。表中详细列举了一年级学生以直观形象为主的思维特点，细致地分析了学生的思维品质，即以"记忆、理解、应用"为主的低阶思维仍占主导，分辨、判断的能力较弱。有了这样的认识，教师就能客观、科学地制定学生的思维培养目标，从而在课堂教学过程中，针对学生的思维弱势设计相关教学环节，有的放矢地进行培养。

王老师先后撰写了《刍议小学语文教学中的问题聚焦》《思维培养教学思路及教学结构的认知》《小学语文高阶思维教学初探》《培养学生提问习惯与能力的策略》《关注表达，培养思维，提升语文素养》等多篇论文。其中，《刍议小学高阶思维教学中学生问题的聚焦》一文荣获"长教杯"论文评比二等奖。同时，王老师还荣获了区"科研工作先进个人"的荣誉称号。

查晓华老师是一位在教师岗位上工作多年的资深教师，可以说她已经处于高原期甚至倦怠期。但在参与了本次培训后，查老师又找回了久违的热情。查老师打破了早已得心应手的教学方式，在研究中探寻新的切入点，主动地关注、研究高阶思维，为自己的教学注入了新的血液。她带教多年的徒弟丁老师在教学日志中这样写道：

从见习开始，我断断续续地跟随查老师听课已有三年。之前，查老师的课堂教学给我的感觉是气氛活泼、内容丰富、教学扎实，但教师的角色似乎显得过于强势。尽管学生被她优美的语言、生动的讲解所吸引，通常都能取得较好的学习效果，但这些教学成果都是教师咀嚼后的喂食——虽有"营养"，却"食之无味"。可以说，学生被动吸收的多，主动学习的少。但这两年，查老师参加了课题组研究活动后，将自己的所感所悟充分运用到日常课堂上，不但有效地提升了课堂效率，达成了教学目标，还训练了学生的思维意识，培养了学生的思维能力。和以往的课堂相比，查老师的高阶课堂在思维结构、思维方式训练上已发生了质的变化。可以发现，查老师的教学不再是单纯的讲解，也不是学生的自我学习，而是把课堂学习变成了一种对话；这种对话是思维的碰撞，是思想的对话，是能力的对话。

近年来，通过观察查老师的课堂教学，我们清楚地看到，高阶思维形式的训练并没有和学生的识记、理解、训练强化和应用完全分离，它们之间实际上是一种你中有我、我中有你的相互依存关系，它们的运行程序呈现出一种融合与交汇的思维状态，课堂的高阶状态是师生学习走向深入、理性和高效，并且具有后继功能的课堂形态。在查老师的课堂中，知识是学生自主学会的，是在批判中明了的，每个知识点都是在批判和分析中被消化和掌握的；而知识的运用和延伸受到每个学生的关注，即使没有产生新的知识，但学生的分析、评价、创造能力依然在这一过程中得到了训练。

2. 学生的高阶思维得到了培养

通过"研训一体化"的校本培训，教师的教学理念、教学行为发生了转变，这对学生高阶思维的培养起到了巨大的推动作用。学生的提问意识、提问能力明显提高，问题求解能力、批判性思维、创新思维也得到了进一步发展。

（1）激发探究问题的兴趣，问题意识得到培养

高阶思维的培养不是立竿见影的。自参加培训以来，课题组的王老师便在课堂教学中有意识地对学生进行引导，目前大部分学生已养成了课前主动质疑、课上独立思考、课后深入探究的好习惯。比如学生在预习课文《"这条小鱼在乎"》后，就提出了一大串高质量的问题，如"课题中的'这条小鱼'指的是哪条小鱼""它在乎什么""这篇课文的题目为什么加上了双引号""课文题目为什么要选用这样一句话"等。二年级的学生能提出这些问题，说明他们不仅熟练掌握了提问的基本方法，还能准确地抓住疑问点提出高质量的问题，这实属不易。

（2）初步具备独立研究的能力

又如学习《丁丁的研究报告》一课时，学生能在教师的指导下合作归纳出研究报告的制作方法，以及研究报告的内容、形式等。学生还在课后主动仿照课文中的介绍，积极选择研究主题，完善报告内容，完成了自己的研究报告。这样的思维发展已远远超出低年级学生的总体发展水平，学生的思维模式不再停留于低阶思维水平，而已有了对学习内容进行分析、评价、完善、创造等意识。这对学生思维发展水平的提升和学习能力的提高是大有裨益的。

（3）批判性思维与创造性思维稳步发展

在教师有意识地进行高阶思维培养后，学生的批判性思维和创造性思维稳步发展。学习过程中，学生在接受教材中给出的知识的同时，还经常对教材中的既有文本提出质疑和看法。在语文、品社等学科的学习中，效果尤为明显。

## 五、反思与展望

### （一）反思

经过这一轮校本培训，参与培训的教师收获颇大，课题研究成效显著，但我们也发现校本培训中仍存在着不少问题。

1. 参与培训者过少

校本培训是为了满足学校和教师的发展目标和需求而组织进行的，因此必须基于学校的整体发展和教师个人的专业发展。目前的培训对象只涉及市级课题的课题组成员，参与培训者过少，无法满足全体教师的需求。

2. 培训方式不够多样化

虽然此次培训采用的不再是专家"一言堂"的方式，而是以教师为主体，将研究与培训相结合，将培训与实践相结合，教师在整个培训过程中也非常积极主动，但从总体上看，培训方式不够多样化，仍有很大的改进空间。

### （二）改进设想

1. 组建研究共同体

教师因为工作的关系组成了多种合作体，如教研组、年级组、班主任群体等，那么科研、

培训也可以组建研究共同体,既要考虑校内合作伙伴的关系,也要考虑校外力量的引进,形成具有一定影响力的研究团队。以研究共同体为单位,进行课题研究与培训,是最具针对性、可操作性的方式,能够使培训的范围逐渐扩大,甚至达到全员培训。

2. 利用网络开展培训

随着信息技术的不断发展,培训方式也有了很大的拓展空间,不再局限于面对面的培训,或围坐在一起的研讨。可以充分运用现代教育信息技术,建立网络平台,通过平台发送学习资料,指导教师自学,围绕研究主题在线进行研讨、互动。线上学习交流的方式不仅能促使教师畅所欲言,还解决了培训的时间问题。

# 更加理性，更加细致

## ——长宁区适存小学课例研究培训课程的 2.0 版<sup>*</sup>

　　对课堂的研究是教师最永恒、最实在、最具现实意义的校本研修主题。由于很多教师对"课"的思考多处于零散的、感性的、点状的层面，缺少系统的、纵向的、与理论相连的研究，因此，科学地设计理论与实践相结合的"如何进行课例研究的课程"，对提升教师的专业素养、提高学校的整体教学质量，具有十分重要的意义。我们从"从感性到理性，从全面到专题"这一题目就可以看出，长宁区适存小学这一培训教师进行课例研究的系列课程，正是针对学校教师们普遍存在的这一问题而设计的，而且可以说是以原有课例研究课程为基础的 2.0 版本。

　　任何校本化的研究都有一个循序渐进的过程。适存小学在很久之前就开始了课例研究培训课程方面的探索。该校从 2010 年起就以科研课题为载体，关注课例研究，扎扎实实地引领，逐渐螺旋上升，使教师对课例的研究达到了"从感性到理性，从全面到专题"的深度和高度。如案例中提到的：

　　学校在 2013 年的"基于诊断性评价的课堂教学研究"课题中，通过课堂前测与后测、课堂观察等方法，帮助教师立足课堂，观察课堂，形成了"三实践两改进"的课例研究模式。在 2016 年结题的"基于课例的教师教学研一体化研究"课题中，学校通过生成课例、归纳提炼经典范例、研修经典范例这三个不同阶段的一体化研修过程，逐步形成了案例撰写的基本框架，即课例撰写框架（分为设计意图、实施过程、实施效果及使用建议四部分），并针对实录型、设计型、叙事型等三类案例的特点，明确了不同的撰写要求；同时，制定了《范例撰写文本要求与建议》，在课例选择范围、文本格式、正副标题要求、字体及正文提纲要求等方面都有明确的规定。

　　该课程倡导"以课堂为主线，理论与实践紧密结合"的理念，不仅注重指导教师如何研究，更注重学习组织形式的多样性，采取"个人独自反思式、学科组教研式、自组织团体式"相结合的多种学习方式，激发教师研究、反思的积极性和有效性。

　　该课程的实施是从教会教师"如何理性地观察课堂"开始的。第一，确定课堂观察维度，自主选择制作《观课记录表》。第二，学习工具性诊断，即通过学习前后测定、课中观察、课后

＊　本文由上海市长宁区教育学院戴申卫撰写。

反思、学科质量分析等诊断性评价技术,对学生的学习情况和教师的教学行为进行"号脉",发现课堂教学中存在的问题。第三,开展反思性诊断,即教师个人进行自我诊断,或每一位参与观察的教师从各自观察的角度出发,把观察结果与听课感想相结合,为帮助执教教师改进教学行为、提高课堂教学质量提出合理的建议。这三部分形成了"三实践两诊断"的课堂研究程式,可以帮助教师改进自己的教学设计与实施过程,促进课堂观察从感性过渡到理性。

该课程实施的第二步是确定研修主题,并形成了"六阶段'一课多磨'课例生成程序""六步范例研发机制"以及"以领航教师为核心组成的课题组、备课组或自组团队等研究群体"等富有校本特色的研修模式,这些都为课例研究论文的形成打下了坚实的基础。

有了对课例实践的观察和对课例主要问题的自主研究,课程的最后一阶段就是引导教师把对课例的研究撰写成有观点、有佐证、可借鉴的文本了。鉴于这一点仍然是教师们的难点,所以学校通过课题引领设计了教师教育科研成果撰写与案例剖析的校本课程:"从问题剖析与需求调查,到选择与确立课题,再到文献资料的搜索、研究方法的确定、研究方案的制定等,进一步规范科研成果撰写的过程,细化科研成果撰写的流程步骤。该课程共有 16 个单元,具有授课时间集中、教学过程和形式多样、课后练习和评价方式多元的特点。"

在案例的最后,课程设计者们对后续的课例研究进行了反思与展望,可见他们已形成了"一课三磨""实践—观察—反思—研讨—理论—再实践—再观察—再反思……"不断反复、螺旋上升的良好研究习惯。该案例提供了许多校本研究培训模式和课例研究工具,值得大家借鉴。

## 案例 基于课例的教学研一体化校本培训课程
### ——从感性到理性,从全面到专题*

## 一、课程背景

开发科研培训课程,须根据学校自身的发展要求、发展基础及教师群体的特点来制定计划、开展实施。我校从 2010 年起,立足本校基础,着眼学校发展,一直借助科研课题开展关于课例的研究。

（一）现状分析

作为一所百年老校,我们始终坚持引导教师立足课堂、研究课堂、成就课堂。多年来,我

---

* 本文由上海市长宁区适存小学胡蓉、李秀倩、焦娇撰写。

校以课例研究为抓手,以教师实际状况为依据,形成了一系列培养教师课例研究能力的培训课程。我校教师年龄结构呈正态分布,具有 10—20 年教龄的中年教师占教师总数的 70% 以上,他们大多教学经验丰富,在教学实践中积累了大量的案例知识(有关学科教学的特殊案例和个别经验),实践能力强,能够进行有效的实践性反思,还具备大量的将教育学、心理学原理运用于特殊案例的策略知识,但因专业发展途径和意愿遇到了瓶颈,目前呈现发展乏力、盲从经验、团队意识欠缺的状态。少数人才引进及职初教师则情况有所不同,他们本体知识储备丰富,知识结构主要以原理知识(包括学科的原理、规则、一般教学法知识)为主,虽然充满教学热情,但缺乏实践经验、案例知识和策略知识,专业发展方向也不明确。

同时,我校经验型教师多,研究型教师少。教师们虽然敬业而忙碌,但成长较缓慢。有的教师尽管已工作了十几年甚至二十年,早已进入成熟期,但过度依赖于自己的经验进行教学,教学行为的优化不够积极;在课堂上表现为只关注完成教学过程,忽视了学生的习得过程;在教学目标的制定上过于随意,不能结合学生的学情设计教学。这些都导致很多经验型教师的教学水平总是徘徊不前。因此,我们急需寻找一种合适有效的方式,对教师进行课堂教学指导,帮助教师尽快成长、成熟。

针对以上现状,我们以课例研究为抓手,加强教师的校本研修,在多方面开展积极的实践探索,从自我反思、同伴互助、专业引领等多种途径入手,试图帮助处于不同发展阶段的教师默会或显性化地获得专业成长所需的案例知识和策略知识,让处于不同发展阶段的教师共同发展,希望通过改变课堂教学面貌,引领全体教师的专业发展。

（二）基础优势

我校在 2013 年的"基于诊断性评价的课堂教学研究"课题中,通过课堂前测与后测、课堂观察等方法,帮助教师立足课堂,观察课堂,形成了"三实践两改进"的课例研究模式。在研究过程中,教师在不断实践"三实践两改进"课例研究模式的基础上,进行了大量的经验总结,尝试了同课异构、一课多磨等不同类型的课例研究案例的撰写,积累了一定的科研成果撰写经验。

在 2016 年结题的"基于课例的教师教学研一体化研究"课题中,我校通过生成课例、归纳提炼经典范例、研修经典范例这三个不同阶段的一体化研修过程,逐步形成了案例撰写的基本框架(分为设计意图、实施过程、实施效果及使用建议四部分),并针对实录型、设计型、叙事型等三类案例的特点,明确了不同的撰写要求。为了总结课例文本撰写的实践经验,规范案例的文本格式,我们还制定了《范例撰写文本要求与建议》,在课例选择范围、文本格式、正副标题要求、字体及正文提纲要求等方面都有明确的规定。

## 二、课程设计

（一）理念

多年来,我校科研培训课程一直以课例研究为主线,以课堂教学为起点和终点,在实践中挖掘经验,在经验中验证理论,以理论促进思考,在思考中进一步深化实践,最终促成理论与实践的结合,提升教师的专业能力。

（二）原则

实践性原则:课程始终不离开课堂实践。从自己的课堂教学开始,到观察、反思、建议、改进、再反思自己及他人的课堂为止,课堂教学实践是唯一的中心和主线,反思、撰写、研修亦是以提升课堂实践为目的的。

结合性原则:既包括理论与实践的结合,即教学理论与课堂教学实践紧密结合,达成理论与实践的相互促进、相互转化、共同提升;又包括个人与团队的结合,即在课程实施中个人活动与团队活动息息相关,紧密联系,相互促进。

可持续原则:从实践到提炼理论,到进一步实践、进一步反思,形成理性认识后,再一次指导实践,这是一个连续不断、螺旋上升的过程,能够帮助教师在专业上可持续地发展。

（三）组织形式及方法

个人独自反思式:课堂实践、自主探究、自我反思多以个人形式开展,课例、论文及科研成果的撰写也可以个人形式进行。

学科组教研式:即学科教研组形式。在观课及课后集体研讨中,范例的研修学习多以学科教研组形式开展。

自组织团体式:为保证研修效果,教师可根据自身需要,自愿组成团队开展同伴互助学习,如领航教师团队、自组课题组等。

## 三、课程实施

我校以课例研究为抓手,呈现出一个循序渐进、逐步发展的过程。课程的培训内容主要包括教学实践经验的反思总结阶段、教学案例片段的撰写阶段、科研成果的撰写阶段三部分,分别按照课堂观察、课例研究、专题培训这三个步骤实施。

（一）第一步:从感性到理性的课堂观察

1. 目标

立足于课堂教学,通过课堂前测与后测、课堂观察、练习质量分析等方法,对学生的学习起点、学习过程、学习效果进行诊断性评价,形成基于诊断性评价的课堂教学研究程式,帮助教师成为理性的课堂观察者。

2. 框架

（1）确定课堂观察维度。结合课堂观察的需要,设置观察点,搭建课堂观察框架,制定课堂观察表,观课教师真实客观地记录下实际的教学场景,并据此进行分析,提出教学改进建议。

（2）学习工具性诊断。通过学习前后测定、课中观察、课后反思、学科质量分析等诊断性评价技术，对学生的学习情况和教师的教学行为进行"号脉"。前测是在课堂教学之前对学生学习准备情况的了解，其目的是找到教师教学的起点。后测是在课堂教学之后对学生学习效果的测试与评价，其目的是了解教师教学的效果。通过对前后检测的结果进行对比与分析，教师可以了解学生的学情，发现课堂教学中存在的问题。

（3）开展反思性诊断。借助前后测的观察工具，教师个人进行自我诊断，或每一位参与观察的教师从各自观察的角度出发，把观察结果与听课感想相结合，为帮助执教教师改进教学行为、提高课堂教学质量提出合理的建议。

以上框架构成了"三实践两诊断"的课堂研究程式，可以帮助教师改进自己的教学设计与实施过程，促进课堂观察从感性过渡到理性。

3. 具体过程："三实践两诊断"的课堂观察反思模式

在这一步，我们倡导教师带着问题和目的，有意识地观察自己及他人的课堂，从解决问题的初衷出发，开展观课后的思考和实践。基本思路是：发现问题—思考研讨问题—实践解决问题。

在发现问题阶段，我们首先从每学期的学科质量分析中寻找问题。每学期，我们要求教师以教研组为单位，在单元、学期的质量检测中找到问题，进一步聚焦关键问题，将其总结、提炼并清晰地表达出来。教师需从这些关键问题中提炼出具有普遍性的研究主题，作为课堂观察的重点内容，然后通过集体探讨、启发，回溯自己的课堂教学行为，有目的地寻找问题产生的原因。

为了帮助思考，教师会进行前测与后测的诊断评价，这个环节是开展课堂教学研究的根本保证。前测，也就是在课堂教学之前，教师可以采用访谈、作业等测评手段先了解一下学生的学习准备情况。然后，教师根据前测进行第一次教学设计，改进自己的教学目标。教研组教师一起动手设计《观课记录表》，决定从何种角度去观课，再根据《观课记录表》认真观课，并详细地记录。后测诊断评价是观察课堂教学有效性的重要手段。在课堂教学之后，教师可以对学生的学习效果进行测试与评价，其目的是了解教师教学的效果，采用的方式可以是问卷、访谈、作业等不同的形式。

至此，发现问题阶段已逐步过渡到思考研讨问题阶段。观课后，我们会进行课后评议。在这个阶段，执教教师首先要针对课堂的实际生成情况，结合预设的目标达成情况进行说课；每位参与观课的教师借助课堂实录及《观课记录表》，从自己观察的角度出发，把观察结果与听课感想相结合。之后，执教教师根据多方意见完成课例报告初稿，全体参与观课的教师共同研讨后提出改进意见，执教教师再次修改报告，直至全体通过。

经过以上的实践、诊断和改进，我们进入实践解决问题阶段。当执教教师再次进行课堂设计时，我们得到了一份更为完善的教学设计；有了这样的教学设计，我们就可以进行新一轮的前后测、观课和第三次教学设计……

以上这一系列环节共同组成了"三实践两诊断"的研究模式。我们可以通过反思,看看学科质量分析后提出的问题是否得以解决。其实,构建"三实践两诊断"的研究模式,也是在构建一种从感性逐步走向理性的课堂教学反思模式。

(二) 第二步:主题化的课例研究

1. 目标

为进一步加强理性认识,课例研究不能止步于优质课堂,而应形成范例,梳理出范例究竟好在哪里,并据此开展进一步的实践。主题化的课例研究首先关注课例的生成,然后深入挖掘、修改、提炼优秀课例,即范例,最后基于范例开展主题研修,促进教师教学理论与实践的结合。

2. 框架

(1) 立足于"教",收集、生成案例。"教"是从教学实践中创生案例。继承"三实践两诊断"的课堂教学研究程式,在"一课三磨"的基础上发展"一课多磨"的课例生成模式。

(2) 关注于"学",修改、提炼范例。"学"就是在将课例提炼成范例的过程中,进行专业学习和提升。

(3) 分类整理,结集成册。以教学环节为主题分类,在"教"中收集、生成,在"学"中修改、完善,最终提炼范例,逐步形成依主题、学科的分类范例集。

(4) 实践于"研",基于范例开展主题化研修。基于范例的研修目的是扩展课例研究成果的分享范围,在实践中锻炼领航教师的辐射能力,提升范例的利用成效。研修过程沿着"先学习,再实践"的基本思路分三步开展,即研讨、研读、研习。

3. 具体过程:教学研一体化课例研究模式

反思自己和他人的课堂,并不是终点,教师还要深度挖掘、归纳提炼优秀课例的内涵和精髓,并通过专题研修,提高理性认识,最终内化为专业知能。在课程实施的第二步,我们以课例研究为抓手,开展了培养教师课例研究能力的"教学研一体化"研究。

"教学研一体化"中的"教"指教师在教学实践中生发课例的活动,是课例研究的起点和基础,目的是推动教师更深入细致地审视课堂,审视自己,学会发现问题。"学"指将课例提炼、完善、修改成经典范例,在此过程中,教师认识、思考实践经验,同时总结、归纳、学习、发现、建构新的知识。"研"指对"学"中提炼出的经典范例进行专题研修,主要通过研讨、研读、研习等活动加以落实,目的是扩展课例研究成果的分享范围,达成群体辐射,推动成果的实践落实,引出更大范围、更为深入的反思,触动新的课例研究的启动点。"一体化"是指将生成课例、归纳提炼经典范例、研修经典范例这三个不同阶段综合为一个整体,从而深化课例研究,使教师对课堂教学的认识从感性发展到理性。

在"教"的阶段,课例的创生过程是主要内容。继承"三实践两诊断"的课堂教学研究程式,从中生长出"一课三磨"的课例形成基本程序,再在巩固"一课三磨"的基础上发展出六阶段"一课多磨"的课例生成模式(如下图所示)。

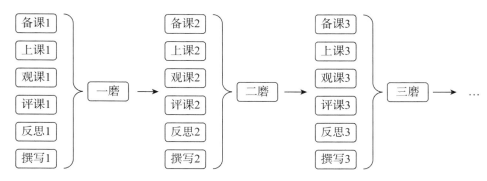

六阶段"一课多磨"课例生成程序

"一课多磨"就是针对同一教学内容进行多轮教学实践。每一"磨"都是一轮教学实践,分为备课、上课、观课、评课、反思、撰写等六个步骤;每一"磨"也是一次思考、实践、再思考的过程,都会生成一个课例。

依据"一课多磨"的课例生成模式,教师从校内的自报课,以及市级、区级的公开课和交流课中努力挖掘,按课堂导入、作业设计、精讲精练等主题收集了大量课例,教师参与率100%,覆盖语、数、英、音、体、美、综等全学科,共计200多篇。

在"学"的阶段,将大量课例提炼成范例是主要任务。我们首先在全体教师中遴选领航教师,鼓励、支持与培育一批有意愿、有潜力的教师成长为能够引领课例研究的骨干教师,即领航教师,然后以领航教师队伍为核心,将收集到的大量课例提炼成范例。全校教师与领航教师一起经历了"集体学习—全体征集—分组审阅—集中研讨—分组修改—最终定稿"等六个步骤,即六步范例研发机制(如下页图所示),并形成了适存小学范例集。六步范例研发机制包括以下内容:

第一,集体学习。全体教师聆听专家团队的"从课堂教学到论文写作"专题讲座,明确了课例研究的基本思路、课例报告撰写的基本要求。

第二,全体征集。以"课堂导入""作业"为主题,面向全体教师征集课例。要求全体教师从教学实践、教学问题、成功或失败的经验出发寻找课例,并在课标、课改、教学效果、重难点、立意创新等方面进一步明确了撰写要求。

第三,分组审阅。领航教师牵头,依据学科专业、兴趣和意愿,自主选择一定数量的课例进行审阅,分头"作业",初步筛选出有价值、立意新、内容丰富的课例。

第四,集中研讨。领航教师带着初步筛选出的课例,与专家一起研讨初选结果,就审阅中遇到的问题、困惑进行交流。每位领航教师展示自己初选出的课例,逐篇陈述其入选的理由,提供修改的建议,并与其他领航教师分享交流审阅经验;同时,在专家的指导下,就初选课例的修改方案达成共识。

第五，分组修改。每位领航教师负责自己选取的一定数量的课例，逐篇与课例作者进行一对一的交流，听取作者的想法，给出修改的建议，并商讨出最终的修改方案及修改期限。

第六，最终定稿。作者修改后交由领航教师再次审阅，最终由课题专家组定稿。

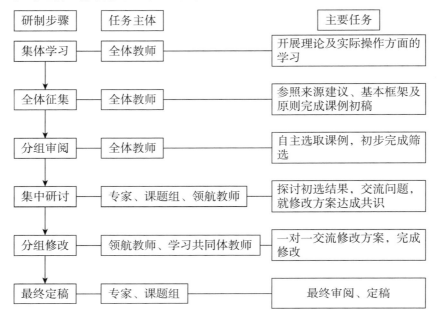

| 研制步骤 | 任务主体 | 主要任务 |
|---|---|---|
| 集体学习 | 全体教师 | 开展理论及实际操作方面的学习 |
| 全体征集 | 全体教师 | 参照来源建议、基本框架及原则完成课例初稿 |
| 分组审阅 | 全体教师 | 自主选取课例，初步完成筛选 |
| 集中研讨 | 专家、课题组、领航教师 | 探讨初选结果，交流问题，就修改方案达成共识 |
| 分组修改 | 领航教师、学习共同体教师 | 一对一交流修改方案，完成修改 |
| 最终定稿 | 专家、课题组 | 最终审阅、定稿 |

六步范例研发机制

分类整理，结集成册：以导入案例为先，形成"课堂导入范例集"。总结实践操作经验，推广应用于精讲精练案例、作业练习案例等，逐步形成了依主题、学科的分类范例集。

在范例的研制和撰写中，我校形成了多项较为细致的撰写要求及规范，包括课例撰写框架、三类范例要求、范例撰写文本规范等。

在"研"的阶段，主要任务为基于范例开展主题式研修，是在理性认识的基础上，从理论回到实践的过程。范例的研修分为研讨、研读、研习三步进行（如下图所示）。研讨主体为领航教师学习共同体，目的是统一认识。研讨和研读为实践阶段，实践主体是以领航教师为核心组成的课题组、备课组或自组团队。实践主体在研读范例之后开展课堂实践。

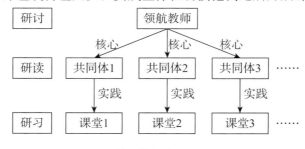

基于范例的研修

（三）第三步：专题化的培训课程

1.目标

在以上两个课题的研究基础上，以校本研修课程的形式开展教育科研成果撰写及案例剖析的专题研修，进一步提升教师进行教学专题的研究及成果撰写的能力。教师通过研习理论、剖析写作案例、学习利用文献及多种写作技巧，结合自身的课例研究经验，完成教育教学案例、论文、课题等科研成果的撰写，提升理论学习的能力。

2.框架

（1）通过教育科研相关理论的研习，开展实践演练与讨论分享。

（2）通过教育教学案例、论文及总结报告等教育科研成果的案例学习，评判自身在完成教育科研成果的过程中的主要问题与改进方法。

（3）通过主题体验式课程的实施，体会结合自身的教育教学实践，完成教育教学案例、论文或总结报告的过程，理解如何将教育科研理论与教育教学实践相结合，从而获得完成教育科研成果创作的成就感。

3.具体过程：专题化的科研成果撰写课程

为进一步巩固课例研究成果的文本呈现，我校申报了教师教育科研成果撰写与案例剖析的校本课程，从问题剖析与需求调查，到选择与确立课题，再到文献资料的搜索、研究方法的确定、研究方案的制定等，进一步规范科研成果撰写的过程，细化科研成果撰写的流程步骤。本课程共分为 16 个单元，每个单元包含若干项内容。课程授课时间集中，教学过程和形式多样，课后练习和评价方式多元。

| 培训内容 | 主要形式 |
|---|---|
| 第一单元　问题剖析与需求调查<br>成果范例呈现<br>学员问题调查<br>学员需求聚焦<br>故事分享<br>学员案例呈现<br>学员案例初析<br>课程构想<br>游戏感悟 | 调查、分组、讨论、汇报、反馈、指导、改进、故事、游戏 |
| 第二单元　课程主题相关自主实践<br>理解课程主题内涵<br>搜寻自身论文撰写的案例<br>搜寻自身教育教学案例撰写的案例<br>搜寻自身研究报告撰写的案例<br>总结存在的问题并准备分享交流 | 感悟、琢磨、实践、自评、交流、互评 |

（续表）

| 培训内容 | 主要形式 |
|---|---|
| 第三单元　如何选择与确立课题<br>范例呈现<br>课题的特征（案例学习）<br>课题表述的方法<br>课题来源剖析<br>自身课题的初步确立<br>学员案例剖析 | 解析、讨论、反馈、演练、指导、改进 |
| 第四单元　选立课题相关自主实践<br>理解选立课题的方法<br>修订自身拟撰写成果题目<br>准备汇报自身拟撰写成果题目<br>总结存在的问题并准备分享交流 | 感悟、琢磨、实践、自评、交流、互评 |
| 第五单元　如何检索研究文献<br>研究文献范例呈现<br>文献的含义<br>文献检索的必要性<br>文献检索的原则<br>文献检索的路径<br>对文献资料的加工处理<br>参考文献的格式<br>现场实践演练 | 解析、讨论、反馈、演练、指导、改进 |
| 第六单元　文献检索相关自主实践<br>理解文献检索和标注的方法<br>结合自身拟撰写成果题目尝试文献检索<br>结合自身拟撰写成果题目尝试参考文献脚注/尾注插入<br>总结存在的问题并准备分享交流 | 感悟、琢磨、实践、自评、交流、互评 |
| 第七单元　如何运用研究方法积累证据资源<br>证据范例呈现<br>认识教育研究方法对研究的意义<br>了解教育研究方法演进及主要趋势<br>明确选择研究方法依据的一般原则<br>子专题：教育调查法专题<br>学员案例剖析 | 解析、讨论、反馈、演练、指导、改进 |
| 第八单元　积累证据资源相关自主实践<br>理解运用研究方法积累证据资源<br>搜寻自身积累证据资源方法运用的案例<br>总结存在的问题并准备分享交流 | 感悟、琢磨、实践、自评、交流、互评 |

| 培训内容 | 主要形式 |
| --- | --- |
| 第九单元　常用的研究方法——问卷调查法与访谈调查法的运用<br>一、问卷调查法<br>范例呈现<br>问卷调查法的含义与缘起<br>问卷调查法的优缺点与适用范围<br>问卷调查法的实施程序<br>学员案例剖析、实践演练<br>　二、访谈调查法<br>范例呈现<br>访谈调查法的含义与本质<br>访谈调查法的优缺点与适用范围<br>访谈调查法的实施程序<br>学员案例剖析、实践演练 | 解析、讨论、反馈、演练、指导、改进 |
| 第十单元　问卷调查法与访谈调查法运用相关自主实践<br>理解问卷调查法与访谈调查法<br>结合自身拟撰写成果题目尝试运用问卷调查法<br>结合自身拟撰写成果题目尝试运用访谈调查法<br>总结存在的问题并准备分享交流 | 感悟、琢磨、实践、自评、交流、互评 |
| 第十一单元　常用的研究方法——教育观察法的运用<br>教育观察报告范例呈现<br>教育观察法的含义与功能<br>教育观察法的优缺点与适用范围<br>教育观察法的类型<br>教育观察的工具与记录方式<br>教育观察点的选择<br>教育观察法的实施程序<br>学员案例剖析、实践演练 | 解析、讨论、反馈、演练、指导、改进 |
| 第十二单元　教育观察法运用相关自主实践<br>理解教育观察法<br>结合自身拟撰写成果题目尝试运用教育观察法<br>总结存在的问题并准备分享交流 | 感悟、琢磨、实践、自评、交流、互评 |

（续表）

| 培训内容 | 主要形式 |
|---|---|
| 第十三单元　如何撰写科研成果<br>一、研究论文撰写<br>研究论文范例呈现<br>研究论文的含义<br>研究论文的意义<br>研究论文的要素<br>研究论文的规范<br>研究论文的发表<br>学员案例剖析<br>二、研究报告撰写<br>研究报告范例呈现<br>研究报告的含义<br>研究报告的意义<br>结题报告的要素<br>结题报告的规范<br>科研成果的申报<br>学员案例剖析 | 解析、讨论、反馈、演练、指导、改进 |
| 第十四单元　科研成果撰写相关自主实践<br>理解研究论文或研究报告撰写的基本要求<br>结合自身拟撰写成果题目尝试科研成果撰写<br>总结存在的问题并准备分享交流 | 感悟、琢磨、实践、自评、交流、互评 |
| 第十五单元　科研成果如何才能水到渠成——研究方案设计<br>范例呈现<br>研究方案的必要性<br>研究方案的构成要素<br>立项申报方案与开题论证方案的比较<br>学员案例剖析 | 讲授、讨论、反馈、指导、改进 |
| 第十六单元　成果展示与结业典礼<br>学员成果展示汇报<br>课程研修精彩回放<br>学员感悟分享<br>课程结业典礼 | 展示、交流、讨论、反馈、指导、改进、分享、总结 |

## 四、效果分析

通过以上三个阶段科研课程的实施，教师的课例研究能力、案例撰写能力及科研成果的撰写能力明显提升。

### （一）建立了深入教师日常工作的反思机制

从感性到理性的课堂观察，帮助教师创建了高品质的倾听与关注，达到了知识共享，促使教师通过观察他人的课堂,进而反思自己的教育理念和教学行为,提升自己的教育教学能力,在实践和反思之间架起一座桥梁,有效促进教师的专业化发展。基于课例的"教学研一体化"研究,使课例研究超越了将日常课"修炼"成优秀课的过程。通过对课例进行深度挖掘,教师归纳提炼优秀课例的内涵和精髓,并通过专题研修,将其内化为自己的专业知能,进一步优化课堂教学。经过日积月累,精益求精、在反思中成长成了教师日常工作中的一部分。

（二）推动了学习共同体的形成

在诊断性评价的课题研究中,教师一方面得到了专家的专业引领,另一方面又与同伴进行友好合作,不断地实践、反思、再实践;而持续的跟进研究,也使教师之间的差距逐步缩小。由此可见,教师借助同伴互助,既分享了成功的经验,又实现了共同的成长。

基于课例的"教学研一体化"研究的主体从教师个人拓展为教师共同体,从单独课例的开发拓展为经典课例集的整合,为课例研究的精、细、深化,以及有效的课例共同体研修提供了具有操作性的切入口,能改善传统的学校教研活动,有效提升活动的品质。一体化研究尝试通过自主探究、自我反思、自组团队、同伴互助、专业引领等方式,让处于不同发展阶段的教师默会或显性化地获得专业成长所需的案例知识和策略知识,不仅拓宽了教师学习的渠道,还带动了教师的专业发展。互助共同体成了教师专业发展的主要形式。课例的教学设计与策划、课堂实地观察、探讨研究改进策略等步骤都是集体智慧的结晶。总之,一个成功的课例研究必然是专家的专业引领和同伴的互相帮助自然且紧密结合的过程。

科研成果的撰写是校本研修的一部分,是面向全体教师或不同群体教师的一项培训工作。在培训中,主讲教师采取分组、讨论、自评、互评、演练、反馈等方式促进团队的互动交流,有助于教师发挥自身的优势,创建了良好的同伴互助的氛围。通过互助与研讨,具有不同年龄结构、学历结构、职称结构、心理素质、专业水平的教师都得到了成长。

（三）奠定了科研成果撰写的技能基础

一篇有质量的科研成果成文必须建立在全面、深刻的反思的基础上。我们把课后的反思作为一种诊断的方式,它既包括教师个人的自我诊断,也包括教研组的集体研讨。教师个人的自我诊断,主要是执教教师回顾整个教学过程,及时发现自身存在的教学缺陷,在反思中成长。教研组的集体研讨,则是每一位参与观察的教师从各自观察的角度出发,把观察结果与听课感想相结合,对学生学习过程中产生的问题进行分析思考,为帮助执教教师改进教学行为、完善教学方案、提高课堂教学质量提出合理的建议。

在一系列的科研培训中,教师们学会了从学科质量分析中发现问题。通过学科质量分析,教师关注到教学中存在的共性问题,从而确定各学科组研究的专题。通过前测与后测的评价工具的使用,教师的教学行为不再是简单的、重复的,而是经过深思熟虑后积极且有意识的实践;大家共同探讨,针对如何改进课堂、改进教师行为提出了许多建议。课例研究报告的撰写帮助教师把思考落实到文字,并逐步将思考理性化、显性化,这是在反思之后形成科研成果的必经步骤,我们从大量的课例反思中形成了范例撰写的基本要求。随后的科研成果撰写专题培训进一步深化了教师们研究课堂教学的能力,巩固了他们的科研成果撰写的基本技能。

（四）抬高了课堂教学的基准线

从感性到理性、从课题到专题的科研培训课程,不仅使教师获得了理论上的提升,也推动了他们的课堂教学实践能力的发展。校本研修是由学校组织实施的,以促进教师专业发展为目的,在教育专家的指导下,通过教育教学和教育科研活动来培训全体教师的一种全员性或以点带面的继续教育活动。培训的主体是教师自己,教师的学习、实践、研讨和反思,正是教师专业化成长的关键。

在课例研究中,教师在实践中学习与研讨,在研讨中反思与觉醒,这是其自我成长的关键。我们通过课例研究的系列化培训,促进教师在"反思—学习—研讨—实践"中成长,提升了全体教师的实践能力,进而提高了课堂教学的总体水平。

实践证明,我校基于课例的校本研修是促进学校和谐发展、抬高课堂教学基准线的有效途径。课堂教学研究活动为教师们搭建了互相学习、相互合作的平台,课例研究能促进所有教师在原有理论及实践水平上的提高。

# 五、改进设想

（一）从"观察、撰写、专题"到"观察、思考、撰写、专题"

目前,在完成了"观察、撰写、专题"三步的科研培训之后,在精益求精成为普遍的课堂价值追求之后,我们认为这并非终点,下一个境界是"思"。初等阶段的"思"即教学反思,指教师能思考自己的教学实践,找到优缺点,甚至能够从多次的实践和反思中发现、掌握教育学的新知识,并将其纳为己用。较高层次的"思"则是成为一个"有想法"的教师,即怀有科学、牢固的育人思想,懂教育,会教育,明了教育规律,对教师角色有着深刻的理解。更高层次的"思"是教师形成以爱教育为基点的教师人文素养,把教育当作幸福和快乐的精神支点,即使一生不得闲,也能乐在其中。因此,"思考"应成为课例研究的必要环节。

（二）从"导入和作业"到"精讲和精练"

学校的内涵式发展无疑要依靠课程和教师的专业发展,因为这两点触及教学核心,是教育改革发展中的重要部分。无论是课程还是教师的专业发展,他们都以课堂为落脚点。在本文的科研培训中,我校教师的科研成果撰写只涉及"课堂导入"和"作业"两部分的课例征集、范例提炼,可以说只完成了一个层次的"教学研一体化"研究与实践,还未触及课堂教学中最难的"精讲和精练"。下一步的实践中,我们会借鉴本研究的相关经验和成果,不断地实践、修改"教学研一体化"螺旋上升的课例研究模式,逐步形成符合课堂教学理念和规律的"精讲和精练"范例集,从而深化课例研究,使其成为教师专业成长的推动器。

（三）从"领航教师"到"全体教师"

关注全体,促进全体教师的专业发展,提升教师的科研成果撰写及课堂实践能力,是本科研课程的主要目的。尽管我们在课程的实施过程中推动了教师学习共同体的形成,促进了教研组活动的开展和教研组研究功能的提升,但尚未总结、形成满足不同层次和需求的教师专业发展的差异化课程。第一轮的"领航教师"是我校的骨干教师,有较强的实践能力和带头示范作用,他们的成长有目共睹。在以后的工作中,我们会扩大遴选范围,考虑教师之间的差异,针对不同教师的强项,遴选出第二轮、第三轮的"领航教师",扬其所长,延续本课程的研究成果,惠及更多教师,探索出一条可操作、可复制、可持续、有效果的路径,覆盖"全体",全面推动教师的专业成长。

# 专家指导与元认知策略相结合
# 促进教师写作素养提升*

教育教学论文写作是一名教师提升专业素养，从经验走向专业、从普通走向卓越的必经之路。基础教育阶段的教师写论文多是为了把自己教育教学实践中"遇到的教育问题、取得的教育经验"进行反思、提炼、记录、梳理，与同行分享，从而更好地进行教学实践。但是相当多的教师往往只会"实践"，却不善于逻辑清晰地把自己有效的经验、体会提炼出来，以文本的形式分享给别人学习。因此，提升论文撰写能力成了许多学校教师科研素养提升中十分强烈的需求。我们从"一、课程背景与问题分析"就可看出：仙霞高中的科研培训课程——"立足校本实践研修，提升论文撰写能力"，就是在发现、分析了广大教师普遍存在的这一发展瓶颈之后，设计并开设了本课程，课程目标清晰、对症，所以深受教师们的欢迎。

过去，教师们可能也听过很多专家的论文指导讲座，但是效果并不明显，原因就在于那些课程只是停留在专家讲教师听的层面，没有深入了解受训教师本人的实践，缺少与受训教师进行面对面的沟通、有针对性的交流，更缺少对受训教师已有的文本进行具体的矫正性指导。而仙霞高中的这一论文写作指导课程具有很强的系统性、针对性和实践性。在针对教师论文写作问题的全维度的、系统的专家讲座中，有这样一些成系列的内容：（1）为什么要写论文：教育科研成果表现的形式，思维活力的外显，教师教学改革的重要途径，教师专业成长的重要方式，分享交流的载体；（2）论文选题的方向：社会——教育发展的方向，学校——教育改革的方向，教师——专业成长的方向；（3）论文切入的角度：关注热点抓难点，从新的视角找盲点，提炼经验挖亮点；（4）论文表达的追求：文章的文眼与观点美，文章的结构与均衡美，文章的事例与论据美，文章的文字与句式美；（5）文体结构的要求：学术性论文结构，报告型论文结构，案例型论文结构。这些讲座的内容应该说基本符合教师的问题与需求。

除了专家讲座，该课程内容的最大亮点就是引入"元认知策略"，要求教师们"自主分析、边学边练、讲练结合"，这就是该课程的第二大核心内容——"实践体验篇"。为了让教师们比较容易上手，仙霞高中采取"分步骤、给框架、自主析、勤分享"的教学提升实施策略。如：

**上海市仙霞高级中学教师基于实践的教育论文撰写的校本培训实践研修作业**

要求：结合自己的个人研修项目（或兴趣），思考并确定自己教育论文撰写的选题，完成

---

* 本文由上海市长宁区教育学院戴申卫撰写。

下列表格。

| 1 | 选题方向 | |
|---|---|---|
| 2 | 论文题目（初定） | |
| 3 | 文章的类型（论文或案例） | |
| 4 | 理论认识（或前人研究）方面：你准备在期刊数据库（或其他专业网站）上搜索哪些关键词 | |
| 5 | 试着学习整理基于关键词的文献资料 | |
| 6 | 在教育教学实践方面，准备围绕主题实践哪些内容或策略 | |
| 7 | 及时对实践的内容或策略进行客观的记录与反思 | |
| 8 | 论文（或案例）的三级提纲（或主要观点） | |

学员姓名：_____

再如：

一、实践交流活动：一次分组交流活动，一次集中分享活动

1. 分组交流活动：基于第一次实践练习的小组交流与个别指导。

记录表（略）

2. 集中分享活动：各小组推出若干优秀练习，结合修改过程，集中进行交流。指导者予以专项点评。

分享交流会流程（略）

二、论文选题与撰写专题讲座——可以融入专题交流研讨活动中

结合学员的论文选题方向，各小组推荐 1—2 名学员进行交流发言，共 8—10 位教师发言，每人发言时间 5—8 分钟，并递交发言书面稿。

专家结合发言案例，谈论文撰写的基本要求。

三、案例选题与撰写专题讲座——可以融入专题交流研讨活动中

每组选择 1—2 名学员交流案例选题与写作思路。

专家结合学员的案例选题方向或初步思路，谈案例撰写的基本要求。

（略）

上述课程设计为教师们搭建了比较合适的阶梯，不仅有清晰的框架、稳定的抓手，令人做起来不觉得难，还重视教师的自我分析、自我规划、自我总结，令人分享起来又有话题；分享的次数多了，观点也就明确了，思路也就清晰了，写作起来也顺畅了，最后成文是水到渠成的事情。由此可见，这样的课程对提升教师的论文撰写能力是十分有效的，值得大家借鉴。

# 中学教师论文撰写校本培训课程
## ——立足校本实践研修，提升论文撰写能力 *

论文撰写能力是教师语言能力的一种。过去，人们常说教师是靠嘴吃饭，学生也喜欢口若悬河、神采飞扬的教师；现在，随着教育的内涵越来越丰富，教育的选择越来越多元，优秀的教师更想靠笔成长，成为既有实践，又有思想，而且情怀满满的教师。

如何引导教师一步一步走上教育论文撰写的幸福之路，体验教育论文的真切与美好，是本培训课程的出发点与归宿。

## 一、课程背景与问题分析

教师在参加培训之前，一定会有各种疑问："我们教师为什么要重视教育论文撰写能力？""不写或写不好教育论文的教师，不是照样教书，甚至也把书教得好好的！""写教育论文是研究人员的事，与普通教师有什么关系呢？""不要说写论文，就连写个工作总结，也半天都憋不出来！""天下文章一般抄，当今的教育论文有多少价值呢？""我又不评职称，写论文干什么？"

在一些区域或层面，对撰写教育论文的困惑、无视、窄化、误解，因长期得到教师的默认，已逐渐形成一股潜在的洪流，不断地同化着越来越多的教师。如何帮助教师从这种洪流中走出来，至少打破这种带有偏见的氛围，是本培训课程要解决的核心问题。

### （一）课程的背景依据

首先，世界基础教育的潮流，由 STEM 到 STEAM，再到 STREAM（即再加入一个 R，也就是 WRITING 中的 R），目的是鼓励孩子在科学、技术、写作、工程、艺术和数学领域发展，培养孩子的综合素养。在越来越重视综合能力培养的今天，教师在写作能力上的短板，将对其成为一名优秀甚至合格的教师形成制约。

其次，在移动互联网日益普及的今天，教师不再站在小小的教室里传道授业解惑了，而是拥有了自己的博客、微信公众号、美篇、网络平台专栏、在线空间等，这一切的转变与实现，都需要教师有一项核心能力——写作表达力。对于教师而言，写作表达力本质上就是展现思想有多远、实践有多深；因为写作的本质，就是把自己做过的以及想好的合适地表达出来。

再次，教师内心深处的幸福感主要来自哪里？工资的多与少固然会影响教师的心情，但绝不是幸福感的主要来源；学生考出了优异的成绩，教师会感到由衷的幸福，但他们心中也明白，学生的优异是由多种因素造成的，最主要的就是学生自身的天赋与努力，自己只是随学生同喜同乐罢了。人的幸福感应来自人的创造与独特价值，那么教师的创造与独特价值

---

* 本文由上海市仙霞高级中学王健、赖才炎撰写。

在哪里？当然在自己的思想中和实践里。教师的幸福感，主要取决于能否把自己的思想与实践自信而清晰地表达出来，尤其是用文字表达出来，让更多的人了解、接受并受影响。

提升教师的教育论文撰写能力，从某种意义上来说，是提升教师从教幸福指数的关键点和突破口。

### （二）关键问题的分析

教师的教育论文撰写能力包括哪些方面，受哪些因素影响，以及各因素之间的关系如何，是校本培训课程要思考的核心问题。

教师的教育论文撰写能力，既是一种语言，也是一项综合能力。从表面看，它呈现出的是一种写作技巧或风格，实质上却是几项能力（实践力、思考力、观察力和感受力、表述力）的综合表现，共同决定所撰写的教育论文的质量的高低。因此，校本培训课程要兼顾并融合教师的实践力、思考力、观察力和感受力、表述力的培养。

#### 1. 实践力

教育是一项以育人为中心的智力型的实践活动，目的性非常明确，形式可以多样，手段可以多种，内容可以选择。教育既可以很简单，也可以很复杂，这就为教育的实践提供了无限的可能；而在这无限的可能中，蕴藏着教育无限的美与崇高。

教育的美与崇高，不仅是发现得到的，更是实践得到的。为了便于发现教育实践中的美与崇高，教师要有意识地模仿一些好的教育方略，要有计划地创新一些方式与途径，有胆识地改革一些想法与做法，并在思考的过程中调整、改进教育实践。

实践力，即实践能力或实践智力。美国心理学家斯腾伯格认为："实践智力是一种将理论转化为实践、将抽象思想转化为实际成果的能力，是个体在实践生活中获取潜隐知识和背景信息、定义问题及解决问题的一种能力。"不少学者认为，实践能力是个体在实践过程中形成和发展起来的，可以在人的一生中保持持续发展态势，它虽然与认识能力有一定的关系，但智商高并不意味着个体实践能力强，实践能力由四项基本要素构成，即实践动机、一般实践能力、专项实践能力和情境实践能力。

教师的实践力，不是指教师是否处于工作状态或工作量有多少，而是指有意识、有计划、有胆识地从事教育实验，用行动领会"教学有法，教无定法"的奥妙。基于自身日常的教育教学实践，永远是一线教师撰写教育论文的起点与终点；脱离了自身实践的教育论文，则大多会沦为"假大空"。

#### 2. 思考力

法国著名思想家帕斯卡尔说过："人是一根有思想的芦苇。"他的意思是说，人的生命像芦苇一样脆弱，可即使如此，人依然比宇宙间任何东西都要高贵得多，因为人有一颗能思想的灵魂。教师之间的差异，最核心的就在于思考力的差异。思考力，通俗地说就是想问题。有些教师觉得自己一直在想教育问题，但为什么形成不了思考力，或者说自己的思考力根本没有提高呢？关键在于教师可能只是表面化或肤浅地想问题，或者习惯于从负面或单角度出发想问题,或者思考力呈散状、碎片化。

从专业角度看,思考是思维的一种活动,思考力则是在思维过程中产生的一种作用力。研究表明,正如力的三要素一样,培养人的思考力离不开三个最基本的要素。一是思考力取决于思考者掌握的关于思考对象的相关信息量的多少,如果没有相关的知识和信息量,就不可能产生相关的思考活动。二是思考的方向取决于思考的价值目标以及围绕目标形成的思路,也就是说思考要有目的性,漫无目的的思考难以产生强有力的思考力。三是思考必须找准作用点,即要把思考活动集中在特定的思考对象上,并把握其中的关键,这样的思考活动就会势如破竹;如果找不准思考的着力点,则会精力分散,思维紊乱,出现胡思乱想、"东一榔头西一棒"的现象,思考就会停留在事物的表面,人也就无法深刻地认识和把握事物的本质。

由此可见,教师的思考力由几方面决定:一是相关问题的知识储备量,会决定思考的格局;二是思考的方向与角度,会决定思考的价值;三是思考的持续性与系统性,会决定思考的深度。在教育实践中,不论是学生还是教师,都有可能被教育的美与崇高所感动,那么,沿着这种感动去思考原委、思考操作、思考价值,就是一种很好的思考方式。

3. 观察力和感受力

在与实践力、思考力相对应的层面,还有观察力和感受力,这两者也非常重要。教育的过程可以有预设,但永远是生成的。教师对教育生成的把握,主要靠自身的观察力和感受力。观察力和感受力,本质上是一种发现力,就是有心、有意、有趣地去发现,并尽量描述教育的细节、现象和故事。

教育的丰满,不一定在于理念或结果有多么好,而在于教育的细节与故事令人刻骨铭心。没有观察力和感受力,教师就很难对教育产生难舍的爱与情怀。古往今来,对教育有着真挚情怀的教师,都有着敏锐的观察力和细腻的感受力;在这种情况下,他们写的教育论文专著自然有血有肉,自然能永葆教育的"芳香"。

观察力和感受力对于一个人来说是非常重要的。敏锐的观察感受力可以帮助我们避免受到表面现象的迷惑,从而看到事物的本质和变化的趋势。有了观察感受力,一个人将变得更加睿智、严谨,能够发现许多人所不能发现的东西。好的观察感受力一般具有五个特点,即目的性、条理性、理解性、敏锐性和准确性。培养观察感受力的策略主要有六方面:一是确立观察目的,二是制定观察计划,三是培养浓厚的观察兴趣,四是观察现象、探寻本质,五是培养良好的观察方法,六是遵循感知的客观规律。

观察力和感受力,对教师而言,既伴随着实践力,又是实践的重要延伸,还应是表述力的重要载体。这些力彼此之间看似独立,实则相连相依,相互促进,共同走向强大,一起彰显生命的活力美。

4. 表述力

能以文字、文章、书籍来表达自己的实践与思想,算是文化人的一种标志。因此,教师作为文化人,必须具有较好的文字和文章的表述力。

　　文字与文章的表述力并不是孤立的,而与教师自己的实践、思考、研究密切相关。从某种意义上来说,教师的文字表述力,就是把自己做过的或经历过的表达出来,把自己思考的或反思的表达清楚。文字表达能力与论文写作能力,虽然是两个不同的概念,但它们关系密切,都是和文字打交道。如果我们用文字或文章表述出来的东西是别人能听懂、易听懂的,而且听上去很好,令人受益匪浅,那么表述能力就算是不错的。

　　文章表述出来的东西可以是对的、有趣的、美的,通常分为几个层次:没有思想内涵的表达,很可能是"正确的废话",令人感觉空洞与虚假;有思想内涵但文句乏力,令人感觉苍白与苦涩;当文辞之美与思想内涵相得益彰时,就会带来一种文雅之美。

　　如何培养教师文字与文章的表述力呢? 关键在于"戴好帽子""选好料子""摆好架子"和"炼好句子"。文章的帽子,是指文章的主题思想定位和功能价值定位。文章的料子,是指文章的内容,即基于主题的内容多少、难易程度、呈现形式、表达方式等的取舍。文章的架子,是指文章的层次结构,也就是说内容的先后安排要符合一定的逻辑顺序,并形成较完整的结构体系。文章的句子,是指文章的遣词造句和修辞,也就是说要考虑好以下几个方面:一是如何追求通俗易懂,引发一种触感;二是如何追求言简意赅,获得一种好感;三是如何追求对仗工整,产生一种美感。

## 二、课程设计方案与实施策略

　　课程是为了培养人,其目标是针对教师的成长与发展。中学教师论文撰写校本培训课程的逻辑起点为"学校大部分教师的论文撰写意识和能力较为薄弱",即迫切需要激发教师的论文撰写动力,同时培养他们的论文撰写能力;课程的宗旨是让教师在论文撰写方面既能仰望星空,又能脚踏实地。

### (一) 基于核心力的课程构建思路

1. 课程的目标定位

(1) 帮助教师树立正确的论文观,即明确教育论文对教师自身教育的内在意义与价值。

(2) 教师通过培训的专题体验活动,学会提出自身实践中的真问题,树立良好的问题意识;针对真问题,在实践中尝试有意识地观察与体悟,并有计划地改进或完善教育教学行为。

(3) 在专家或专业人员的介入或引领下,教师通过结合特定问题的再学习(或专题研讨),锻炼自身的思考力和基于论文撰写的表述力。

(4) 在教师已有一定感性体验的基础上(即完成教育论文初稿),进行"如何掌握教育论文的结构要素及主要表达方法"专题讲座,提升教师的论文撰写能力。

(5) 通过组织交流研讨、分享欣赏、专项评比,培养教师对文章的修改力与评价力。

2. 课程的构建思路

围绕教师撰写论文所需要的观察力、实践力、感受力、思考力和表述力,中学教师论文撰写校本培训课程的构建如下图所示。

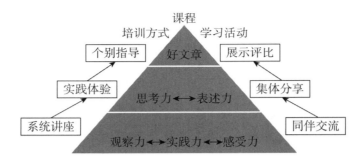

**中学教师论文撰写校本培训课程构建图**

（1）五种核心力的逻辑关系大致可分为两个层面，即基础层和关键层。基础层为观察力、实践力和感受力；其中，实践力是基础的基础，为观察力和感受力提供切入口和载体。关键层主要有思考力和表述力，前者偏重于思想观念的提炼，后者偏重于谋篇布局。这些核心力的培育，将成为培训各部分、各阶段的核心思想。

（2）课程培训主要采用三种方式，即系统讲座、实践体验和个别指导。系统讲座，主要是从思想认识、论文撰写理论、写作校本经验、好文章的一般标准等角度，系统地为教师进行介绍。实践体验，即从培训开始就布置具体的项目任务——写一篇基于日常实践的教育论文，让每一个参与者都切身经历并体会论文从"无"到"有"、从"不完善"到"完善"的过程。个别指导，即针对个体教师的具体问题或真实需求，培训团队及时介入，进行个性化指导。

（3）课程学习主要采用三种活动，即同伴交流、集体分享和展示评比。同伴交流，即根据学科或论文方向，组织阶段性的合作学习共同体，开展专题性讨论，力求打开视野，提升感受力。集体分享，即分阶段为小组合作共同体提供集体交流研讨的机会，并为优秀的项目成果提供交流平台，主题都将聚焦于核心力的成长。展示评比，一方面指学校举办基于培训的教育论文评比，把学员的教育论文汇编成册；另一方面指学校通过微信公众号与门户网站，适时展示教师在培训中撰写的优秀论文。

**（二）基于系统设计的课程内容安排**

中学教师论文撰写校本培训课程的内容主要包括三个方面，即讲座引领篇、实践体验篇和分享交流篇。这三部分内容可根据现实需要灵活交叉进行。

1. 讲座引领篇

通过专家团队的系列讲座，引领教师认识教育科研和论文（案例）撰写，了解教育论文形成与撰写的一般流程，以及好论文的一般标准。

（1）系列讲座（一）：为什么要写论文

教育科研成果表现的形式

思维活力的外显

教师教学改革的重要途径

教师专业成长的重要方式

分享交流的载体

（2）系列讲座（二）：论文选题的方向

社会——教育发展的方向

学校——教育改革的方向

教师——专业成长的方向

（3）系列讲座（三）：论文切入的角度

关注热点抓难点

从新的视角找盲点

提炼经验挖亮点

（4）系列讲座（四）：论文表达的追求

文章的文眼与观点美

文章的结构与均衡美

文章的事例与论据美

文章的文字与句式美

（5）系列讲座（五）：文体结构的要求

学术性论文结构

报告型论文结构

案例型论文结构

2. 实践体验篇

为了增强培训的实效性，遵循"边讲边练、讲练融为一体"的原则，促使教师在解决真实问题的过程中有所收获，在培训的第一次讲座结束后，我校就对所有参加培训的教师布置了一个开放性的实践研修作业"实践性学习任务单"，引领教师开展论文写作的实践体验活动。

教师参加论文撰写校本培训的实践研修作业设计稿如下所示：

**上海市仙霞高级中学教师基于实践的教育论文撰写的校本培训实践研修作业**

要求：结合自己的个人研修项目（或兴趣），思考并确定自己教育论文撰写的选题，完成下列表格。

| 1 | 选题方向 | |
|---|---|---|
| 2 | 论文题目（初定） | |
| 3 | 文章的类型（论文或案例） | |
| 4 | 理论认识（或前人研究）方面：你准备在期刊数据库（或其他专业网站）上搜索哪些关键词 | |
| 5 | 试着学习整理基于关键词的文献资料 | |

（续表）

| 6 | 在教育教学实践方面,准备围绕主题实践哪些内容或策略 | |
| --- | --- | --- |
| 7 | 及时对实践的内容或策略进行客观的记录与反思 | |
| 8 | 论文(或案例)的三级提纲(或主要观点) | |

学员姓名:_____

教师参加论文撰写校本培训的实践研修作业实例(初稿)如下所示:

### 上海市仙霞高级中学教师基于实践的教育论文撰写的校本培训实践研修作业

要求:结合自己的个人研修项目(或兴趣),思考并确定自己教育论文撰写的选题,完成下列表格。

| 1 | 选题方向 | 内在大纲与分层教学 |
| --- | --- | --- |
| 2 | 论文题目(初定) | 二语习得内在大纲与分层教学初探 |
| 3 | 文章的类型(论文或案例) | 论文 |
| 4 | 理论认识(或前人研究)方面:你准备在期刊数据库(或其他专业网站)上搜索哪些关键词 | 内在大纲,分层教学,应试,Built-in Syllabus…… |
| 5 | 试着学习整理基于关键词的文献资料 | 1. 语言习得的"内在大纲"与外语教学,马名权,徐桃发,《外语学刊》,1989(2):1—6<br>2. 改进外语教学的几点建议,马名权,徐桃发,《外语教学》,1990(1):91 |
| 6 | 在教育教学实践方面,准备围绕主题实践哪些内容或策略 | 1. 班级内部的分层教学和分层作业<br>2. 内在大纲指导下教学内容的选择 |
| 7 | 及时对实践的内容或策略进行客观的记录与反思 | |
| 8 | 论文(或案例)的三级提纲(或主要观点) | 1. 内在大纲<br>(1) 内在大纲的基本概念<br>(2) 二语学习的内在大纲<br>2. 分层教学<br>(1) 分层教学的基本理论<br>(2) 分层教学的种类与方式<br>3. 内在大纲与分层教学<br>(1) 语法内在大纲与分层教学<br>(2) 词汇内在大纲与分层教学 |

学员姓名:周杰

3. 分享交流篇

分享是一种非常有效的学习方式。有计划地组织形式多样的分享交流活动,是提升培训效能的重要措施。我校在中学教师论文撰写校本培训课程中设计了四类多维度的分享交流活动。

（1）讲座结束后，平台交流学习感受。学员可在课程培训的微信群里即时提问，或谈感受、说见解，其他人（包括导师团成员）可开诚布公，畅所欲言。不同思想与观点的碰撞将促使我们进一步思考。

（2）学习小组共同研讨后，就学习与研讨的心得进行分享。比如初步完成实践研修作业后，根据教师的学科或论文方向，形成若干个合作研讨小组，就论文的"主题方向""标题质量"和"三级提纲"展开讨论。每个小组都有一位专家成员介入讨论并指导。

（3）开展阶段性作业的分享交流活动。当每位教师完成论文初稿后，选择若干较有思想性的论文，让教师结合自己的实践活动，从五种核心力出发，交流自己的论文是如何形成的，有哪些主要观点，想如何表述，等等。

（4）学习结束后，开展优秀论文分享会。对教师结合培训活动在实践中形成的优秀论文，一方面，分期在学校微信公众号上推送，并有选择性地推荐至区级以上刊物发表；另一方面，结合学校一年一度的"活力杯"教育论文评优活动，单独设立培训论文等第奖。

（三）基于实践体验的课程实施策略与具体安排

一个好的培训课程，不仅要有丰富的培训内容，有好的专家导师团队，还要有好的实施策略与具体安排。

1. 主要实施策略

（1）成立培训专家导师团队。中学教师论文撰写校本培训课程的实施，由校长总体负责，如培训方案的制定、专家的聘请，以及各种保障措施；校科研室负责具体落实，如培训的组织形式、操作流程、辅导管理等。

为此，我校成立了一个课程培训专家导师团队，其中包括区教育学院教科室资深专家、高校教授、校科研骨干等，共十余人。高校教授与资深专家主要承担系列讲座，以及分享研讨活动的点评；区教科室专家和校科研骨干主要承担小组交流研讨的点评指导，尤其是个别化指导。这样保证了培训既具有宏观的理性认识高度，又接地气，从教师中来，到教师中去。

（2）重视以点带面的个别指导。培训中，既需要在面上进行相关的通识教育，又需要结合论文撰写实践进行个别化指导。个别化指导，从某种意义上来说，既能满足个体的真实需求，即解决个体的真实问题，还是促进专题知识内化的重要途径。

对于论文撰写的个别化指导，主要有两方面。一是结合上交的研修作业，不定期地对论文选题、主要观点、论文结构安排等进行头脑风暴式的宏观指导。一方面，通过专家或骨干的思维活动、想法来影响普通教师的思想和观点；另一方面，为教师解决研修作业中的关键问题，帮助他们写出优秀的论文。二是对教师已有的论文进行修改与指导。如教师以前写过一些论文，但未能成功发表，评比也没获奖，或教师刚写好一些论文，这时可结合培训内容,在专家的指导下,不断地反思、修改,最终形成有一定质量的好文章。

（3）搭建平台,推进分享推介会。定期召开分享会(有时也可以称为推介会),既是培训的重要内容,也是培训的主要方式。在上台表达自己所撰写或想撰写的论文的观点、思路与内容前,教师必定进行了深入的思考,如文章的标题和主观点,文章表述的结构、典型事例等,当然还要保证自己的语言是正确的、易懂的。

舞台,是促进教师专业成长的最好的平台。我校尽量把分享会、推介会的舞台留给教师,专家大多时候也愿意做绿叶,这意味着大部分参加培训的教师都有机会表述自己的思想与实践,不仅可以促进教师最大限度地要求自己、提升自己、展现自己,还可以影响、带动其他的教师。我校有一个共识,即培训教师最好的方式,就是让他们在不同的场合或舞台上讲自己的教育故事。

（4）以"评"促"培",引领论文写作兴趣。评比与培训相结合,以评促培,是培训中经常采取的方式。结合培训目的与需要,有针对性地开展论文评比,既可以提高教师参与培训的积极性和主动性,还可以促进教师边学边用、学以致用。大部分教师在培训结束时都完成了一篇质量不错的论文,有些教师因论文在评比中得到了肯定,受到了表彰,从此走上了喜欢写论文的道路。

学校开展以"评"促"培"的活动,除了为培训活动画上一个圆满的句号外,更多的是考虑如何将其与学校的传统评比项目对接,使这项评比成为传统。比如我校就把这次评比活动对接到有仙霞高中特色的"活力杯"评比活动体系中,作为一年一度的"活力杯"教育论文评比活动。这样一来,即使培训结束了,但培训所产生的影响和形成的作用依然存在,并不断地产生新的影响。

2. 课程实施的具体安排

校本培训最大的特点是实践性、针对性和灵活性。中学教师论文撰写校本培训课程在时间安排上,固定为单周五下午 3:30—5:00。讲座、交流分享为集中研修活动;小组交流的活动,一般由各小组根据自身情况灵活安排时间;个别化指导,可以随时在平台上交流或面对面进行。课程实施的具体安排如下:

**上海市仙霞高级中学教师基于实践的教育论文撰写校本培训具体安排**

2018 年 2 月

一、开班与讲座(3 月)

主持人:宣讲该培训的目的与基本要求。除了聆听一些好的讲座,学员还要参加具体的实践活动,完成有一定质量的实践论文。全体教师要做好项目与课题的衔接与转化。

资深专家报告:教师撰写教育科研论文的意义,可以从哪些角度寻找论文方向与切入点,好文章(论文与案例)的一般要素。

第一次培训的实践练习:

1. 全体教师:思考如何落实个人研修项目,如何以论文的形式把实践研究的结果表达出来。

2.培训学员:结合自己的个人研修项目(或兴趣),思考并确定自己教育论文撰写的选题,完成下列表格。

| 1 | 选题方向 | |
|---|---|---|
| 2 | 论文题目(初定) | |
| 3 | 文章的类型(论文或案例) | |
| 4 | 理论认识(或前人研究)方面:你准备在期刊数据库(或其他专业网站)上搜索哪些关键词 | |
| 5 | 试着学习整理基于关键词的文献资料 | |
| 6 | 在教育教学实践方面,准备围绕主题实践哪些内容或策略 | |
| 7 | 及时对实践的内容或策略进行客观的记录与反思 | |
| 8 | 论文(或案例)的三级提纲(或主要观点) | |

注:以上实训作业于两周内完成,根据学员选题方向的类似程度分成若干组;每一组委任一位指导者或牵头者,组织小组交流活动。

二、实践交流活动:一次分组交流活动,一次集中分享活动(4月)

1.分组交流活动:基于第一次实践练习的小组交流与个别指导。

记录表(略)

2.集中分享活动:各小组推出若干优秀练习,结合修改过程,集中进行交流。指导者予以专项点评。

分享交流会流程(略)

三、论文选题与撰写专题讲座——可以融入专题交流研讨活动中(4月)

结合学员的论文选题方向,各小组推荐 1—2 名学员进行交流发言,共 8—10 位教师发言,每人发言时间 5—8 分钟,并递交发言书面稿。

专家结合发言案例,谈论文撰写的基本要求。

四、案例选题与撰写专题讲座——可以融入专题交流研讨活动中(4月)

每组选择 1—2 名学员交流案例选题与写作思路。

专家结合学员的案例选题方向或初步思路,谈案例撰写的基本要求。

五、基于论文思路的实践活动(4月—5月)

1.论文:策略(或方法)在教育教学中的实践应用。由专家或引导者对实践应用与论文成文进行个别化指导。

2.案例:对案例中的个体进一步观察研究,对案例中的策略应用进一步完善。由专家或引导者对实践应用与案例成文进行个别化指导。

六、撰写与优秀论文交流活动(5月)

结合优秀论文的形成过程,交流论文的主要观点与形成过程,并谈一谈自己对教育论文撰写的体会。安排专家点评。

七、撰写与优秀案例交流活动(6月)

结合优秀案例的形成过程,交流案例的主要内容与完善过程,并谈一谈自己对教育教学案例撰写的体会。安排专家点评。

八、教育论文撰写培训总结表彰会(7月)

评选基于培训过程的优秀论文与案例,并予以等第奖。

论文、案例汇编结集。

推荐优秀论文、案例发表或参评。

## 三、课程实施成效与改进设想

培训大多只是一种引领活动,其实施成效主要体现在把参与者"引进门",使其在"门内"感受到风景的真实与美好,从而不自觉地把旅程走下去。回顾这次校本培训,我们体会到了以下几方面成效。

(一)把教师引进了撰写科研论文的"大门"

在没有开展培训之前,学校也举办过一些科研课题研究、案例研究等专项讲座,但大部分教师听完就算,到底收获了多少、改变了多少,只有他们自己知道。此次学校正式开展中学教师基于实践的论文撰写校本培训,至少在校园里形成了很好的氛围,而氛围的影响力是潜移默化的。另外,高水平的讲座和实实在在的个人研修项目,让教师真正地理解了科研论文的意义与魅力,开阔了眼界,打开了思路,提升了情怀。总之,此次培训从情感和能力入手,把教师逐步地引进了撰写科研论文的"大门"。

(二)教师基本掌握了科研论文撰写的方法

科研论文,是教育成果与经验的专业表述。思想是论文的灵魂,观点是灵魂的旗帜;实践是论文的关键,一线教师的论文的最大特点就是基于实践和为了实践;结构均衡是论文的外貌美,字词语句是论文的质地美;围绕观点的典型事例或操作过程,是论文的丰满血肉;归纳与演绎是论文表述的基本方法……系列专题讲座的主要观点,以及教师在校本研修中的深刻体会,使科研论文撰写的要求与方法在不知不觉中深入教师的心底,它们不再是专家学者的观点,而是教师自身的体会或意见。

(三)教师在科研论文撰写中收获了成功与自信

失败是成功之母,成功更是成功之母。我们在培训过程中,一直强调"成功更是成功之母"的理念,对教师论文撰写的实践以鼓励欣赏、充分尊重为主。比如,肯定教师的真实想法、真实感受,并以此为基础,让教师自主构建、生成自己的论文。即使教师的想法或实践有所偏差,也鼓励他们通过交流或查找资料,自主调整和完善。在这一过程中,教师不仅体验到自己有能力构建论文,有能力在实践中进行自我修正,还体验到接受他人意见时的快乐,从而文章的思路越想越开阔。最后,当看到自己参加培训的成果——论文被评为优秀论文并汇编成书时,教师心中自然会有一种满满的自信。

（四）教师在培训过程中体验到了团队合作精神

作为社会性的人,我们对集体有一种天然的归属感。当然,这种归属感不仅源于成员彼此认识,都在同一单位,更源于彼此心连心的相互交流、相互支持、相互促进。生命在于运动,集体在于活动。我们通过一系列活动,让每一位教师变成了小组团队的一员,围绕如何表达自己的思想、如何描述自身的实践来讨论交流。这种朝着共同的目标进行思想方法层面的交流,非常有利于合作精神的形成与发展,同时也有助于学校良好科研氛围的形成与提升。事实证明,科研团队是最能体现合作精神的团队。

当然,在课程的具体实施过程中,难免有一些不尽如人意之处,主要可以从以下几方面改进：

第一,培训课程内容较多,安排在一个学期内完成,会导致教师有囫囵吞枣之感。可以再增加些内容,让教师体验不同文体类型的写作,同时课程时间持续一年。

第二,课程中的校本研修活动,尤其是分小组自主开展的研修活动,有时由于召集人组织能力欠缺或影响力不够,"研"的氛围不足,培训的效果不太明显。以后要加强研修小组的管理。

第三,该课程培训班的人数不宜过多,四五十人的规模比较理想。当人数达到六七十人甚至一百人以上时,部分教师通常会抱着为培训而培训的心态参加,他们的研修作业也大多流于形式。

**附件：**

### 附件1  如何让发言更精彩

人有了某项工作或一定职位后,难免要参加集会、表彰、研讨、交流、报告、论坛等各种大型会议。大型会议有些是高层领导的报告一讲到底,有些是文艺表演加领导致辞,有些是专题汇报加专家点评,有些是基层交流发言加领导主持点评。会议参加得多了,发言也就听多了。发言听多了,人还真能听出些门道——比如政治性报告,最有趣的是内部数据和内部事件,其次是一些带哲理性的观点、口号,再次是工作部署,最后是一些强调;再如专业性发言,最有趣的是带泥土清香、有枝有节的真实故事,其次是诗性的观点、结论,再次是幽默的自嘲,最后是一些高谈阔论。

如何让发言更精彩？除了要定位自己在会议（或发言）中的角色,还要考虑受众普遍的心理需求（如新鲜的、奇特的、有价值的）、听觉习惯（如逻辑性、鲜明性、精练性）和情绪兴趣（如幽默风趣、平易近人、娓娓道来）。综合起来,我们不难推断出精彩的发言通常有以下三个特征。

一是内容的故事化。人最喜欢听故事,即使这个故事有点蹩脚,也比空洞的论说有魅力。当"我"给"你"讲故事时,尤其是讲亲历、亲见、亲感的故事时,彼此之间就不再是居高临下的生疏感,而是一种朋友式的分享感。既然是讲故事,那么内容肯定是真实的,而且还是新奇的。何况故事都有本身内在的逻辑,讲起来特简单、特顺畅,听起来也易吸收、不费力。最重要的是,故事本身或是很好的载体,蕴含着鲜明的观点;或是动人的情境,让人在不知不觉中受到感化、同化;或是可信的论据,让观点变得令人信服。如何讲好故事呢? 一般要遵循"三不"原则,即不长——但带有形象刻画或细节描述,不全——但有必要的交代和铺垫,不泛——尽可能地突出核心与重点。

二是观点的诗性化。观点(或要点)永远是发言的聚焦点,观点新不新颖、动不动人、美不美丽——即是否有诗情画意,决定了发言的高度。好的观点如同一位颇具影响力的良将,因此,在提炼好的观点的过程中,也颇有几分"千军易得,良将难求"之苦。诗性是中国特有的文化气质,既不同于西方理性文化的确凿僵硬,也不同于宗教神性文化的庄重高圣。观点的诗性化能给人以想象、温暖、力量和美感。诗性化崇尚三美:一是简洁美,即简单洁净,一看就懂,越想越有味道;二是文采美,几个并列的观点轻则对称,重则相映成趣,朗朗上口;三是意韵美,如同诗句一样,有诗里和诗外的想象与理解,意境悠长,韵味高远。总之,诗性化的观点能让人感觉简而不陋、美而不腻、势而不狂。

三是语言的平易化。语言是思维或思想的外衣,这件外衣合不合身,除了看与你的身份地位是否合拍,还要看是否能让人听得清楚、想得明白、觉得轻松。这就要求发言的话语,在书面语与口头语之间,尽量选择口头语;在长句与短句之间,选择短句;在繁杂与简明之间,选择简明;在强硬严肃与幽默风趣之间,选择幽默风趣。努力避免给人以硬邦邦、文绉绉、空泛泛的感觉,同时避免正确的空话、官僚的套话、固执的废话。不过多地发表议论,让议论如同画龙点睛;适度地叠用形容词,让修饰语活灵活现;有意地抑扬顿挫,让故事或观点余音缭绕。尤其要注意的是,不能边想边说,破破停停,啊啊嗯嗯,天马行空,条理不明。总之,语言平易化的核心是真情、真心、真意地让人认同,有话则长,无话则短,有情就放,无情就收。

(上海市仙霞高中 赖才炎)

## 附件2 教师写文章要学些新闻报道的手法

由于分管学校教育科研,我经常要看一些教师写的东西。不管是论文、案例,还是总结报告和经验,我都有这样一种感觉:不是太空泛,就是太啰唆,有的还很矫情。久而久之,我发现不少教师给人的感觉是:做时,显得有板有眼;说时,如此美丽动听;但写时,却变得索然无味。这不能不说是教师生活乃至生命的一种遗憾。

教师写文章,其实就是有目的地说话、交流和宣传。可以学习新闻报道的手法和风格,便于读者选择不同方式读,如题读(看标题式地读)、跳读(首句式地读)、通读(扫描式地读)和品读(逐字逐句地读)。只有这样,教师的文章才能平易近人,有一种生活气息美。

令人喜闻乐见的新闻报道一般有以下四个特征。

首先,题目吸得住眼球。新闻的题目就是事件的核心,言简意赅,大多能当成"标题新闻"读——可以读出内容,读出方向,甚至读出意境。文章只有做到了这一点,才能让人觉得看有所值、情有所归、思有所托,从而真正吸得住眼球。故弄玄虚式和挂羊头卖狗肉式的做法,最后只会让人有种被愚弄的反感与气愤。教师文章的题目,可以是练达的事件,可以是真挚的情感,可以是明确的主旨,可以是深刻的诗境。题目或是教育思想的窗口,纯洁而不刺眼;或是教育事件的精华,简明而不俗套;或是教育梦想的寄托,美丽而不浮华。

其次,重要的说在前面。新闻写作非常注重"轻重缓急",除了交代简要的背景或缘由外,"重要的"依次表述在前面,这既是尊重事件的本质,也是尊重读者的本性,让人能够从主要到次要、从内核到外围,全面地了解、认知、理解文章。教师在写文章时,如何把握住和表达好"轻重缓急",关键在于充分认识、理解并运用"重要的说在前面"。文章的背景缘由,交代清楚即可;蕴含于事件的意义与价值,只需要点到为止;先写重要的、亮丽的、吸引人的,不仅可让文章内容主次分明,还可让文章层次合情合理,令人读起来赏心悦目。

第三,细节真实感人。新闻的力量由细节决定,好的新闻往往有确切的数据、细腻的事件和感人的情节,让人从中读到一种信念、一股力量和一份感动。从某种意义上来说,细节才是文章真正的灵魂。教师文章的细节,也应在于确切的数据呈现、细腻的事件描写,以及感人情节的构思,让人读到一份真实、一种情怀和一种感动。细节不在于繁多,而在于典型;不在于完整,而在于凸显;不在于大小,而在于传神;不在于语言,而在于语境;不在于观点,而在于自身。好细节是好文章的根基。

第四,逻辑贯穿始终。逻辑的背后不是规律就是习惯,为了不让文章颠三倒四,不让重要的信息被淹没,文章中始终需要贯穿一条逻辑线索,引领人或循序渐进,或自然而然,或一波三折地进入文章世界。文章的条理本质上就是逻辑性。逻辑是整体及其各部分之间的联系方式,反映一种内在的关系美和结构美。它可以是时间先后,也可以是空间结构;可以是线性因果关联,也可以是点状先后排列;可以是演绎逻辑,也可以是归纳逻辑;可以是形式逻辑,也可以是非形式逻辑。

总之,只要我们把最美的作为标题,把最重要的写在前面,把细节表达到位,把逻辑贯穿始终,就能写出观点鲜明、主次合理、有血有肉、脉络清晰的好文章。

(上海市仙霞高中　赖才炎)

### 附件3　教师写文章要重视四个要素

在文章满天飞的今天,教师要写出精彩的文章越来越不容易——乍一看,不是大同小异,就是平淡无奇,经不起精读。文章既是表达思想、倾诉情感的交流方式,又是晋升、评职称的重要依据,甚至是完成工作任务、小结作业的基本内容,教师回避不了,也不能回避。因此,努力写出好文章,应是教师的一种追求。

好文章一般要重视四个要素——选题、结构、内容和文采。

选题,即思想与观点,是文章的灵魂,是文以载道的"道"。如何正确选题呢?首先,要符合教育教学改革的方向,有积极的现实意义,要传递一种正义、正道和正能量。其次,要观点鲜明，不可老生常谈，人云亦云，看法或独特，或新颖，或深刻，不拖沓含糊，言简意赅，能让人眼前一亮，心头一热。第三，要"以小见大"地表述观点与思想。教师的工作性质决定了其在教育领域的位置与角色，宏大的观点或思想显然不是教师的长处；基于行动与实践经验的感触、感悟与感慨，才是教师最直接、最真实、最鲜活的观点与思想，也是文章的灵魂与生命力。故文章选题不在于"大"而在于"小"，不在于"对"而在于"新"，不在于"全"而在于"深"。

结构，即框架与逻辑，是文章的思维，是纲举目张的"纲"。如何考虑结构呢？虽然不同的文章有不同的结构，但好文章的结构都有一些相同的内涵。首先是逻辑性。文章作为一种交流方式，结构不仅有先后顺序、因果关联，还有思维惯性和逻辑习惯；抓住或遵循这些规律，文章就有了逻辑性。其次是层次感。围绕中心思想（观点）选择与组织材料，核心在于使材料之间变得有层次，即不是简单地堆砌，而是错落有致，珠联璧合。第三是数量上坚持"金三银四"律。文章分为多少条块，论据（包括文章的子观点、小标题数）选择多少合适呢？大多好文章不是"三维"就是"四块"，可称为"金三银四"律，意思是：一块不成文，两块太单薄，三块较合适，四块不算多，五块太啰唆，六块是拼凑。

内容，即事实与材料，是文章的血肉，是言而有实的"实"。大多数文章都强调内容为"王"，即先有好的内容，再提炼好的观点，思想是内容的水到渠成，不适合内容的道理都只是"大道理"。如何选择内容呢？首先，亲历的事实要细腻生动、独特难忘，要想感动别人，先要感动自己，事实内容要追求鲜活性、过程性和情感性。其次，外来的材料要体现典型权威、旁征博引，小道消息、偶然事件不宜作为文章的佐证材料，名人、专家、学者之言虽可考虑，但要谨防喧宾夺主，切勿把写文章的目的当作是印证已有观点（或某专家观点）的正确性。第三，教师的大多数文章不是行动研究就是经验总结，因此，记录行为过程、积累鲜活素材、收集相关资料就是写文章的关键。从某种意义上来说，文章不是"写"出来的，而是"做"出来的。不仅是讲道理，更是讲经验，而且要把一般性经验上升为科学性经验；不仅是讲简单性结论，更是讲过程性事实，而且要把感性事实上升为理性思考。

文采，即遣词与成句，是文章的语言，是行云流水的"水"。语言是思想的外壳，不仅承载着思想内容，还承载着艺术情感。如何追求文采呢？首先，文言追求简洁生动。文字简练是一种质美，言词生动是一种雅致，融合起来就给人以一种美而雅的感觉。其次，文风追求白描叙述。写作时应多采用白描手法，夹叙夹议，重视娓娓道来，言由心发，情由心生；努力避免言不由衷、言过其实以及言不达意。第三，文气追求一气呵成。文气要连贯、紧凑，甚至蕴含着排山倒海、不容置疑的气势，写作时可适当借鉴晋朝的骈俪文，追求"文"与"笔"糅合，适当讲究句式一致，对仗工整，声律铿锵，议论中多用对比、排比，在诘问中铺叙与说理，给人以心灵的陶冶与震撼。

总之，好文章应该文以载道，纲举目张，言而有实，给人以行云流水的感觉。

（上海市仙霞高中　王健　赖才炎）

## 附件 4　长宁区教师教育(校本)课程办班申请表

申请人：赖才炎　　　　申请日期：**2017 年 12 月**

| 申请单位 | 上海市 | 办班负责人 | 王健　赖才炎 |
|---|---|---|---|
| 班级(课程)名称 | 中学教师基于实践的教育论文撰写校本培训 | | |
| 课程类别 | 校本课程 | | |
| 招生对象性质、预计人数 | 50 | 考核方式 | 论文 |
| 办班起讫日期 | 2018 年 2 月　　日(星期　　)至 2018 年 6 月　　日(星期　　) | | |
| 培训次数 | 10 | 培训总课时 | 40 |
| 申请学分 | 2 分 | | |

主讲教师(外聘教师请注明单位)姓名、职称情况
吴刚平　华东师范大学　　　　课程专家教授
吕洪波　长宁区教育学院　　　科研特级教师
钟　懿　上海市仙霞高级中学　校长(语文高级教师)
王　健　上海市仙霞高级中学　校长(数学高级教师)
赖才炎　上海市仙霞高级中学　科研室副主任(地理高级教师)
戴申卫　长宁区教育学院　　　科研员(正高级教师)

| 教材或讲义名称 | 中学教师基于实践的教育论文撰写校本培训 | 自编(　　)引进(　　) |
|---|---|---|

培训目标：

　　提升教师科研素养,是实现学校内涵发展的核心,也是学校教育教学改革能否真正落地的关键。如果说,以"爱"为核心的道德素养,是教师从教的灵魂,那么以"研"为核心的科研素养,就是教师从教的根基。教师不能没有"爱"的情怀,也不能没有"研"的精神。

　　然而,当今不少教师"研"的意识、能力和精神,并没有随着时代的发展而不断地提升或深化,反而在信息爆炸与碎片化的潮流中走向了弱化,总体表现为:人人都在谈教育,都可谈教育,但不少人仅在说正确的空话或工作报告式的套话,很少有人能写出基于自身教育教学实践的有高度的论文。久而久之,不少教师谈论文色变,好的教育论文离一线教师越来越远;大多数教师不到要评职称就不会想起写论文,教育论文甚至被逐步窄化为评职称的工具。

　　如何引导教师形成正确的教育论文观?如何培养教师树立基于实践的问题意识、行动力、反思力和表达力?如何掌握教育论文的结构与主要表达方法?如何体验教育论文撰写与修改的方法与技能?如何学会评价一篇文章的优点与不足?这是我们开展中学教师基于实践的教育论文撰写校本培训所要思考与解决的关键问题,以下是此次培训的目标:

　　1.帮助教师树立正确的论文观,即明确教育论文对教师自身教育的内在意义与价值。

　　2.教师通过培训的专题体验活动,学会提出自身实践中的真问题,树立良好的问题意识;针对真问题,在实践中尝试有意识地观察与体悟,并有计划地改进或完善教育教学行为。

　　3.在专家或专业人员的介入或引领下,教师通过结合特定问题的再学习(或专题研讨),锻炼自身的思考力和基于论文撰写的表述力。

　　4.在教师已有一定感性体验的基础上(即完成教育论文初稿),进行"如何掌握教育论文的结构要素及主要表达方法"专题讲座,提升教师的论文撰写能力。

　　5.通过组织交流研讨、分享欣赏、专项评比,培养教师对文章的修改力与评价力。

（续表）

课程大纲（内容简介及二级提纲）：

教师的科研素养可以分为三个方面：一是基于实践的问题意识、提问能力，能够聚焦疑难，这是科研素养的基础，可简称为教师的问题聚焦力；二是基于教育疑难的实践计划，行动研究，记录反思，总结表达，这是科研素养的核心，可简称为教师的研究行动力；三是基于论文表述的撰写能力，修改完成，欣赏评价，这是科研素养的目标。除此之外，还包括正确引导教师认识科研论文的意义与价值。

根据以上内容，中学教师基于实践的教育论文撰写校本培训课程的二级提纲如下所示：

一、科研论文撰写的意义与价值——正确的科研观与论文观

1. 理想的教师科研应是什么样的？

2. 当今的教师科研有哪些优点与不足？

3. 教师为什么要写论文？

4. 教师如何才能写出好论文？

二、寻找与应对教育教学实践中的真问题

1. 活动一：教师每人列出若干困扰自己实践的教育教学问题。

2. 活动二：对问题进行归类后，聚焦疑难，分组研讨改进计划，形成合作研究小组。

3. 活动三：在自身的教育教学实践中，实施基于计划的行动研究。

4. 活动四：以小组为单位，定期对行动研究进行交流研讨。

三、把实践的过程与结果用文字合理地表达出来

1. 讲座：常用的论文结构、论证方法和论据选择。

2. 实践：各自完成主题鲜明的论文初稿。

3. 交流：开展研讨活动，欣赏他人论文，并提出修改意见。

四、培训交流与总结提升

1. 交流做法：选择典型代表，交流自己是如何从发现问题开始，通过聚焦疑难、制定计划、开展行动、记录反思、总结经验、形成文章、修改完善，最终形成优秀的文章的。

2. 推广经验：有意识地把教师撰写文章的过程形成典型案例，从而促进更多教师提升科研素养。

| 教　学　计　划 | | | |
|---|---|---|---|
| 培训内容（即每次活动安排） | 主要形式 | 课时 | 负责教师 |
| 科研论文撰写的意义与价值 | 讲座 | 4 | 吕洪波 |
| 寻找自身教育教学实践中的真问题 | 实践活动 | 4 | 吴刚平<br>赖才炎 |
| 针对问题制定计划与展开教育行动（一） | 实践活动 | 4 | 赖才炎 |
| 针对问题制定计划与展开教育行动（二） | 实践活动 | 4 | 赖才炎 |
| 交流问题解决的经验与阶段性反思总结 | 交流活动 | 4 | 王健 |
| 教育论文撰写常用的结构、方法与策略 | 案例研讨 | 4 | 吕洪波<br>赖才炎 |
| 论文的修改与完善（一） | 实践活动 | 4 | 赖才炎 |
| 论文的修改与完善（二） | 实践活动 | 4 | 吕洪波 |
| 论文与案例研讨 | 案例研讨 | 4 | 戴申卫 |
| 培训总结的分享与评价 | 案例研讨 | 4 | 王健 |

（续表）

| |
|---|
| 办班单位评审意见：<br><br><br><br><br><br>单位盖章：_____<br>年　　月　　日 |
| 区教师教育学术委员会评审意见：<br><br><br><br><br><br>经办人员签名：_____<br>负责人签字：_____<br>年　　月　　日 |

### 附件 5　仙霞高中"活力杯"首届优秀论文评选方案（试行）

一、举办意义

本着教育科研强校、兴教和塑人的精神，上海市仙霞高级中学于 2018 学年起定期开展"活力杯"优秀论文评选，目的是为教师提供展示交流的机会，促进教师对教育教学的深入思考、实践探索和专业表达，从而有效提升教师的科研素养和能力。

二、参加对象

上海市仙霞高级中学在职教师，每人限报一篇，各教研组参与率不低于 30%。

三、征文范围

凡自 2018 年 1 月 1 日以来撰写的教育教学论文、教育教学案例、教育教学叙事（已在区级以上获过奖的论文、案例除外）均可参评。

四、评比标准

1. 突出教育教学实践性。选题应立足教育教学实践，结合教育综合改革和发展中的热点和难点，有启迪、借鉴和推广价值。

2. 文章观点鲜明，结构严谨。论点鲜明，论据充分，逻辑严密，论证严谨，文章条块清晰，事例典型，数据可靠。

3. 表述清晰，长短合适。论文题目凝练、明确，文字表述准确、流畅，文体规范，格式正确，字数控制在 3000—5000 字。

4. 凡通过专业软件对比，发现雷同率过高，或引用不注明出处的，取消评比资格。

五、具体安排

1. 2019 年 4 月 30 日前,科研室完成文章收集。

2. 学校采用第三方评审(即评委全由校外专家组成),2019 年 5 月 30 日前完成最终评比,并公示。

3. "活力杯"优秀论文评选,将按一定比例,设立一、二、三等奖。

4. 学校为获奖者颁发奖状与奖金,并将获奖文章汇编成书。

5. 结合参与率和论文质量,学校向一些教研组授予优秀组织奖,并予以表彰。

6. "活力杯"优秀论文评选纳入教师科研年度考核。

2018 年 9 月

# 专题 3

◆ ◆ ◆ ◆ ◆ ◆ ◆ ◆ ◆

# 综合素养驱动下的整体设计

　　本专题由四个案例组成，围绕教师教育科研素养整体提升，根据不同学校教师教学实践研究需求，对培训课程进行系统设计。

# 用研究的方式做科研培训
# 让每一位教师更好地成长[*]

上海市延安中学是一所老牌的实验性示范性高中,教师各方面能力较强,学校教育科研基础较好,不乏市级课题,甚至还有教育部课题。面对教师普遍具有一定的科研基础、个别教师科研经验较为丰富的情况,学校用研究的方式做科研培训,确立问题导向,增强培训的针对性;围绕在研课题,将培训与研究实践相结合,最终"让每一位延安人更好地成长",成就学校内涵发展。

## 一、理念引领:助力教师成长,成就学校内涵发展

（一）学校内涵发展基于每位教师的专业成长

学校作为一种组织机构,在实际运行过程中,有的更具官僚结构强调规则和命令的特点,有的更倾向于市场化,关注竞争关系的运作,有的被视为相对民主的教师共同体。前两者更利于学校短期内的快速发展,后者更容易产生深层次的变革。延安中学正是在这一理念的支持下,建立了"人才强校"战略。他们认为"每一位教师,无论处于什么年龄,作为学校的细胞,只有协调发展,才能真正推动教育改革的创新……只有教师的教育教学行为,才能决定学校的教育是维持现状还是获得深度发展……只有依靠教师的成长与进步,才能使学校教育创新获得源源不断的动力,并为学校在培养学生核心素养的道路上攻坚克难提供有力的智力保障和支撑"。

基于此,延安中学建立了教师发展中心,"坚持将人才投入作为学校教学效益的最大投入"。教师发展中心秉持"学校内涵发展基于每位教师的专业成长"的理念,科学设计科研培训课程,促进教师的专业成长。

（二）教育科研是促进教师专业成长的途径之一

学校作为一个专业共同体,其改进与教师专业学习的最大化相关。每位教师是知识的载体,也是创新的源泉;需要让教师拥有相互学习、共同工作的机会,从而引起思想的交流和碰撞,不断涌现新的知识和想法,促进行为的改进。延安中学正是因为认识到了这一点,所

---

[*] 本文由上海市长宁区教育学院张萌撰写。

以主动开发学校科研培训课程,希望"通过引领、组织开展教育科研活动,提高教师的专业水平,建设一支具有较强的科研意识与能力的研究型教师队伍"。

一方面,延安中学希望通过科研培训促进教师个人的专业成长:"帮助教师形成强烈的成就动机和学习动机";提升教师的"胜任力",包括对学科课程理解的深化、教学技能技巧的提高、对学生特点的认知等;促进教师的"变革力",即基于对经验进行系统反思的教育教学改革。

另一方面,延安中学将教师看作是教育教学智慧的载体,希望通过教育科研建立专业共同体,让教师意识、感知到自己的丰富经验,并相互交流,使"学习变成互相促进、共同建构新知识的过程"。除了校内的交流共享,延安中学还勇于担当社会责任,希望在更大的范围内通过教育科研促进教师学习共同体的形成,"推进教育经验的区域辐射",最终"促进学生品格能力发展"。

## 二、方式明确:用研究的方式做科研培训

用研究的方式做科研培训,体现了教育科研部门的专业性,有助于增强培训的有效性。延安中学正是通过研究,厘清学校的发展理念,明确教育科研的意义,分析学校教师参与教育科研的问题,有针对性地开展主题型分层培训。

(一)科学分析现实问题,合理规划培训重点

延安中学将每位教师都视为一座具有丰富的教育教学经验的宝藏,希望发挥更多教师的力量,通过教育科研,总结提升经验,在校内外推广辐射。基于这样的愿望,延安中学认为虽然有一部分教师投入教育科研,并乐在其中,但更多教师参与教育科研的积极性并不高,有畏难心理。这个问题的出现是各种原因综合作用的结果,可以通过两条途径来解决:"依托学校办学理念,引领带动科研攻关"和"营造良好的科研氛围,提供优质的科研服务"。这两条途径都可以通过教育科研培训来落实。

首先,从"学校的办学目标"和"各组室创新发展的目标要求"中寻找教育科研培训重点。根据学校"高质量、创特色、办一流"的办学目标,将培训的重心放在"适应教育改革需要的专家型教师须具备的关键能力的培养"上。根据学校以中青年教师为主,"自我实现"意识强烈且具有职业迷失、倦怠高发双重特点的情况,要求培训课程"多模块,多形式,前瞻性和现实性相结合"。

其次,从"对教师的调查访谈""文本撰写的差距"和"以往教师研修出现的问题"中寻找科研培训重点。比如,有的教师研修"难以激发教师在培训学习中的主体作用",存在"零散化、随意化等问题",因此必须注重科研培训的完整性、丰富性和系统性。

(二)系统设计培训主题,创新分层培训方式

针对现实问题,依据培训重点,延安中学设计了一系列的培训内容。首先,培训分两个学期进行,第一学期主要分主题说明教师参与教育科研的通识知识,第二学期以学校在研的

龙头课题为主线进行实战培训。

就科研通识培训而言,主要分为认识教育科研、教育科研的基本知识、经验介绍三大部分。其中,教育科研的基本知识最贴合教师的需要,基本按照进行科学研究的过程设计主题,包括选题、方案设计、文献综述、研究方法、资料积累、结题六块面。

**延安中学教育科研通识培训内容一览表**

| 培训块面 | 通识培训 | 培训人员 |
|---|---|---|
| 认识教育科研 | 序言:初识教育科研——市、区教科研发展 | 专家 |
| | 教育科研之学校发展<br>(以延安中学十年科研发展历程为例) | 教师发展中心 |
| | 教育科学研究的意义与功能 | 专家 |
| 教育科研的<br>基本知识 | 教科研课题或项目之选题 | 专家 |
| | 教科研课题开题申请书或开题报告的设计<br>教师课题方案设计交流(案例分析) | 专家<br>优秀学员 |
| | 研究中的理论学习与情报综述撰写 | 教师发展中心 |
| | 常用科研方法介绍(一)(二) | 专家 |
| | 科研过程中的资料积累与归档分析 | 校科研骨干积极分子 |
| | 结题报告撰写 | 专家 |
| 经验介绍 | 优秀科研教师经验介绍 | 校科研骨干积极分子 |

在培训过程中,延安中学创新了分层培训的方式。这一分层,一方面体现在选择哪些教师参与培训上。学校采取"自愿报名与选择不同层次教师进行邀请相结合的方法","邀请学校的兼职科研员、学校1—3年内的导师团师徒、学校中层行政管理团队等不同年龄和不同任务功能的教师团队"参加到培训中。另一方面体现在对参训教师的要求上。培训中"既有相对统一的培训内容,也有针对来自不同团队学员所布置的口头讨论和书面文字撰写的任务"。比如,"兼职科研员需要完成一份相对完整的子课题开题设计,导师团的青年教师可以完成一份叙事案例或论文,其他教师可以自由选择完成培训小结或教育教学反思等"。

除此之外,延安中学的分层培训还体现在对不同层面参训教师的培训方式上。正如上表所示,对于一般的参训教师,聆听为主要培训方式;对于校科研骨干积极分子,给予经验分享的机会,激励他们今后不断提炼科研经验和心得,比如"科研过程中的资料积累与归档分析""优秀科研教师经验介绍"等主题培训都是由校科研骨干积极分子来承担的;对于起点较低但表现优秀的学员,则给予更多交流发言的机会,促进他们更好地学习。

**(三) 围绕在研龙头课题,展示分享研究过程**

教育科学研究是一种说明如何做的程序性知识,需要在实践中锻炼提高。延安中学在分主题的科研通识培训的基础上,围绕几乎全员参加的学校龙头课题"基于问题探究的高中生实践能力培养的行动研究",开展了实战培训。主要分为两个部分:一是由学校教师发展中心承担的,对课题研究进行支持,比如理论基础、行动研究方法、任务单的设计等;二是由各子项目组科研员承担的,从不同的角度展示子项目的研究情况。

**延安中学教育科研实战培训内容一览表**

| 培训块面 | 通识培训 | 培训人员 |
|---|---|---|
| 实战支持 | 序言:问题探究式学习方式培养高中生实践能力的理论与研究基础 | 教师发展中心 |
| | 行动研究的含义、特性与实施方法 | 教师发展中心 |
| | 学校实践活动中探究式问题任务单的设计与实施 | 教师发展中心 |
| 展示交流 | 问题探究式学习在实验教学中的应用及其评价方式(以"离子液体"实验课程为例) | 化学组科研员 |
| | 问题库的建立与其在探究式教学中的运用 | 数学组科研员<br>物理组科研员 |
| | 问题探究式学习在课外实践活动与学生社团活动指导中的实践与反思 | 政治组科研员 |
| | 问题探究在开放性教学中的实施 | 艺术组科研员 |
| | "项目图谱":以问题探究方式有效提升实践能力的行动模式(以井冈山"学农"科学实践考察活动为例) | 党办助理 |
| | 如何利用并增删教材进行问题探究式教学 | 生物组科研员 |
| | 运用"教学指导日志"研究问题探究式学习成效的方法与途径 | 劳技组科研员 |

通过这样的培训形式,延安中学"让学员自己来设计、实施课题并写出报告,进行交流,让培训专家从旁指导",使"学员的积极性更高,体验也更深"。

## 三、效果显著:通过教育科研形成教师学习共同体

教育科学研究可以作为一种工具,与学校方方面面的工作相结合;可以作为一种方法,改善各项工作的效果;可以作为一种契机,让教师形成学习共同体。延安中学通过"为了学校、在学校中、基于学校"的教育科研校本培训,形成了良好的科研氛围,提升了教师通过科学研究改进教育教学的能力,更使教师"学会分享、懂得分享、善于分享",让教师"了解到本组以外的教师所进行的教育教学和研究工作",从而为教师提供了更多相互了解、共同进步的机会。

延安中学的科研培训在"学校管理的尽心保障""授课教师的用心遴选""培训目标的细心设定""培训方法的耐心改进"等相关方法策略的支持下,促进了教师的专业成长,从而有益于学校的内涵发展。今后,延安中学还将在新教育理念的引入、科研循环的构建、校外资源的整合、培训方式的改进等方面,继续沿着研究的思路不断完善校本科研培训。

**案例**　**中学教师教育科学研究**
**指导校本培训课程***

## 一、课程开发的背景依据及问题分析

（一）课程开发背景及缘由

目前,在我国基础教育领域内蓬勃开展的新课程改革,对教师的素质(包括科研素质)提出了更高的要求。新课程改革促使学校、教师从"占领讲台"的时代走向"拼教科研"的时代。尤其对于从事基础教育的中学教师来说,能够通过从事教育科研获得专业化发展,将自己在教育中遇到的点滴问题转化为研究的内容,已经成了大家的共识与心愿。

学校高度重视教师的发展,将教师素养与能力的提升作为教育教学质量提升之本,将教师的培训工作当作建设一流创新型教师队伍以及保持队伍持续性发展的重要途径,兼顾学校整体发展与教师个人职业发展,主要考虑到以下原因:

1. 提升学校发展综合实力

目前,本市各高中都在不断地钻研,致力于学校实力的提升,以适应对学生能力培养的新要求,承担起教育人民的社会责任。作为其中一员,我校在"高质量、创特色、争一流"办学目标的激励下,不断践行"自信、自强、自主、自立"的校训,构建并优化以"轻负担、高效益、多类别、分层次、个性化"为特色的课程体系;众多教师也在通过自己的努力凸显课程的基础性、选择性和开放性,以形成"以探究学科思想为龙头,以加强实践、实验能力培养和促进艺体能力发展为两翼,文理相济,和谐发展"的办学特色。

在这样的高要求和目标下,每一位教师,无论处于什么年龄,作为学校的细胞,只有协调发展,才能真正推动教育改革的创新,才能坚持正确而客观的科学教育理念,认清教育的终极目标与方向。只有教师的教育教学行为,才能决定学校的教育是维持现状还是获得深度发展,以达到在"高原上建高峰"的目标。只有依靠教师的成长与进步,才能使学校教育创新获得源源不断的动力,并为学校在培养学生核心素养的道路上攻坚克难提供有力的智力保障和支撑。

发挥教师发展中心的治理智慧,通过引领、组织开展教育科研活动,提高教师的专业水平,建设一支具有较强的科研意识与能力的研究型教师队伍;以科研推动学校教育改革,提升学校的办学水平,促进其可持续发展,创设和积淀学校的优秀文化价值,推动教师的科研培训向专业化、科学化、精细化、规范化、制度化深度发展。其本质就是坚持将人才投入作为学校教学效益的最大投入,这也是学校"人才强校"的战略方针使然。

---

＊　本文由上海市延安中学朱怡佳撰写。

2. 强化教师科研攻关水平

学校里的每一位教师都有自己的教学智慧,集合起来可以形成一个个小小的智库。他们不仅拥有丰富的教学经验和科研资源,还掌握了一些教育教学的发展规律,参与的工作各有可取之处,每个人都有不可替代的知识体系。我们应该尊重他们的知识和经验并相互学习,这样学习就变成互相促进、共同建构新知识的过程。当然,有些教师对自己的经验并未有强烈的感知与意识,而我们的培训就是为了优化教师成长的工作环境,帮助他们高效地发挥各自的作用,从而获得以下各种发展的能力。

(1)内驱力

通过科研培训,教师能够形成强烈的成就动机和学习动机,不断地学习和成长,发挥自己的潜能,并最终获得成功。在接受培训的过程中,教师只有逐步明确自己的学习动机,才能对教育形成强烈的热爱与认真的态度,从而全身心地投入到自己的工作中,并不断审视自己原有的教育教学行为。在一个相对固定的培训场合,通过共同学习与激励,相信教师能逐渐提升增进专业知识的意愿,主动地涉猎依托教学实践形成的经验,完善个人的知识结构,促进自身知识的全面发展。

(2)胜任力

通过科研培训,教师能够习得一定的科学研究知识,掌握具有普遍规律的科学研究方法,将科研培训获得的知识内化成自己的教育观念与行动,从而更加深入地理解自己所教授的课程;能够学会用科学而有效的方法吸引学生,进而赢得学生的信赖与尊敬;能够用科学的方法解释自己在教学中所遇到的问题,形成正确的教育和管理的技巧。我们也希望此次培训之后,教师不仅能够用客观的数据对学生的发展和自己的教育教学进行分析预测,通过科学观察了解学生的认知、驾驭自己的教材,还能够学会课题的一般流程和组织管理的方法,找到志同道合的伙伴,自动地结合成小组或团队,进行科学的研究。

(3)变革力

在成长发展的过程中,教师往往需要努力地思考已有的教学实践活动,把理论或以自己的认识为基础的经验同教学实践联系起来,认真地分析自己的教学,从多种角度审视自己的教学情境、目标、方法和效果,从而提升教学实践的合理性。只有通过反思,教师才能对原有的教学进行变革;无论是从教学的内容还是教学的过程来说,教师本人都可以成为变革的主体。

这种反思与变革具有丰富的内涵,需要教师对教学进行全方位的探究,但在某些情况下,教师无法通过自身的力量完成这种反思与变革。因此我们希望通过科研培训,为教师提供更加专业的指导,因为教师反思、自省的能力和水平决定着教学效果,也是推动教学改革的原动力。通过科研培训,同一学校的教师在面对相同的工作环境或遇到相似的教学困境时,能够针对学校特定的教育问题,开展深入的学习与研讨。

3. 促进学生品格能力发展

科研是开发优质教育资源的源泉,也是学校教育与课程改革成功的基础。我们希望通过科研培训,向全体教师传达学科思想研究的成果;而科研攻关带来的健康、良性的发展将会进一步形成学校的办学理念和文化价值,推动教师将培养"一流学生"作为孜孜以求的目标。我们还希望通过科研培训,以教师为媒介,造就具有必备品格和关键能力的学生。而实现这些目标的前提条件是,教师们接受培训,不断钻研,在办学过程中通过不断的变革来体现自己的社会责任和教育价值。

教师发展中心作为学校管理部门,必须尽快挣脱"应试教育"对教学方针制定的束缚,克服形式主义的倾向,树立与素质教育相匹配的新理念,把先进的教育理念和办学思想传递给一线教师,制定明确的科研指导思想,真正地将教育科研落到实处。同时,通过构建高雅、和谐、开拓、向上的校园文化,积淀深厚的文化底蕴,进一步推进科研项目的深化,激发教师的科研需求;通过提供学生发展兴趣特长所需的知识积累,为每一个学生的成长奠定扎实的基础。

4. 推进教育经验区域辐射

学校现有高级教师 65 名,在职特级教师 7 名,博士学历 6 名,市、区级学科带头人及拔尖人才 20 多名。我们希望通过科研培训,凝聚学校的科研力量,激发学校的科研活力,发挥这批名师言传身教的作用,并通过区域名师工作室、优青培养项目、学科带头人项目组等多种方式,逐步向区域辐射推广教育经验。

我们不仅要拥有一支"师德高尚、理念先进、业务精湛、团结协作"的教师队伍,还要拥有一支能进行科学探索、研究先行的带头人队伍。通过新的教育理念的介绍,促使科研引领教师的专业发展,使教师具有高度的社会责任感、扎实的专业知识和强烈的创新精神;通过科研系列项目的推进,使全区各校师生一条心,围绕一定时期的区域育人目标和特色工作,培养特色名师,孕育学校品牌。

(二) 出现的问题

很多教师都越来越注重自身科研素养的培养和提升,但也有不少教师仍然不愿意写论文、做课题,视其为任务和负担。如何在学校管理中发挥教师开展教育科研的积极性,使他们愿意探究并提出问题,能够仔细地分析梳理,善于写文章进行总结? 这些问题的解决,不仅能够帮助教师更迅速地成长,还能够促进一所学校的良性发展,使其内涵不断提升。

面对高考综合改革和评价全新的设计思路、目标要求、内容体系及实施策略,我校作为一所实验性示范性学校,要求教师从事科研,在科研中学习、研究教学的有效性,提升自己的育人素质,当然这也是时代的必然要求。但由于主客观方面的原因,教师开展教育科研的积极性并不高,原因在于:有一部分教师害怕接受新的思想和理论,拘泥于传统的教学理念,没有把科研内化成一种自觉的习惯和一种工作方式;还有一部分教师反映,自己平时缺乏阅读的时间,并认为教育科研非常神秘,想要参与却无从下手,倘若周围没有志同道合的伙伴,自己往往提不起什么兴趣;另有一些教师总结和反思的能力比较薄弱,教学新方法虽然尝试得多,但缺乏一定的理论深度,很少系统性地思考、概括和提炼自己正在进行的教学变革。

（三）问题出现的原因

经过与同事的交流，笔者发现，教育科研活动无法在学校里顺利开展，大致有以下几个原因：

1. 客观方面

（1）不少教育科研的"形式主义"，使教师缺乏兴趣

大环境曾经导致教育科研工作缺乏健康的运行机制。一些学校的科研工作表面上开展得声势浩大，比如申报并撰写了很多大型的课题，其指导思想明确，机构、制度、人员也一应俱全，但由于事前既没有在教师中进行广泛的意见征询和情况了解，又没有真正了解过学校原有的研究基础，因此有很多对教学无指导意义，很大程度上只是为了应付检查而设置的，这导致科研成了一种可有可无的工作。在这种大环境下，教师缺乏应有的研究氛围和外部支持，要开展科研活动是很困难的。

（2）评价标准片面的激励机制，使教师缺乏动力

"研究者"对教师而言是一种新的定位与角色。教育科研是一个艰苦探索、艰难求真的过程，它不仅要求教师具有一定的教育科研能力，还要求教师具有坚忍的意志和毅力，以及为真理献身的精神。中学教师平时白天在学校工作，教学任务和班主任工作相当繁重；而科研活动大都在业余时间进行，而且需要教师个人付出较大的物力和财力。

目前，对于教师在科研工作上的投入，我们的激励机制仍较为单一、片面：对教师提出的要求多，布置的任务多，但鼓励和表扬较少；完成并获奖后的激励多，但在科研过程中的赞赏较少。在对中学教师的评价体系中，我们常常寄希望于教师凭着自己的职业操守和观念更新去从事科研，导致科研缺乏良性的互动和评价。比起学生成绩和班级稳定等方面，教育科研不够受重视，在评价一位教师是否努力或成功中所占的比例也相对较小。

（3）缺少有实效的培训机制，使教师缺乏科研素养

从事教育科研不是天生就会的事，它要求教师不仅具备一定的本体知识、教育教学理论和写作功底等方面的素养，还懂得教育科研的基本方法。所以，相关的培训是必不可少的。

许多教师在大学期间接受的主要是学科专业课程教育。而教育学、心理学这些师范生必须应付的公共课，因内容庞大精深，应试的目的性很强，每周课时较少，所以难以得到大家的重视。至于教育科学研究的方法，也是在教育硕士的课程中才学习的，本科学生的课程对此并不作要求。

可见，关于科研的职前教育是相对缺乏的。对于这些本身不具备科研基本功的教师来说，如果在踏上教育岗位后，学校没有进行相关的培训，他们就既不了解学术论文的基本规范，也不熟悉科研的主要方法，自然不可避免地缺少研究的条件。

2. 主观方面

（1）巨大的工作压力，使教师缺乏从事科研的时间，因此逐步疏懒于科研

中学教师平时忙于应付教学、班主任管理工作等，工作压力过大，学习动机不强且每天

用于静心学习、反思、记录的时间远远不够,这些在一定程度上影响了教师的积极性。不少教师在一天工作结束后已相当焦虑、疲倦,长期积累的劳累久而久之会转化为职业倦怠,他们又怎么可能挤出时间来从事教育科研工作呢?

(2)职称评审制度的改革,使教师缺乏从事科研的热情,无法将压力转化为动力

新的职称评审制度已经实行了几年,其中对中级教师的要求不再含有论文的指标,这虽然促使职称评审将侧重点放在教学实绩上,但在一定程度上也削弱了教师从事科研的驱动力。青年教师经过几年岗位上的锻炼,应该是最锐意进取、最精力充沛的一群人,他们完全可以关注科研,对教学上的一些变革性的实践进行思考,但淡化科研要求之后的职称评审制度,导致外驱失去了转化为内驱的机会。

## 二、解决的方法

我们都知道,学校应当为学生服务,成为学生成长的摇篮,但从学校的管理层面出发,学校的另一功能是培养教师。所以,学校要努力为教师从事科研提供良好的客观条件,以带动教师的科研兴趣和内驱力。作为学校负责教师发展的部门,我们教师发展中心应从以下几方面做起,为教师从事科研扫除一切障碍,营造良好的环境。

(一)依托学校办学理念,引领带动科研攻关

科研是开发优质教育资源的源泉,是学校教育与课程改革成功的基础。而学校的办学理念和文化价值,也常常会以一种健康、良性的发展来带动科研攻关。从学校的理念来看,培养"一流学生"是我们孜孜以求的目标,我们希望能造就具有社会责任意识、团队意识、学习意识、国家意识,以及自主学习能力、实践与实验能力、综合探索能力、社团活动组织能力的学生。而实现这一目标的前提条件是,教师们不断钻研,在办学过程中通过不断的变革来体现自己的社会责任和教育价值。

我们希望借助培训的手段,传递崭新的教育理念,促使科研引领教师的专业发展,使教师具有高度的社会责任感、扎实的专业知识和强烈的创新精神;通过围绕科研系列项目推进的培训模式,使全体师生一条心,围绕学校的特色工作,培养特色名师,培育学校品牌;通过培训,帮助教师更加科学、有效地构建高雅、和谐、开拓、向上的校园文化,积淀深厚的文化底蕴,进一步推进科研项目的深化,激发教师的科研需求。

(二)营造良好的科研氛围,提供优质的科研服务

学校是教师生活和工作的场所,学校的科研气氛会对教师产生潜移默化的作用。浓厚的科研氛围,是一种无形的力量,可以推动教师从事科研。因此,我们要精心设计并定期开展科研交流会、培训讲座等活动,为青年教师推荐和科研有关的书目或杂志,搭建科研的平台,在校内进行科研成果的汇报展示,尽力创造适合从事科研的环境,让教师认识到学校领导对他们从事科研的大力支持。

为此,我校教师发展中心积极建设推进教研组科研骨干教师成长的培训制度,并联合教

学指导处,针对青年教师群体中的导师团学员、教坛新秀和教学能手,开设中学教师教育科学研究指导校本培训课程,以教育科学研究过程为线索,密切结合市、区及我校教育科学研究的实际,阐述教育科学研究的意义和指导思想,系统介绍各种主要的研究方法,使教师树立正确的方法论,熟练掌握具体的研究方法,提高应用科学理论研究并解决教育实践相关问题的能力。

在我校,有几位热衷科研的老教师,虽然有的已经评上了特级教师,但因为尝到了科研在指导教学方面带来的甜头,所以依然孜孜不倦地探索着。因此,我们邀请他们作为培训讲座的嘉宾,以故事的形式分享自己的科研历程,让青年教师感受到科研并非高不可攀,只需从点滴的反思开始。

在培训内容上,我们力求与时俱进地发展教师的综合能力与专业素养,注重"研训一体化",形成科研型教师群体。学校在不同阶段分设不同的任务——短期任务和中期任务。通过"任务型"活动,在校内外专家的引领下,教师的业务水平、教学理念、教学水平都得到了发展。

对科研骨干教师来说,除了教学基本功的引领,专家或导师还须就科研工作的实践与理论进行引领,扶助青年教师提高与反思,在科研方法上获取宝贵的经验,同时帮助青年教师克服科研工作上的"惰性",激励他们用行动改善教学行为状态。

## 三、针对校本培训课程开发的行动

### (一)课程内容的选择

#### 1. 从学校的办学目标中寻求培训内容增删的思考点

我们认为,培训计划的制定与培训项目的设计,应充分体现知识的当前性与长远性,从培训的角度为学校的发展提供解决方案,通过培训服务提高学校的核心竞争力。一直以来,学校以"高质量、创特色、办一流"为办学目标,旨在建成教育思想先进、师资力量雄厚、管理机制科学、校园文化高雅,且具有显著办学特色的全国一流并在国际有影响力的实验性示范性高级中学。

通过对办学目标的剖析与思考,我们将提升教育质量、打造教师队伍的重心置于适应教育改革需要的专家型教师须具备的关键能力的培养上。因此,我们立足于学校发展,着重探索教师科研课题的推进模式,充分开发本校教师队伍的人力资源,促进教师专业水平的全面提升。在构建延安中学的教师培训体系时,我们遵循教师成长的规律,整体规划教师的职业生涯发展,以"让每一位延安人更好地成长"为教师培训的出发点,以"项目型"科研为主线,依据教师的专业成熟度,有针对性地开展分层培训。

#### 2. 从对教师的调查访谈中寻求符合其发展需求的生长点

通过对不同组室、不同岗位的教师的调查访谈,我们逐步了解了教师在科研上的薄弱点和在知识上的欠缺之处,从而在课程的设计上做到有据可依。教师发展中心内部不断地进行讨论,在沟通交流中强化教师需要的知识和创新能力,前瞻性地为学校培养具备这些能力的科研人才。

比如,我们通过调查,了解到有的教师希望知道如何选择教育科研课题、如何申报教育科研课题、如何鉴定教育科研课题及如何进行教育调查等;有的教师觉得在做课题之前,应当先学会写叙事案例和论文;有的教师希望了解如何做文献综述,以及从哪些渠道获得信息。对于访谈中部分疏于研究、缺乏激情的教师,我们则希望通过榜样的力量来鼓舞他们。根据调查访谈了解的结果,我们最终安排了不同的教学内容。

3. 从各组室创新发展的目标要求中寻求开拓进取的立足点

我校教师的平均年龄为 39 岁,是一支以中青年教师为主的队伍。一方面,中青年教师"自我实现"意识较强,希望在工作中获得更多肯定和成就。另一方面,寄宿制高中的教师的工作时间长、内容多,工作和生活的压力较大,青年教师易迷失在忙碌的事务性工作中,成熟教师则易产生职业倦怠。

各教研组教师虽然拥有丰富的教育实践资源,但相对而言,科研意识仍有待加强。目前,学校正在抓教师专业发展,注重激发教师自主发展的情感和动力,提升师资队伍的发展后劲。而作为学校"细胞"的备课组、教研组、年级组,也必须不断地向外界学习,并且以较快的速度,将教师个体所学的知识转化成整个组的行动和能力,在对学生的教育和教学活动中加以体现和实施,以提升组室的生机和活力。因此,我们迫切地需要建立起多模块、多形式且前瞻性和现实性相结合的教师培训课程,形成富有"延安"特色的教研组"任务型"课题研讨探索机制。

4. 从文本撰写的差距中寻求科学提升教师能力的支撑点

每年暑假,我校都要求教师总结一学年来的教育教学经验,如反思自己的教学行为、研读新的教育政策性文件,或进行比较研究、进行课例收集。统计完毕,教师发展中心通过大量的阅读、梳理和甄选,找出一些与优秀课题、论文、案例仍有差距的文本,分析现状背后的原因,或找出一些符合课程培训要求、与育人目标相吻合、课堂观察及数据收集相对完整的优秀文本,在征得教师本人同意后,作为培训的实际案例。我们希望通过组织学习和分析文本,在观察与比较中,用鲜活的案例提升教师撰写科研文本的能力,促进不同层次的教师共同进步。

5. 从以往教师研修出现的问题中挖掘师训瓶颈期的突破点

目前,教师每年都有一定课时的培训要求,但统一培训的内容与教师专业发展的个性化需求之间存在差距,难以激发教师在培训学习中的主体作用;面对庞大的培训体系,教师忙着应付完成各项研修任务;校本研修上各自为政,课程开发存在零散化、随意化等问题。这些情况导致教师参加培训与研修更多是为了获得"学分"。

因此,我们将科研培训作为整合、改进教师培训工作的重点。作为上海市教师培训发展学校和见习教师规范化培训的基地学校,我们通过完善科研课程的开发机制,努力使课程变得更加完整、丰富、系统,期望更多教师能够参与这项工作,与我校的定位和发展相匹配,同时在培训中提升教师科学研究的素养和教师培训课程的品质。

（二）课程的具体内容

第一学期

| 培训内容 | 主要形式 | 课时 | 主讲教师 |
|---|---|---|---|
| 1. 序言:初识教育科研——市、区教科研发展 | 讲座 | 3 | 专家 |
| 2. 教育科研之学校发展(以延安中学十年科研发展历程为例) | 讲座 | 3 | 教师发展中心 |
| 3. 教育科学研究的意义与功能 | 讲座 | 3 | 专家 |
| 4. 教科研课题或项目之选题 | 讲座 | 3 | 专家 |
| 5. 教科研课题开题申请书或开题报告的设计 | 讲座 | 3 | 专家 |
| 6. 研究中的理论学习与情报综述撰写 | 讲座 | 3 | 教师发展中心 |
| 7. 常用科研方法介绍(一) | 讲座 | 4 | 专家 |
| 8. 常用科研方法介绍(二) | 讲座 | 4 | 专家 |
| 9. 优秀科研教师经验介绍 | 交流讨论 | 4 | 校科研骨干积极分子 |
| 10. 教师课题方案设计交流(案例分析) | 交流讨论 | 4 | 优秀学员 |
| 11. 科研过程中的资料积累与归档分析 | 讲座 | 3 | 校科研骨干积极分子 |
| 12. 结题报告撰写 | 讲座 | 3 | 专家 |

具体内容如下:

- 序言:初识教育科研——市、区教科研历史沿革、发展及新动向
- 教育科研之学校发展(以延安中学十年科研发展历程为例)
  学校各个时期科研发展的基本特点
- 教育科学研究的意义与功能
  （1）教育科学研究的特点
  （2）现代教育科学研究的基本特征
  （3）教科研对教师个人发展和学校建设的意义
- 教科研课题或项目之选题
  （1）选题的基本标准
  （2）研究课题产生的途径
  （3）选题在教育科学研究中的作用
- 教科研课题开题申请书或开题报告的设计
  （1）各类申请书填写注意事项
  （2）开题报告设计框架及各部分撰写
- 研究中的理论学习与情报综述撰写
  （1）文献的查阅

（2）情报综述的撰写

- 常用科研方法介绍（一）
  （1）调查问卷的设计与编制
  （2）行动研究介绍
- 常用科研方法介绍（二）
  （1）案例研究方法
  （2）经验总结报告
- 优秀科研教师经验介绍
- 教师课题方案设计交流（案例分析）
- 科研过程中的资料积累与归档分析
  （1）目录编制
  （2）资料归档标准
- 结题报告撰写
  （1）思维导图运用
  （2）结题报告撰写框架及注意事项

**第二学期**

| 培训内容 | 主要形式 | 课时 | 主讲教师 |
|---|---|---|---|
| 1. 序言:问题探究式学习方式培养高中生实践能力的理论与研究基础 | 讲座 | 4 | 教师发展中心 |
| 2. 问题探究式学习在实验教学中的应用及其评价方式（以"离子液体"实验课程为例） | 讲座 | 4 | 化学组科研员 |
| 3. 问题库的建立与其在探究式教学中的运用 | 讲座 | 4 | 数学组科研员<br>物理组科研员 |
| 4. 问题探究式学习在课外实践活动与学生社团活动指导中的实践与反思 | 讲座 | 4 | 政治组科研员 |
| 5. 问题探究在开放性教学中的实施 | 讲座 | 4 | 艺术组科研员 |
| 6. 行动研究的含义、特性与实施方法 | 讲座 | 4 | 教师发展中心 |
| 7. "项目图谱":以问题探究方式有效提升实践能力的行动模式（以井冈山"学农"科学实践考察活动为例） | 讲座 | 4 | 党办助理 |
| 8. 如何利用并增删教材进行问题探究式教学 | 讲座 | 4 | 生物组科研员 |
| 9. 运用"教学指导日志"研究问题探究式学习成效的方法与途径 | 讲座 | 4 | 劳技组科研员 |
| 10. 学校实践活动中探究式问题任务单的设计与实施 | 讲座 | 4 | 教师发展中心 |

具体内容如下：

- 序言：问题探究式学习方式培养高中生实践能力的理论与研究基础
  - （1）高中生实践能力内涵的理解
  - （2）高中生问题探究的思维方式与实践能力培养之间的内在联系
  - （3）高中生实践能力培养层级的构想
- 问题探究式学习在实验教学中的应用及其评价方式（以"离子液体"实验课程为例）
  - （1）问题探究式学习在实验教学中的应用
  - （2）评价方式的创新
- 问题库的建立与其在探究式教学中的运用
  - （1）问题库的建立原则和方法
  - （2）问题库的运用与更新
- 问题探究式学习在课外实践活动与学生社团活动指导中的实践与反思
  - （1）问题探究渗透社团活动
  - （2）体验式教学活动中的问题探究式学习指导
- 问题探究在开放性教学中的实施
  - （1）有关问题探究及其开放性学习的内涵研究
  - （2）有关问题探究与开放性学习之间的关系研究
  - （3）有关开放性学习中进行问题探究的途径研究
- 行动研究的含义、特性与实施方法
  - （1）行动研究的来源
  - （2）行动研究的界定
  - （3）行动研究的特性
  - （4）行动研究的运作模式
- "项目图谱"：以问题探究方式有效提升实践能力的行动模式（以井冈山"学农"科学实践考察活动为例）
  - （1）项目图谱的构建
  - （2）项目图谱中探究型问题的设置
- 如何利用并增删教材进行问题探究式教学
- 运用"教学指导日志"研究问题探究式学习成效的方法与途径
- 学校实践活动中探究式问题任务单的设计与实施
  - （1）探究式问题任务单的设计
  - （2）探究式问题任务单的实施

（三）课程内容选择的初衷

1. 市、区教科研发展

我们通过介绍京津沪江浙一带，以及长宁区、发达地区积极开展学校教育科研活动，推进教育改革和教育事业发展的情况,帮助广大教师了解群众性教育科研出现的新格局和教育科研骨干队伍形成的过程,了解上海普教科研所坚持的"普及与指导相结合,理论与实践相结合"方针,并且知道上海的教育科研从萌芽到如今硕果累累的过程。通过这方面的介绍,更多的教师能够了解教育科研对学校内涵发展和学术氛围带来的影响,从而感受到教育科研不是高不可攀的,而是会对教育教学实践起引领、指导的作用。

2. 学校科研工作发展历程

十年来,"科研先导"已经内化为许多教师的自觉意识与行动,促进他们不断地积累经验,不断地成长。延安中学科研工作发展的十年历程,是学校的教师群体"在项目探究中发展,在纵深漫溯中追求"的过程,是前辈教师们用科研成果深化学校的教育教学改革之路、筑就自身的"教育幸福生活"的过程。

回顾学校教科研的发展历程,我校以多个校龙头课题为引领,各学科课题同步跟进,经历了四个不同的发展阶段:科研意识萌芽的"科研建校"阶段—科研角色转变的"科研治校"阶段—科研能力提升的"科研兴校"阶段—科研成果深化的"科研强校"阶段。

在科研培训中,将学校科研工作发展历程作为开场白,并带领广大教师一起回顾这段历程,不仅可以引起老教师的共鸣,还有助于他们在交流中形成创新意识。在与学校共荣辱、同命运的回顾过程中,日渐淡化的科研情感重新浮现,早已形成的职业惰性则有可能慢慢减弱。而对于未曾参与这段历程的青年教师而言,他们可以体会到科研工作在一所学校的发展进程中所起到的巨大作用,从而激起用行动改善教学行为、提升教学实效的愿望。

3. 教育科学研究的一般过程及相关常识

在与基层教师的访谈中,我们了解到有一批未接触过教育科研的教师,并不知晓完成基本的教科研课题或项目的一般流程,对发表论文、出版专著等科研成果发布的渠道也不太熟悉。因此,我们在科研培训中增加了这样一些内容,包括课题的开题、结题、步骤、内容,各类材料的分析整理方法,以及科研论文发表的格式与规范,希望帮助广大教师明确要求,了解自己的工作指向,顺利地做好开题、结题的准备工作。

通过这部分培训,教师能够相对熟练地从事教育科学研究,并掌握类似的研究性学习的指导流程,从而使学生也获得裨益。

4. 专题内容培训

在与教师沟通后,我们了解了不少教师的需求,于是针对文献资料的搜索、文献综述的撰写、科研数据的收集、调查问卷的编制、访谈的开展、总结文字的撰写等大家迫切想要了解的内容,对教师展开专题培训。

例如,通过对文献研究方法的指导,教师开展广泛的阅读,有针对性、高效地在海量的资料群中查找文献,进行文献综述,掌握本学科最新的、最前沿的知识,改变了以往只能依靠学校行政部门组织的报告、讲座来了解学科动态的方式。教师可以通过文献研究多多寻找自己感兴趣的或迫切需要的与教学相关的内容,这样既能提高研究水平,也能节省时间,提高效率,满足个人需要,拓展学科知识。

又如,通过对教育类调查研究方法的指导,教师了解了调查课题及研究的意义,明确了调查范围及调查对象、调查的时间及地点、调查的具体方法、调查日程安排,进一步掌握了如何把问卷题目设计得更具科学性、合理性、针对性。从某种程度上来说,这部分培训也是在引导教师探索教育教学的科学规律,形成高尚的科研品质和负责的治学精神。

再如,我们在教师中开展了关于行动研究、教学案例和教学反思撰写等专题的培训,让教师对原有的教学思想、信念、知识、方法及其实践进行有目的、系统性、批判性的研究,提升教育实践理性思考的科学性,从而获得专业成长。通过帮助教师了解行动研究的定义、方法,我们期望教师逐步形成这样的意识:我不再是单纯的执行任务者,我可以主动地认识问题、解决问题。作为具有独立性的教育生命主体,教师可以在教学中进行创造性的改造劳动,将培训中获得的知识、实际工作中的困惑,以及感受最深的做法进行不断的更新和总结,从而自发自觉地将所学的抽象的教育教学理论和所经历的教育情境紧密地联系起来,采取适合特定情境的教学行为,形成优化的教学实践模式。

5. 教师科研激情生发

在平日的接触中,我们也了解到有一批教师自发地对科研工作充满激情,他们通常有随手记录心得的习惯,曾经用科研指导过自己的工作实践,也渴望将自己的思考总结成文字与他人分享。他们中有的是特级教师,曾在教育科研的帮助下解决了很多专业成长上的困惑;有的虽临近退休,却依然笔耕不辍,将思考和探究作为人生的一大乐趣。这些教师的科研激情是从哪里来的? 他们又是如何日复一日地将教育科研坚持下来的? 这些教师的成长过程,对大家来说不仅是一种激励和帮助,更是一种榜样的示范。

例如,我们曾经请艺术特级教师孙丹青老师为大家作报告"我的科研情结——谈教育科研助力教师专业化发展",她每三年完成一个区级课题的经历令大家印象深刻。

6. 学校当前龙头课题各组室阶段性成果介绍

2014 年,我校申请的市级课题"基于问题探究的高中生实践能力培养的行动研究"成功立项,各教研组根据各自组室的特点陆续组建了总课题下的子课题组。每一个子课题的研究方向虽然侧重点不同,但研究的方法其实有共通之处。

为了推广子课题的阶段性成果,我们考虑到各组可以通过培训的方式相互交流,从而对行动研究可能的做法和不同类型的成果加深了解。因此,我校开展了以交流各组室子课题研究阶段性成果为主题的校本培训,既让参与科研的教师提升了自豪感和自信心,也让一些从未参与课题的教师了解了科研课题完成的过程,明白了课题"研究课堂、服务课堂"的宗旨。尤其是一些关于优秀子课题的介绍,增强了课题研究的实效性,为其他组后续的课题研究与开展提供了很好的范例。各课题组也能取众家之长,不断深化后续的研究,修订并完善自己的报告。

培训的规范化能促进课题交流的常态化、生活化。在培训的同时,教师还可以分享近期的研究困惑,与大家进行交流。教师一面是在宣传本组课题的进展,一面也是在宣传组室的教研文化。大家在相对轻松的心态下说出内心的想法,这样有助于培养教师及时总结、随时交流的良好习惯。

**（四）课程的实施**

**1. 教学与科研相结合**

在培训中,我们采取教学与科研相结合的模式,将教育教学与科研工作紧密结合,在教学过程中渗透各种科研方法,并明确提出科研方法的重要性。我们向教师传授关于科研方法的知识,以及运用科研方法的技能技巧,并组织他们进行科研方法的训练。在培训的过程中,我们要求教师不断结合自己的教育教学,在提高对科研方法认识的前提下,注意科研方法在教育过程中的切实运用,逐步形成系统的科学方法体系知识,提高自身的方法论水平。通过这样的培训,教师能够树立科学世界观,掌握科学方法,学会科学探究,成为具有创造能力的教育人才。

**2. 分层与统一相结合**

作为学校校本教师培训的有机组成部分,我们的科研培训也是学校人才梯队培养的方法之一。因此,在参与培训的教师的选择上,我们采取自愿报名与选择不同层次教师进行邀请相结合的方法。我们邀请学校的兼职科研员、学校1—3年内的导师团师徒、学校中层行政管理团队等不同年龄和不同任务功能的教师团队参加到培训中。这样既实现了不同年龄层次教师在我区"三级六层"培养要求下的发展,也为本次培训提供了丰富的研讨素材,提出了许多待解决的问题。而学校中层,包括教学、科研分管校长的共同参与,也为培训的管理提供了监督与保障。

在我们的培训中,既有相对统一的培训内容,也有针对来自不同团队学员所布置的口头讨论和书面文字撰写的任务。我们根据不同学员原有的科研水平和实践基础,提出了分层要求。比如,兼职科研员需要完成一份相对完整的子课题开题设计,导师团的青年教师可以完成一份叙事案例或论文,其他教师可以自由选择完成培训小结或教育教学反思等。

**3. 理论讲座与互动实践相结合**

我们的培训力图改变"教师讲,学员听"的授受式方法,在邀请专家进行讲座式理论培训的同时,努力将其与教师的任务型教育教学实践活动相结合。例如,讲座中有关案例研究和叙事研究的所有案例,都取自教师志愿者提供的实际案例,由教师结合自己的提问修改而成。

这可以最大限度地提高教师在信息处理、资料分析和解决问题过程中的教学能力。同时,有几节课以沙龙讨论的形式进行,教师可以各抒己见,或提出自己在课题和论文撰写中的问题,与大家共同讨论。

尤其在第二学期的培训中,教师结合课题项目,对一个或几个话题进行比较深入的研究,锻炼了质疑、决策和解决问题的能力。通过让学员自己来设计、实施课题并写出报告,进行交流,让培训专家从旁指导,学员的积极性更高,体验也更深。由于培训课程的持续时间较长,因此学员有充足的时间来做项目。

4. 自主选择与固定主题相结合

我们在培训中大体上采用预设主题式培训课程,即把培训课程分为几个主题,各主题相对独立,时间适中,而且有自己的结构和功能。在课程实施的过程中,我们不断地与教师就需求进行沟通,根据掌握的信息,灵活地进行增删,让教师有更多自主选择内容和主题的机会,从而更好地决定自己学习的方式。

也就是说,学员教师们可以根据工作的不同阶段、其他任务的需要、参加科研成果征文比赛所需获得的方法等具体情况提出要求,便于学校教师发展中心确立培训主题。一方面,这有助于学员们规划自己的学习;另一方面,这有助于学校利用好有限的资源。我们不需要把整个课程体系固定下来,对于不合适的主题或无法满足教师需求的内容,都可以修订或删除,也可以根据教师的需求增加新的学习内容。

5. 科研培训与成果推广相结合

我们在培训中,既介绍了区域与学校的科研发展历程,也将教师们的反思、论文作为培训教材中的案例,如在"希望杯""长教杯"获奖的教师的交流、在"上海市中小幼课题情报综述征文比赛"中获奖的教师的心得分享,以及龙头课题子课题的分主题介绍。我们将科研培训与教师科研成果的介绍、推广相结合,不仅增强了参训教师的主人翁意识,还提高了他们在聆听讲座和参与互动时的积极性。

## 四、结果分析

### (一) 效果描述

1. 明确目标

我们的科研培训,能够帮助教师进一步了解学校发展的历程、愿景,确定下一步的目标、计划和行动,形成夯实学校发展的根基。华东师范大学郑金洲先生认为:"校本培训有三层含义:一是为了学校,二是在学校中,三是基于学校。它是以改进学校实践、解决学校面临的实际问题为指向(探寻解决具体问题的具体对策),主要依靠学校领导者和教师对自身问题的分析、研究与决策,从学校的实际出发,开发学校自身的资源来解决问题的。"

为了学生的发展,我们不断创新教育行为,使教育科研成为兴教、兴校、育人的保障和动力;深入进行教学改革,形成优秀的教育教学资源,使学校的文化价值不断显现,师生的积极性和创造性不断增强。这些在科研项目中体现并增值的文化,也不断地推动我校各教研组形成深厚的文化积淀。我们认为,这种基于学校发展基础的教育教学改革的实验项目研究,有效地提升了学校的办学水平,为学校发展规划的顺利实施提供了可靠的保障。

2. 形成氛围

我们努力用良好的科研氛围,去潜移默化地影响教师、发展教师、塑造教师,帮助教师成就事业。我们注重营造良好的学习氛围,让教师认识到科研的重要性,明白学习是生活的重要组成部分,了解学习对自身工作的重要意义。经过培训,教师能够坚持自学,提倡互学,形成"以学习为荣,以不学习为耻"的良好教风和科研风尚。

3. 感受价值

通过培训,教师不仅感受到自我价值与效能的增值,还获得了成就感、荣誉感。尤其是兼职科研员这支队伍,他们平时的兼职工作相当辛苦,且都是隐性的脑力劳动,不为其他同事所知;而在科研培训的经验传授和成果分享中,这支队伍终于有机会展示自己的劳动成果,并深深地感受到自己工作的动力与价值。

4. 学会分享

通过培训,教师不仅从别人的经验分享中受益,还学会分享,懂得分享,善于分享。在校本培训的过程中,教师不断观察、体会同事分享经验的过程,在了解他们所进行的教育教学和研究工作的同时,不断形成"空杯心态",即将自己的空杯填满,同时乐于并善于把他人的空杯填满,增强自己的可持续发展力。在对教育教学中的问题进行探究时,教师通过对新技术、新知识、新方法、新管理的导入与转化,愿意放弃一些陈旧的知识,并在此过程中达到旧知的净化。教师之间根据以往的经验互相传授知识,通过共同学习,倒出自己杯子里的水,装入其他同事的水,最终达到"杯中常有新鲜的水"的目的。有了这种不断质疑自己、否定自己、反省自己的心态,教师才能在进步中不断获得新的发展。

5. 提升能力

科研能力是教师的教育观念由单纯的知识传递向学生身心全面发展过渡的必要条件,是教师从"教书匠"向"学者"转化的前提,是社会发展、素质教育实施对教师提出的重要要求。因此,提高教师的科研能力是提高教师的教育教学能力的引领性任务。通过培训,教师们的科研能力有了一定的提高,他们能够逐步发现问题,并把令自己困惑已久的教学障碍视为值得研究的课题。在培训初期,有些教师感到问题很多,没有头绪或不知该做些什么,但随着培训的深入,这些现象慢慢地减少。教师们开始学着反思,开展研讨,梳理相似的困惑,从身边的教学活动中发现问题,并学会提出问题。

此外,培训也提升了教师选择适宜的研究方法的能力。通过对各种研究方法的介绍,教师对科学方法有了相对全面的认识,学会结合课题的目标与内容,把合适的科研方法运用到自己的课题研究中。通过培训,一部分教师也感觉到自己慢慢地学会了设计研究方案,从原先不知课题为何物,到愿意并能够以课题或项目的形式开展一定的研究。课题研究中,教师们能够按照科研的一般方法,遵循科研规律,设计研究方案,确定研究目标、内容和步骤,制定出 3—4 年内的方案,按计划完成课题研究任务。在关于论文、叙事案例等方法的培训中,教师的研究成果书面总结和概括能力也得到了积累和完善。培训之后,教师们能够拿出格式相对规范、内容较为完整的心得、论文、研究方案等书面成果。

（二）经验分享

1. 学校管理的尽心保障

学校领导非常重视教师的科研培训,不仅把它作为师资培训的一种形式,更注重其在学校教师梯队培养中的功能与作用。在安排每月的教工大会、党员会议和班主任培训等例行会议或活动时,学校往往会为科研培训留出固定时间;具体实施时,教学分管副校长亲自参与课程的管理和监督,协助教师发展中心点名、分发资料、收集学员意见等。这从一定程度上体现了学校教育教学与科研工作的依存关系,也提醒教师们要重视此次科研培训,切勿因为这是校内培训而随意缺席或迟到早退。

另外,为了保证外部资源的科学性,学校教师发展中心平时注意留心有关的科研成果信息,积极了解学员教师的想法及授课教师的困难与需求,运用好各种资源,在授课教师和学员教师之间架起沟通的桥梁,使双方都从中受益。

2. 授课教师的用心遴选

在培训的过程中,我们认识到,即使是邀请校内的教师进行校本课程的方法传授和经验分享,也要精心挑选授课教师,这样才可能引起大家共鸣,才更有说服力。除了邀请的专家以外,我们对参与授课的培训教师也有一定的选择标准与要求。在当前的知识经济时代,面对各种纷繁的教育知识和信息,授课教师要保持高度的敏感,在给予正确的评价后对其进行筛选,让其为己所用。

这些参与授课的培训教师基本上是学校的科研骨干,具有较强的科研实战能力,参与过学校的课题或子课题,在课题实施的过程中都起到了引领的作用,非常熟悉课题的流程,对撰写论文、案例也有不少心得,而且适应性强,研究底蕴深厚,经验丰富。除此之外,他们的语言表达能力也较强,能够提供丰富的实例,不仅自己有着很强的科研激情,还能在授课的过程中感染青年教师;同时掌握一定的授课技巧,与台下教师的互动效果也不错。

3. 培训目标的细心设定

在设计时,我们始终遵循"以教师的需求为上"的原则——教师的需求决定培训的目标,再由目标决定方法和内容。教师的校本培训是教师面对教育教学中不断产生的新兴事物的产物,它必然要适应教师群体的需要。和平日的教学任务不同,科研培训并不具有强制性,它是教师自主自愿参加,渴望获取解决教学问题的方法的一种途径与载体。因此我们关注到,首先要了解并尊重培训教师的需要与期望,只有充分满足他们的需要,才能激发他们的学习动机,使他们产生积极主动参与的热情。所以,学员教师的学习需要就是我们的指导思想。

通过不断地与教师进行访谈,我们了解了不同层次学员的阶段性学习状况与他们所期望达到的学习目标,随时控制两者之间的差距。在相对系统的全面调查过程中,我们努力发现培训中存在的问题,并分析产生问题的原因,以确定教学设计中解决该问题的合理途径。我们根据教师们的需求,分析学校现有专家和书本、杂志等图书馆资源和条件,选择教师最为关心和感到困难的话题。由于每一学期培训的总课时有限,因此我们认真分析教师所提出的问题的重要性,以确定优先解决的教学设计课题,或根据市、区征文大赛及科研成果申报的时间,及时调整教师们的培训内容。

学习需求的分析是一个培训项目设计目标时的重要过程。在此基础上，才能制定明确具体的目标，有利于解决学员的问题，真正提高他们参训的积极性，并且最高效地节约时间。通过这样的关注，我们避免了想当然地设置课程，形成了较系统的培训课程的顶层设计，杜绝了校本培训随性设课的情况。

### 4. 培训方法的耐心改进

在设定好目标之后，我们还要考虑如何合理有效地把培训内容组织并呈现出来。参加培训的教师并不是一张白纸，而是拥有丰富教育教学经验的群体；作为有想法的个体，他们对待培训课程的态度，以及在各自工作岗位上原有的理念和认知，都会影响他们学习和行为的方式。因此，我们根据教师们的建议，耐心地改进培训方法。

除了讲座以外，我们还将教师在本学科教学中积累的经验，以及曾遇到的困难与障碍结合在培训中；同时，贯穿了师生互动、沙龙讨论、教师案例分析、课题成果分享等多种教师喜闻乐见的培训方法，增加了培训的生机和活力。

我们也对教师的学习状况进行研究。通过研究"学"，我们发现应该为培训教师留出充分的预习、研讨的时间，使他们对即将学习的内容有所了解，从而把学习的内容掌握得更扎实。因此，每节课前，我们教师发展中心与授课教师进行集体备课，商讨授课内容，并提前将授课内容的重点梳理成纸质讲义，印发给参训的学员教师，授课之后再将学习内容的 PPT 大纲放在校园网的师训板块，供大家深入地学习研讨，这样可以避免教师将过多的时间放在抄写课堂笔记上。

同时，我们关注教师的集中工作时间，留意可供穿插选择的培训时间，这样既可防止每月固定的培训因法定节假日而被耽搁，也可防止一些教师因顾及手头的工作而无法集中精力参与培训或思考培训的内容。

### （三）培训中感悟的几条原则

#### 1. 主体性原则

参加培训的学员教师是培训活动中的主体。参与课程、接受培训是认知互动的一种形式，但这并不意味着让学员教师被动地接受知识，或适应授课教师的要求和标准。主体性原则也体现在其反馈功能，它对培训活动目标和内容的确认具有调节作用，教师能够随时随地提出自己的困惑和希望了解的新方法。

#### 2. 群体性原则

科研培训不是针对教师群体中的一小部分人，而应该服务于建设一支高素质、有特色的师资队伍。群体性原则指的是在培训中实施教学与科研相结合，组成乐于研究的科研群体，不是服务于某些教师个人，而应该努力使更多人获得学习的机会，参与到解决问题的过程中。群体性的培训也有助于建立相互信赖的科研群体，使教师们自发地形成讨论的小团体，从而集思广益，加深对问题的理解，提高解决问题的能力。

### 3. 建构性原则

培训的内容一定是学员教师的认知结构的全部投入和重新组合，它不是另起炉灶，重新"塞"给教师们新的技能和方法，而是一种具有探索性的知识与经验再创造的活动。通过授课教师的讲解，学员教师可以从教育教学经验中调动、组织相应的建构材料（无论是失败的案例还是成功的案例），在感悟和反思的过程中，建构起新的教育教学模式和结论。

### 4. 综合性原则

虽然科研培训只是教师参与的市、区或学校继续教育中的一个有机组成部分，但无论从目标还是内容而言，它都应该是相对完整、系统的。科研培训不仅包含方法的传授，还涉及教师激情的生发、师德修养的加强、教育观念和知识结构的更新等许多方面，因此必须以提升教师的教育教学能力作为突破口和抓手。

### 5. 实践性原则

我们在培训中秉持教学与科研相结合的做法，将改变革新与学校的教育教学工作融为一体，帮助教师优化、改进原有的教学行为，解决教育教学中的困惑与问题，能动地改造自己并不满意的教学效果。要在实践性原则的指导下进行科研活动，而不是在做法上把教学和科研完全隔离，用科学的实践观去理解教学，使两者相辅相成，并促进两者的相互适应与转化。

### 6. 实效性原则

我们的培训不应只是为了帮助教师完成任务、获取学分，而要注重学以致用，把取得实际效果作为出发点，也就是要把获取、总结成果和评估效益贯彻始终。基于实效性原则，我们要敦促学校、授课教师和学员教师三者把取得优秀成果、改善原有教学方式视为共同的奋斗目标。授课教师要努力地设计、实施优化的培训方案，使学员教师在培训之后，教育教学质量大大提高，并愿意向新的目标冲刺。

## 五、问题与改进设想

### （一）多渠道引入新的理念与信息

我们的校本科研培训在为学校带来机遇的同时，也带来了极大的挑战。2017年，随着新课标的颁布，一些教师对新理念的实施产生了不少困惑，因此我们需要借助一些科研培训，帮助教师转变观念，在否定自我中逐步突破自我。培训中，我们不仅需要组织教师学习新课程改革的新模式、方法，进一步帮助他们了解叙事研究、行动研究、案例研究，还需要带领教师学习人工智能、行走学习、创客教育等新的理念。作为培训者，我们自己首先要加强学习，这样才能逐步拓宽教师的知识面，提高教师的知识层次。同时，我们也应该进一步了解本市、全国以及世界发达国家在研的教育课题方面的信息，以补充和完善教师的知识体系。

### （二）多元素整合开发的培训课程

目前，我们的培训课程仍按学期申报，每学期的教学内容相对系统化，但学期之间的衔接还不够连贯通畅,五年计划还未形成序列化的安排。如何把新开发的课程和现有的课程整合并联系起来,做到既填补空白又避免重复,是我们要思考的问题。

因此,我们在决定后期即将开发的课程类型和内容之前,应当仔细研究与此课程相关的其他课程。从多个元素去分析现有的课程,如培训的主要领域、理论和技能的分配,培训中各种科研方法的详略与侧重,培训中必修内容和选修内容的安排,室内室外授课和教学实践的安排,科研培训与新课标的对接,以及科研培训与学校新一轮龙头课题的关联,等等。要尽可能地将科研培训变成一个大循环,使学校里的教师充满新鲜感和积极性;同时,把科研培训的内容进行整合,以形成更有序的顶层设计。

**（三）多层次利用校外教育资源**

目前,我校开展的科研培训中,授课教师的角色多由学校里的科研骨干承担,但是校内的培训资源毕竟有限,教师们的水平也相差得不多。因此,除了更加充分地开发校内培训资源,我们也会积极地借助校外的专家资源,对新入职的青年教师、学校的中年骨干教师、学校中层、学校的课程开发团队、学校的研究型课程指导团队、学校的艺体辅导团队等不同层次的教师,进行多层次的科研培训,或对他们当前的发展状况进行诊断性的分析和指导。同时,可以考虑走出学校,或赴兄弟学校参观交流,或在社区的各种场馆实地考察和学习,并利用好一些教育机构或高等院校的科研教育资源,如图书馆等。总之,尽可能地从教师的实际需求出发,贴近他们的实际状况,加强培训的力度与实效。

**（四）多方面关注影响培训效果的因素**

从参训教师课后的反馈和评价中,我们也认识到我校的科研培训并非十全十美,在管理和实施上仍存在一定的问题。例如:在第一轮培训中,有些专题受到课时的限制,不够深入,只能一带而过,教师没有足够的课堂提问时间;对教师学到了什么的教学评估,也有待加强;教师将培训后获得的能力进行迁移的全过程,还缺乏深入的观察和研究。

因此,我们考虑后期采用 SWOT 方法分析培训课程的优势、劣势、机遇和障碍,并请参加培训的教师一同分析已经开展的培训课程,从多方面对新开发的培训课程进行需求上的评估。

**（五）多措施利用现代信息技术手段**

随着现代信息技术的日益发达,我们可以采取更多的措施,利用现代信息技术手段,为校本科研培训提供更加丰富的教育资源。比如,可以利用微课视频、远程教育网络帮助教师开展自研式培训,也可以通过千聊、喜马拉雅等软件发布课程内容,还可以借助问卷星等公众号或调查问卷网络平台开展培训效果评价。通过多种措施的现代信息技术手段,我们可以与教师进一步沟通,提出具体的学习要求,教师也可以在丰富的网络资源中选择适合自己的时间、空间,了解市、区教育教学改革的前沿动态,从而更加高效地充实自己,以最佳的状态参与校本科研培训。

# 学校教育科研培训课程
## 设计的五个维度<sup>*</sup>

这是一个特色鲜明的学校科研培训课程案例。延安实验初中回应学校发展对教育科研的迫切需求,从教师面临的实际困难出发,开发适合教师需求的课程,引领教师在实践中学习运用教育科研方法,在利用科学研究解决教育问题的同时,也使更多教师找到了科学有效的专业发展之路。概而言之,这个案例体现了用教育科研的范式提升教师科研素养的一般特点,体现了学校教育科研培训课程设计应关注的五个维度。

## 一、课程设计立足学校实际

延安实验初中作为一所规模较小的普通初级中学,整体办学水平处于全区的中等程度,迫切需要借助教育科研来实现学校教育水平的进一步提高。尽管面临着教师科研素养缺失、对科研积极性不高以及科研团队建设困难等现实问题,但学校勇于面对这些困难,积极创造条件,引入区域优质教育科研资源,设计完整的教育科研培训课程,着力解决学校遇到的实践问题。学校教育科研培训课程不盲目追求内容的理论高度,以学校实践中存在的问题为立足点,以解决学校问题为研究目标,既好用又实在。

几年来的实践证明,延安实验初中通过重视学校教育科研,鼓励教师利用教育科研解决教育问题,促进了学校整体水平的提高,逐渐成为百姓家门口的优质学校。在学校立足“科研兴校”的教育实践中,以校为本的系统的科研培训课程不仅有效提升了学校的整体科研水平,增强了教师的科研意识和科研素养,也为区域同类学校教育科研培训课程开发提供了一个良好的范例。

## 二、课程目标关注教师需求

科研培训课程的目标设计密切结合教师的实际需求,从教师的工作特点出发,为教师提供帮助,以提升教师的科研素养,促进教师形成积极的科研意识。通过培训,教师认识到教育科研作为一种研究范式,在改进教师教育行为、提升教师专业水平、凝聚教师专业研究团队等方面能够起到重要的作用。如课程中涉及的“初识学校教育科研”“教师研究课题的选

---

\* 本文由上海市长宁区教育学院宋建军撰写。

择""课题研究方案的设计""教学中的研究""课题研究中的组织与管理"等内容,都从教师的实际需求出发,"把脉"教师从事教育科研的难点和痛点,以解决教师的困难为目标。

课程实践表明,从教师视角出发设计的教育科研培训课程,贴合教师的教育实践,帮助教师在对实践的设计、监控与反思中提升研究意识和研究能力,有力地促进了教师运用教育科研方法提升教育实践成效意识的形成,得到了教师的认同与好评,达到了课程设计的实践成效。

## 三、课程实施体现"学研做合一"

培训课程的实施过程采取"学研做合一"的策略,倡导学员在实践中研究、在研究中学习的路径。"学"指授课教师为学员讲授针对性强的教育科研基本知识,帮助学员理解教育科研的操作路径和研究方法,也指学员在指导教师的引领下通过阅读学习更多的教育科研知识,提升教育科研素养;"研"指在导师的指导下,学员通过设计和实施科研课题的方式,更加深刻地感受和体验教育科研在教育实践中的意义和价值;"做"就是导师与学员一起深入教育实践,用教育科研的方法和流程,对纷繁的教育实践过程进行有条有理的分析,揭示其中的规律,寻找科学的方法,同时使教师更深刻地认识到学校教育科研与教育实践是密不可分的。

在课程的实施过程中,结合小范围授课的特点,导师和学员进行充分的互动,学员在课题实践中遇到的各类问题都能及时得到导师的积极回应,这种互动使课程的实效性得到了保证。

## 四、课程内容兼顾多个层次

科研培训课程的内容涵盖课题研究的各个环节,从课题设计的多个方面出发,如标题的拟定、文献综述的撰写、关键词的界定、研究目标的预设、研究内容的分解、研究方法的选用、研究步骤的设计、研究成果的预设等,一项一项地结合具体案例进行分析讲解,帮助教师系统掌握教育科研的要领。

课程特别强调教育科研要重视研究过程。内容上,从研究计划的方案化、研究活动的机制化、研究学习的持续化、研究资料的结构化、研究方法的规范化、研究成效的证据化等六个方面对研究过程提出指导要求,使课题研究扎实而有效,使教师能够在研究中不断深化对课题的认识,积累有效的研究成果,达成研究目标,保证课题研究与教师成长同步促进。

## 五、课程成效达到预期目标

教师从事教育科研的目的是在研究中提升对教育规律的认识。在课程的实施过程中,导师和学员达成了以下三方面的共识:

一是让学员认识到问题即课题。也就是说,学校教育教学中面临的问题就是教育科研需要研究的课题,研究课题来源于教师在教学中遇到的实践问题。所以,教育科研是为了解决问题而进行的研究,没有教师想象中那么"高大上"。

二是帮助学员牢记过程即研究。教育科研是在教育实践中进行研究的,思考、实践、总结、写作的过程就是研究的过程;在这样的过程中,教育问题得以解决,教师和学生得以成长。对从事教育科研的教师来说,最重要的就是研究过程,即教师在研究问题时深入地思考了,认真地探索了,有效地实践了,这一过程就是学校倡导的教育科研。

三是勉励学员明白成长即成果。教师和学生的成长,是学校教育科研的真正成果,也是学校教育科研的价值所在。教育科研的初衷是解决教育实践中的问题,那么问题解决的过程就是教师成长的过程,因此,教育科研的价值取向往往少不了教师的专业成长。延安实验初中的教育科研培训课程就是基于这一价值导向,因此取得了可观的成效。

综上所述,在学校教育科研培训课程上,延安实验初中的探索是成功的、可复制的,并且为区域教育科研培训提供了一个良好的范例。

---

**案例**　　**基于实践案例的教育科研
专题校本培训课程***

## 一、教育科研课程开发的背景依据及问题分析

（一）课程开发背景

科学发展、创新驱动是当今时代的主题,教育发展也不例外。教育工作者们普遍认识到,以正确理念、方法和路径开展的教育科研对学校的创新发展具有不可替代的重要作用。然而由于人员调动以及各种历史遗留问题,我校的科研工作一度停滞不前。基于这样的校情,我们迫切需要开发一门课程,培养一批有活力、有朝气,同时对教育科研工作有热情的教师,把学校的教育科研工作推入正轨,促进教师自身的专业化发展,提升学校的文化品质。

（二）学校科研存在的问题

1. 教师科研素养缺失

40岁以上的教师科研素养不高,习惯于固守自己多年积累下来的教育教学经验。30至40岁之间的教师具备一定的理论基础,也有一定的教育教学经验,但谈起教育科研却讳莫如深,显然在这一领域信心不足。30岁以下的教师较多具有研究生学历背景,科研素养较高,但由于缺乏一定的教育教学实践经验,因此对于自身能否完成学校的教育科研工作也心存疑虑。

---

　＊　本文由上海市延安实验初级中学郁寅寅撰写。

2. 教师对科研的积极性不高

40 岁以上的教师群体一贯追求教学质量，他们热衷于对学生紧盯不放、常抓不懈，却不愿走出去看看或尝试新的教育教学方法，更不用说去发现问题、分析问题、解决问题了。30 至 40 岁间的教师对科研的积极性随着教龄的递增呈递减趋势。30 岁以下的教师对科研有一定的积极性，但仅限于一些任务式的研究，主动发现问题、提出研究者少之又少。

3. 科研团队建设发展缓慢

学校各教研组、学科组尚未形成比较固定的研究型团队，所谓"同伴互助"更是一句空谈。久而久之，学校的教育科研工作成了学校科研部门主管一个人的事，科研工作无人问津。

（三）问题出现的原因

1. 系统有效的科研培训缺位

40 岁以下的教师在科研理论上的学习起点是教育学、教育心理学等大学师范类公共课程，这些课程的特点是理论性强，实践性与应用性弱；而且，教师当时学习这些课程，更多是为了考试，所以在知识习得方面强，实际应用能力方面则很弱。对年纪较长的教师来说，他们在学生时代关于科研理论知识的学习本身就是缺失的。在职培训中虽然包括大大小小各类培训，但一方面，这些培训多数为讲座式，实践应用层面的指导相对较弱；另一方面，这类培训讲座受制于时间和空间，缺乏系统性，受众面也较小。由此可见，陈旧的、不完整的知识结构导致教师难以真正地投身于科研工作，科研能力的低下也导致教师对科研信心不足。

2. 学校龙头课题来源于顶层设计，教师的认同感低

学校的一些龙头课题由学校科研部门主管根据学校的发展方向进行设计，虽然看似开展得轰轰烈烈，但由于在设计之初并没有听取一线教师的意见，在开展时又缺乏一定的理论和实践操作的指导，结束后也没有进行推广应用，因此难以得到教师的认同。这一类课题研究的参与者往往是拥有丰富教学经验的教师，久而久之，在他们的心目中，教育科研成了一个大而无当的东西。如此一来，对科研的积极性又从何谈起呢？

3. 缺少有效的科研团队建设，教师感到科研孤独

一些学校的科研工作往往由科研室主任一人苦苦支撑，参与的教师主要是在课题各阶段评审交材料时才出现，缺少一个团队共同解决问题的合作机制。一些学校虽然有比较完备的课题工作方案，但团队往往是行政决定临时组建的，课题结束后团队即解散。教研组的建设中，又往往以日常教学工作研讨为主，缺少优秀科研教师的引领，也缺乏科研氛围的营造，因此教育科研就成了孤独的"艺术"。可初中学段的教育科研不应是如此，它应该是在实践积累、交流探讨、理论提升的过程中成就一群人的成长。

4. 科研成果评价、奖励制度单一

一直以来，学校在评价科研成果时，多关注其立项级别及最后的结题鉴定，并以此为依据给予相应的绩效奖励。正因如此，学校的科研工作往往呈现出重立项、轻研究，重结题、轻

过程、重级别、轻实效的特点。教师开展科研活动，通常是热热闹闹立项，"默默无闻"研究，筋疲力尽结题，一篇报告各种堆砌。

现有的奖励机制也没有给予从事科研工作的教师更多的肯定。教师发表论文，取得科研成果，仅仅在职称评定中占一定优势。教育科研是一个艰难而又漫长的过程，教师必须有坚忍的毅力、坚定的信念、坚持的勇气。如果要兼顾日常的教育教学任务，教师就必须放弃自己的业余时间。如此一来，一些需要评职称的教师会为了职称参与科研，而对于职称较高的教师来说，科研就没有什么吸引力了。由于这些为了职称而参与到科研工作中的教师并没有很强的内驱力，因此他们的科研工作也多以发文章为终极目标。

5. 自身科研观念的异化，导致科研懈怠

有一些教师把自己的职责局限于教学之中，认为做科研是专家学者的专利，自己没有任何理由去"越权"从事研究。这是因为教师没有正确地认识和认同科研，也不理解科研对教学及教师成长的促进作用。

6. 教师无法兼顾身心

初中教师的教学任务和育人任务是非常繁重的，随着教育大环境的改变，教师的生存环境日趋恶化。一方面，由于社会对学校的要求越来越高，因此学校对教师也提出了更高的要求；另一方面，一线教师除了完成日常的教育教学工作之外，还要应对来自教育行政部门的各项检查。可以说，很多教师的工作现状就是疲于奔命，情绪焦虑，一身职业病，更有甚者还产生了职业倦怠。在这种情况下再谈科研工作，那简直是一种奢侈了。

## 二、教育科研课程开发的方法

### （一）明确做什么

1. 依据学校发展的实际需要做科研

当前，学校发展面临着许多新问题，出现了各种新矛盾。通过教育科研工作，可以从学校发展的现实与未来需要入手，找到合适的切入点，将这些问题和矛盾变成发展的契机。这是教育科研特有的功能，学校的其他工作都不可替代。需要注意的是，基于学校自身的需要做科研，以解决学校发展过程中遇到的各种问题，是教育科研最基本的出发点，学校发展过程中的需要是否得到满足是其重要的评价指标，这样的教育科研工作才会有生命力。

延安实验初中坚持"让每一位师生在成功体验中树立自信，持续发展"的办学理念，努力将学生培养成知书达理、自信自强、视野开阔，初具国际交往能力，拥有一定艺术、科学与创新素养的健康少年；把学校建设成拥有一支视野开阔、善于研究、勇于实践的专业复合型教师队伍，拥有开放创新的个性化课程，实行"混合授课制"（班级授课与走班授课相结合）和"辅导员制"，在区域内有吸引力的现代化公办初中。这些目标的达成，不仅需要教师拥有先进的教育思想和改革创新教育教学的能力，还需要靠学校教育科研工作的蓬勃发展来推动、深化。

因此,我们希望通过科研培训课程,让教师对此形成清晰的定位:把工作与研究结合起来,在行动中研究,在研究中行动;把学习与实践结合起来,边干边学;把多种研究方法结合起来,优势互补,为我所用。

2. 建立科研团队,以学习共同体的形式参与科研工作

科技与社会的不断进步和发展,尤其是科学研究的综合性和复杂性的不断增强,迫使当前的科学研究不得不放弃单兵作战的模式,多方参与的合作趋势日益明朗。科学研究的这种新特点也明显地体现在教育科研上。当前,学校教育发展面临着课程结构重建、教学内容革新、教学方式变革、考试评价制度改革等诸多复杂的问题,这些问题大都是交叉的、跨学科的和多领域的,仅靠以往单一的学科专业很难给予充分的解决。我们希望通过构建科研培训课程,充分整合不同学科背景的教师,让他们发挥各自的优势潜能,以学习共同体的形式参与科研工作。

（二）明白为什么做

学校教育科研就是为了实现三个方面的目标:学校要谋求内涵式发展,教师要寻求专业化发展,学生要实现核心素养的培养要求。

1. 为了找到学校发展的生长点

（1）思想决定行动,有什么样的办学思想就有什么样的教育行动。在正确的办学思想的指导下,学校才能坚持正确的办学方向,才能正确地面对和解决教育教学中出现的各种复杂的问题,才能在多样的教育实践中做出正确的选择。学校办学思想的提炼、总结、传承和发展有赖于学校层面的教育科研,拥有一支专业能力强、科研能力强的教师队伍有助于明确学校教育科研的走向,找到学校发展的生长点,确立具有学校特色的办学思想和教育理念,让学校走上内涵式发展的道路。

（2）通过营造良好的学校文化氛围,潜移默化地对学生、教师产生深刻久远的影响,是一所学校为社会所认可的标志。在学校文化的形成和发展中,教育科研具有不可替代的作用。一方面,通过教育科研,学校不仅可以积累研究成果,还可以增强师生的科研意识,激发他们的科研精神;另一方面,教育科研的文化自觉,可以凸显学校的文化品位,一改传统的"千校一面"的局面,让学校真正做"自己",具有独特的文化气质。因此,设计、开发教师科研素养培训课程成为一种必然。

2. 为了找到教师专业发展的立足点

每一位教师都拥有一个独立的知识体系。我们希望通过科研培训课程,为这些知识体系构建交流互通的渠道,帮助教师树立一种科研意识,确立一种研究思维,从而发现自身专业发展的立足点。

（1）直面实际问题的能力。也就是说,基于对现状的分析,从自己班级、课堂、实践中遇到的教学问题出发,而不仅仅是根据理论或模仿别人。目前的教学中,很多教师虽然愿意去接受一些新的理论,但始终缺乏一种问题意识,即主动探究其背后隐含的教育理念。也有一

些教师在公开教研或阅读书籍时发现了某些比较有特点的教法和教材处理方式,于是直接拿来应用,结果却"水土不服"。因此,我们开发的课程以培养研究思维为主要目标,希望帮助教师学而得其法,从而提升自己的教育教学能力。

(2) 系统思考问题的能力。也就是说,对教学问题的审视,不是碎片化、片段式的,而是一个严谨的思维过程,体现为对教育现象的表现、问题、原因、策略、成效等进行系统思考。我们要帮助教师结合自己的教育教学实践,通过系统的研究,解决一些共性问题,或为其他教师解决问题提供见解和经验,同时引发对深层问题的思考。通过对这些问题的系统思考和研究,教师逐步确立形成个性化的观点和主张,并在研究过程中熟悉教育科研的基本流程。

(3) 案例论证问题的能力。也就是说,讲究证据和事实,通过证据来验证或解释教育问题,形成自己的立场与观点。教师手中掌握着大量鲜活的教育教学案例,这些案例中往往隐藏着各种教育智慧,却总在不经意间从我们的身边一闪而过。提升案例论证问题的能力,有助于教师从关键的教育事件中发现问题,留下教育教学智慧。

3. 为了找到学生发展的平衡点

课堂教学是学校育人的主要方式,直接决定着学校育人目标的实现。随着中国学生发展核心素养总体框架的正式发布,中国教育已进入核心素养时代。课堂教学中如何培养学生的核心素养是学校必须关注的重要问题,这些问题的破解必须通过一线教师的科学研究来实现。教师在研究中基于课标和教材,对学科知识进行重构,不断改进自己的教学实践;同时,教师教育科学研究素养的形成,促使教学从单纯的知识传授转变为对学生能力的培养,激发了教师的内在潜能和创造力,让他们在形成新的自我的同时,能够较好地贯彻实施培养目标,找到学生发展的平衡点。

## 三、教育科研课程设计

### (一) 课程内容的选择

教育科研课程的内容通常是由培训组织者根据以往的经验设计的,缺乏一定的适切性。另外,由于一些客观原因,培训的内容一旦设定,就无法根据学员的真实情况进行修改。课程内容培训完毕,也缺少一定的反思评价,导致一些课程无法实现精品化。基于这几点课程内容选择上可能存在的问题,以及前文提到的其他科研问题,因此在设计这一课程时,主要从以下几个方面展开:

1. 立足学校发展需要,确立培养目标

近年来,延安实验初中以指向培养学生核心素养的"混合授课制"授课模式和"全员育人辅导员制"班集体管理模式为抓手进行教育教学改革,旨在革新教师的教育教学理念,转变教师的教育教学思维,改革教师的授课育人模式,体现新时代的学校教育特色。为此,学校需要大量的一线教师参与其中,在实践与探索的同时,根据实际情况不断地反思、调整和革新。

我们需要培养一支能以研究目光看待问题、能以理论研究分析问题、能以实践应用解决问题的教师团队。这支教师团队不仅能从研究者的角度去客观理性地分析问题,还能从实践者的角度去寻求解决问题的方法,从管理者的角度去管理研究工作。

2. 关注教师个人发展的迫切度,确定培训对象

学校首先对年龄在 35 周岁以下的教师进行了相关调查,了解其在科研工作领域发展的迫切度。之所以选择 35 周岁以下的教师进行调研,是因为这部分教师具有较丰富的教育教学经历、一定的教育理论知识、较充沛的精力和活力,以及迫切的个人专业发展需求。要扭转学校科研活动已然僵化这一局面,就要先"武装"这样一批教师,使他们成为教育科研的中坚力量。关注教师在这一领域发展的迫切度,实际上就是一种内驱力的筛选。选择在这方面有内驱力的教师,将有助于课程的有效实施。此外,教育科研过程中除了实践,还包括很多文案工作,因此具有一定的写作能力也是参与科研课程学习者的必备条件。

根据调查结果,结合培养目标,再从中选取个人教育教学成果突出、拥有一定的管理经验、具有不同学科背景的教师作为这一课程的培训对象。

从学科分布看,参与课程培训的教师中有 2 名是语文教师,2 名是思品教师,1 名是科学教师,基本做到文理兼备。

从工作经历看,5 人都有担任班主任的经历,其中 1 名是学校现任中层管理人员,1 名曾有过中层管理经历,1 名是教研组长,1 名是科技总辅导员,1 名是骨干班主任,基本属于学校各管理层的中坚力量,有一定的代表性。

从教育背景看,1 名是硕士研究生学历,3 名是在职研究生在读,1 名是本科学历,都有较好的理论素养。

从取得的教育教学成果看,区教育教学论文获奖 11 人次,区教育类获奖 6 人次,区教学技能类获奖 2 人次,有一定的教育教学的改革力。

3. 依据培训对象的真实需求,确定培训内容

三位在读研究生教师面临着毕业论文的选题、开题等一系列问题,因此对于如何选择教育科研课题、如何写好叙事案例和论文、如何进行教育调查等有着迫切的需求。另外两位教师虽有过参与学校大型课题研究的经历,但负责的基本都是文案工作,对于如何申报教育科研课题、如何鉴定教育科研课题等并不十分明确。

几位教师表示,希望培训过程中有接地气的专家全程参与指导。我们师资管理部门在与参与培训的几位教师沟通后,初步形成了以案例分析为主要形式的培训内容,确定了理论分享、案例分析讨论和实践操作的培训方式。学校也对这一课程给予大力支持,邀请区教育学院的相关专家担任这五位教师的导师,除了讲授理论知识外,还在实践操作中给予指导,在交流分享中予以点拨。

4. 依据培训内容的达成度,微调培训内容

由于授课教师是固定的,且每一课既有作业又有现场的案例讨论,因此授课教师对参培教师的习得情况有较为清晰的认识。通过与参培教师的沟通交流,我们及时了解了他们在学习上的难点、在实践中的瓶颈,并对培训内容进行了微调。整个过程中,我们更关

注的是参培教师对理论的实践应用能力。可以说,培训内容完全贴合参培教师眼下的发展需要。

5. 依据培训课程的有效性,确立下一轮培训内容

课程培训结束后,我们邀请授课的专家教师与参培教师进行了一次座谈讨论,主要目的是回顾整个课程学习过程中每个关键的节点与参培教师的实际感受,进一步梳理培训内容,让参培教师将培训的收获传递给更多教师,从而推动我们师资管理部门下一轮的教师科研素养培训。

**(二) 确定课程内容**

1. 课程内容

实践之后,根据参培教师的实际需求,我们结合校情进行了微调,最终形成了以下课程内容。

**基于实践案例的教育科研专题培训课程**

| 专题 | 内容 | 作业 |
|---|---|---|
| 初识学校教育科研 | 1. 学校教育科研的基本内容<br>2. 对学校教育科研的基本认识 | 1. 了解学校发展的思路<br>2. 收集学校教育教学改革中的典型案例<br>3. 回顾自己从教以来教育教学过程中遇到的问题 |
| 教师研究课题的选择 | 1. 课题选择的视角与方法<br>2. 市、区教改项目的介绍<br>3. 学校发展与教改的思路<br>4. 经验分享、案例分析 | 1. 简单概括自己对学校教育科研的认识<br>2. 就学校发展改革的抓手提出自己的几点实践感悟<br>3. 回顾自己职业生涯中课题研究的撰写过程 |
| 课题研究方案的设计 | 1. 课题研究方案的要素、结构与要求<br>2. 案例分析 | 根据课上讨论决定的课题,尝试进行课题研究方案的撰写 |
| 课题研究过程与方法(一) | 1. 学校课题研究的基本过程与方法<br>2. 案例分析 | 尝试应用文献研究法,对"全员育人辅导员制"进行文献综述 |
| 课题研究过程与方法(二) | 1. 如何进行调查研究<br>2. 案例分析 | 1. 设计访谈提纲<br>2. 对学校辅导员班级的学生、辅导员以及年级组长进行访谈 |
| 教学中的研究 | 课题:"基于共享式学习模式的学生个性化作业设计的实践与研究"结题阶段的总结与思考 | 尝试进行方法归纳 |

（续表）

| 专题 | 内容 | 作业 |
|---|---|---|
| 课题成果的总结与表述 | 1. 如何对研究过程与成果进行总结<br>2. 如何撰写结题报告 | 根据所学的知识修改材料中提供的结题报告 |
| 课题研究中的组织与管理 | 对学校现有的科研工作情况提出合理、有效的改进意见 | |

2. 内容确定的缘由

（1）教师对学校教育科研的认识

虽然参培教师基本上都做过一些个人的小课题，但这些课题大多是在学生时代完成的，因此他们对学校教育科研的认识存在着明显的缺漏。我们设计这项内容的原因有三个：一是今后的学习都在这一大前提之下，进行一定的背景解读能够帮助教师快速地认知；二是尽量从教师原有的知识结构中找出一些共同点，帮助他们唤醒旧知，并通过对学校教育科研和其他科研进行对比，提升他们对学校教育科研的认识；三是揭开学校教育科研的神秘面纱，消除教师的误解，化解畏难情绪。因此，我们需要对学校教育科研的相关要素进行讲解，且必须在第一讲中呈现这一内容。

（2）市、区教改项目的介绍

只有了解了最新的教改动向，我们才能重新审视自己的教育教学工作，才能发现其中的问题并进行研究，以修正自己的教育教学行为。固守自己原有的经验，不愿接受新理念的冲击，内心就不会泛起想要改变的涟漪，更不用说激发参与教育科研的热情了。虽然其他的学科培训中都会涉及这些新理念的传授，但它们缺乏一定的完整性和系统性，往往经过讲授者的再加工，不利于教师自我的修习。因此，在我们的课程内容中，不仅要涉及市、区教改中的新理念，帮助教师打破原有思维的壁垒，更要介绍项目的整体运作，使教师了解其背后包含的内在逻辑及理论指向。

（3）学校发展与教改的思路

做学校教育科研，既要了解教育大环境，也要了解学校本身的教育发展方向，了解学校的教改思路。只有符合实际教育教学的研究，才是接地气的研究。我们希望通过这一内容的讲授，帮助参培教师了解学校制定的发展规划背后的价值导向，并对教改背后的理念、具体的实施细则，以及已经取得的成效有全面的认识。同时，我们通过对学校近五年来的龙头课题进行介绍，帮助参培教师了解学校的历史积淀。这一切都将是我们今后研究的起点。

（4）课题研究方案的基本要素

这是所有科研工作者必须要明确的，教育科研也不例外。我们发现，有些教师虽然愿意去申报一些课题，但是对研究方案的撰写却一头雾水，最后因为看不懂各要素之间的指向，不得不选择放弃。因此，我们从这一基础入手，为参培教师介绍课题研究方案的基本要素，帮助他们理解每一个基本要素背后的问题指向,即清楚写什么、怎么写。

（5）课题研究的基本过程与方法

教育科研中使用频率较高的就是文献研究法和案例研究法,这两种方法在参培教师以往的教育学习中出现较多;然而,我们如果想要获取更多的信息和更直观的研究材料,就需要用到其他的课题研究方法,比如调查研究法。如果一份调查问卷在制定之初没有经过较为科学缜密的思考,那么其信度、效度等都会大打折扣,对于研究的意义也就不大了。而制定者往往并不了解这一点,这会在一定程度上影响研究结果。因此,我们在这一课着重讲了问卷调查中的问卷设计和访谈调查中的访谈提纲拟定。关于访谈调查,我们还通过安排实践操作,让参培教师了解访谈提纲的拟定生成、访谈技巧,以及访谈实录中信息的梳理归纳。

（6）学校龙头课题的总结与思考

我们希望参培教师通过对进入结题阶段的龙头课题进行解读,能够发现前几课知识在其中的运用,并结合自己所学的内容,理性分析课题研究过程中的得与失;同时能够就这个课题结题之后所发挥的辐射作用进行总结,并对这个课题开展过程中所得到的启示进行思考。之所以选择这一课程内容,一是因为一般课题结题时,由于参培教师缺少参与性,所有的分析都是纸上谈兵,因此很难深入思考;二是因为课题研究需要一定的时间,在参培教师参与课题研究并进入结题阶段后再讲授结题过程这一内容,意味着培训时间无限拉长,其时效性就会大打折扣。因此,把学校正在进行且已进入结题阶段的课题作为案例,是一个极好的选择。

（7）研究过程与成果的总结

成果的总结是课题研究中不可或缺的一步,分为中期和终期两个时间段。中期报告的形成不仅是一种回顾,还能帮助研究者及时发现研究中的问题,调整下一步的研究策略。而终期报告则是一种总结与提升,有助于结题之后成果的推广。通过课程内容中的案例分析,参培教师能够了解一些必要的方法。到这一部分为止,培训内容贯穿整个课题研究的过程,参培教师基本上可以开展一些小的教育科研课题研究了。

（8）课题研究中的组织与管理

很多教师都把课题研究理解为完成一篇论文,却忽视了科研过程。由于参培教师来自学校不同的管理岗位,他们首先要做的就是消除这种误解。从课题研究的各个阶段来看,涉及的主要工作包括检查课题研究的进度、评估课题研究目标和任务的完成情况、评估研究方法的适用情况、收集与积累和课题研究有关的资料、初步整理与总结研究成果,以及完善课题研究的组织与管理。这样既为参培教师今后走上相关管理岗位打下了基础,也为他们日后组织开展大型课题研究提供了有效的行动策略。

（9）作业的设计

几乎每一课都有配套的作业设计,它是整个课程教学内容的重要组成部分。作业的设计主要包含两个部分:一是对培训课程中所学内容的掌握情况的检测;二是了解下一课内容的学情,便于授课教师设计贴合参培教师实际能力的教学内容,因此部分作业是关于旧知的。比如,尝试应用文献研究法,对"全员育人辅导员制"进行文献综述。文献研究法是教育科研中一种比较基础的研究方法,也是教师自主学习的有效途径。但在文献研究中,许多教师对文献检索、文献引用以及文献综述等相关要求都不太明确。因此,我们希望通过这样一份作业,帮助参培教师明确操作要点,为后期的学习提升打下基础。

**(三)课程实施的其他要素**

**1. 确定教育科研课程的宗旨**

首先,搭建交流学习平台。为教师搭建与专家、同行交流的平台,以市、区教育科研为依据进行理论与实践的指导,从而提高教师的科研能力,促进教师的专业发展。

其次,形成合作学习共同体。以"导师制"的培养方式建立协同机制,与参培教师形成合作学习共同体,对参培教师进行教育理念、课题研究、实践能力等方面的指导。

再次,整合优质教育资源。充分整合区内教育科研专家及校内科研工作能手等优质资源,为参培教师提供理论与实践的指导,促进培养对象由骨干教师迈向卓越教师,加速培养一批科研能力出色的教师。

**2. 明确教育科研课程的培育目标**

通过系统的培训,促使青年教师逐步向骨干教师和专家型教师过渡,并形成一个完整的骨干教师学习共同体培育体系,力图打造一支具有较强科研能力的青年骨干教师队伍,从而带动学校教师队伍整体科研素质的提高,提升学校的核心竞争力。

**3. 明确教育科研课程的培育方式**

第一,专题讲座与案例分析相结合。专家分专题介绍前沿理论,传递先进理念,解读热点、焦点问题,启发新思维,传递新知识,介绍新方法,拓展教师的专业视野,提升教师的科研能力,同时通过翔实的案例、细致的分析,引领教师付诸实践。

第二,专题听讲与实践体验相结合。通过学习理论、分析案例后的实践体验,帮助参培教师将理论内化为行动能力。特别是选题、课题方案设计,以及课题研究方法的应用,需要在实践中对参培教师进行指导,才能更高效地帮助他们吸收这一学习内容。

第三,个体反思与群体讨论相结合。根据指定的拓展性、关联性阅读材料,参培教师撰写学习笔记和学习心得,反思当前教育改革发展中自己的教育教学行为,并从中发现问题。随后,参培教师将个体问题进行共享讨论,在导师及授课教师的指导下,在与同伴的充分交流中,在共同的研究探索中,找准解决问题的策略和路径,以开展进一步的研究实践。

**4. 明确教育科研课程的评价方式**

评价方式为发展性评价考核。对参培教师的学习及进步情况进行考核,参培时间计入教师校本教研的学时。把参培教师的学习情况、进步情况、取得的成绩和成果等计入业务档案,在课程结束时集中组织关于参培教师的培养情况和培养档案的总结评比,对表现突出者给予适当的奖励。在这一过程中,我们关注的是参培教师在课程各阶段的学习情况。

## 四、课程实施成效及成因分析

### （一）具体成效

#### 1. 提升参培教师的专业能力

在日常的教育教学工作中，参培教师能够运用所学的科研方法，对学生的学习情况开展研究，用真实的数据和材料来论证课堂教学改革方法的有效性。比如其中一位教师，曾就学生阅读能力的提升进行了相关的教学尝试，但是这种尝试的有效性因该项能力难以检测迟迟没有定论，对其下一步教学工作的开展也带来了不便。通过学习，她尝试应用问卷调查，了解学生心目中关于改变其阅读现状的关键因素的想法，并通过访谈的方法，了解学生对这一教学尝试的接受度和学习感受。还有一位教师在学习过程中，完成了硕士论文的开题论证，使自己的研究工作得以顺利推进。

通过这一培训，参培教师不仅愿意用科研的目光去审视问题、解决问题，还愿意将这样一种思维模式推广给更多的同伴。

#### 2. 树立科研促进个人成长的信心

在培训的过程中，我们的课程内容及作业评价为参培教师搭设了很多平台。在这些平台上，教师体验到了"以科研引领推动教育教学质量"的成功。比如，教师们在研究"全员育人辅导员制"期间完成了调查报告，报告在区综改项目专题会议上进行了交流，获得了专家和同行的好评。另外，参培教师围绕这一主题撰写的论文也得以发表。更重要的是，这些研究所得为实践者提供了切实可行的操作策略，推动了该项工作的深层发展。这些成功的体验，使教师能勇敢地面对信息化学习型社会的现代生活，与时俱进，自我更新，不断反思与重建。

#### 3. 形成研究氛围良好的教师科研团队

由于特定的学习形式，培训过程中形成了一个学习共同体。简而言之，随着课程的学习，参培教师逐渐生成了一个共同的关注点——教育科研，并在这一共同追求的领域中，通过持续不断的相互作用发展自己的知识和专长。因为许多作业需要参培教师合作完成，所以他们逐步建立了共同的发展愿景，彼此平等交流，相互关心照顾，同时制定了一些规则和纪律。"共同的事业""相互的支持"以及"共享"成了他们工作中的关键词。

#### 4. 推动学校组室科研的建设

由于参培教师来自不同的学科、不同的年级、不同的岗位，因此他们会在无形中将这一培训模式带到各自的组室。比如，其中一位参培教师是学校文科组的教研组长。在组室学习时，她向组内其他成员分享了课程所学的内容，并积极组织组内教师从课堂观察的角度进行观课，发现教师教学的有效行为，以主题研修带动教研组建设。另一位参与培训的语文教师以通过改变教学方式推进课堂有效性为内容，抓住"批注式阅读教学"进行研究，她的课在区内广受好评，她本人的教学能力也大大提高。她的成功促使语文教研组内的其他教师纷纷参与到这一方法研究中,于是语文组申报了以"批注式阅读在初中语文教学中的实践应用"为题的课题,后被立项为区级重点课题。

这些参培教师的成功,促使更多的教师参与到教育科研中,在无形中形成了良好的科研氛围。

5. 提升学校的教育教学品质

以科研引领教育教学工作,已经成了现代学校高品质发展的重要抓手。我们学校的科研工作因为一些客观原因一度停滞不前,再加上学校科研人才紧缺,导致很多教育教学改革措施遇到瓶颈。但是随着这一培训课程的开展,先培养起来的一批教师为学校的教育科研工作注入了新的活力。这些教师可以深入各个组室,组织开展各学科、各年级的科研工作,特别是学科教研走向以小课题为引领的教学研修路径,不仅推动了学科教师的教学理念、教学行为的改变,还提升了教师的教学技能。

6. 提供一条校内教师专业成长的新路径

众所周知,学校的教学、教育研讨能促进教师的专业成长,但若说教育科研能够促进教师的专业成长,很多教师都不以为然。这一培训课程的成功开展,让一部分教师看到了希望,明白了教科研能力的提升不仅能促进自己的成长,更能加快自己的专业发展。此外,这一培训课程从设计到实施,整个流程有不少可圈可点之处,真正做到了校本研修为教师所需、为教师所用、为教师所喜,值得其他同类课程借鉴。

(二)成因分析

1. 制度保障

学校各部门通力合作,克服种种困难,保障科研培训有序开展。教导处在排课时统一空出半天的时间供科研培训用。师资管理部门负责印发材料、学员签到及意见收集等工作,并对科研培训课程进行管理。德育处帮助协调辅导员、班主任及学生的时间,并参与访谈。学校领导也非常重视这一培训,经常参与参培教师的课外作业实践,并给予专业的指导。这一切既体现了学校对教师科研能力发展的重视,也体现了教育科研与教育教学共生共存的态势。

由于参培教师在学习过程中需要阅读大量的文献资料,学校科研室还提供了阅读文献的途径,后勤处则保障了教师用书的经费支出。

2. 计划先行

根据学校的五年发展规划及近期的发展现状,学校师资管理部门特制定了《延安实验初级中学教师科研能力提升的培养计划》,将培训课程中的培养宗旨、目标与内容提前进行了规划,对课程中涉及的人员调配、后勤保障等问题也制定了相应的计划,这有助于课程培训的工作有序开展。

3. 需求明确

国际教师教育学倡导教师学习的三大定律为:越是扎根教师的内在需求越是有效,越是扎根教师的鲜活经验越是有效,越是扎根教师的实践反思越是有效。因此,有效的培训应确保按需施训,根据教师发展不同阶段的实际需求,在教师个人专业的基础上,结合其学习动机、学习风格、智能特征等方面的因素,去了解教师的真正需求。而要想了解这些,必须得明确培训课程的目标人群。在本培训课程构建之初,我们就根据学校实际的发展需求,通过调查访谈确定参与培训的人员,并对这些参培教师的职业发展需求、职业发展经历,以及对未来发展的迫切程度等进行了分析与了解。美国培训专家加里·米切尔在《美国管理协会培训完成手册》中指出:"弄清楚你所培训的对象,比你实际的培训内容要重要得多。"在每一课的学习之后,授课教师都会了解参培教师的需求,这其实也从根本上避免了培训需求的误读。由于参培教师一度认为学校的教育科研只是一些高深的理论,因而他们对这方面培训需求的认知其实是比较模糊的。比如,最初有参培教师提出需要了解课题运作所涉及的专业知识,但学习之后的需求反馈显示,教师实际上更需要了解如何将日常教育教学中的问题转化为研究课题,通过理性的分析,归纳出一些具有借鉴和辐射意义的经验。只有在课程进行的过程中,关注参培教师的内在需求,才可以保证培训的真实有效。

4. 内容精选

从了解现代教育科研的大背景,到解读学校的发展方向与改革思路,再到关注参培教师教育教学中实际存在的问题……内容有开阔教育视野的,也有贴近学校发展的,还有贴合教师自身的。除此以外,每一课都有鲜活、丰富的案例,这些案例有的来自参培教师自己的发现,有的来自以往参与过的课题研究,有的就是学校的龙头课题。培训的内容在广度、深度、信度和效度上都有较大的优势,对参培教师有一定的吸引力。比如,"教学中的研究"这一课选取的内容就是处于结题阶段的区级课题"基于共享式学习模式的学生个性化作业设计的实践与研究",由于参培教师都是这一课题的实践者,因此他们对课题的实践意义有一定的认识。以此为例,教师能更清晰地认识到其背后的理论意义和实践意义,能更深入地理解学校教学改革的方向,也能从中发现新的问题,产生新的思考。再如"课题研究过程与方法(二)"这一课,参培教师需要提前梳理学校近期教育教学改革的抓手,以此为题设计调查问卷和访谈提纲。因为参培教师都选取了"学校班级管理新模式——全员育人辅导员制的实践"这一较大的改革行为,所以授课教师以此为例,进行了调查问卷和访谈提纲设计的培训指导。

5. 赋权教师

以往的培训中,参培教师多以课程学习者的身份,被动地接受着各种培训信息,这一模式在一定程度上阻碍了培训课程内容的内化。而我们本次课程中,参培教师作为课程设计的参与者,对课程内容的选定、课程进度的调整有一定的权利。当然,权利和义务是对等的,当参培教师和授课教师及学校师训部门一起着手思考这些内容的时候,他们对于完成培训任务的自觉性会大大提高。比如"教师研究课题的选择"这一课中,参培教师要求以自己的毕业设计为起点进行案例指导,并亲自参与到案例介绍、思路分享中。这种现身说法式的案例分享,一下子点燃了参培教师的学习热情;而这一模式,恰恰就是教师被赋权后所产生的灵感火花。

6. 形式多样

在培训形式方面,我们打破了以往各类培训中常见的讲座授课制,采用"专题互动研讨"为主的培训模式,即以导师授课为主线,以教师自主学习和自我反思为基点,以教师间的合作、交流、互助为保障,以课内和课外相结合为延展。这一培训模式的根本目标是教师个人科研素养和团队整体科研素养的共同提高。

基本操作流程为"专题(研读)—案例(分享)—分析(讨论)—小结(结论)—实践(应用)—分享(讨论)—结论"。

第一步,基于专题研读,掌握基本的科研理论。我们发现大多数教师并不熟悉基本的学校教育科研理论,因此这一步需要由授课教师进行讲授。第二步,基于案例分享进行分析。第三步,授课教师与参培教师共同分析讨论,发现理论在案例中的应用。第四步,参培教师先从自身学习出发进行课程小结,然后授课教师从理论实践角度进行总结。第五步,以学习共同体的形式,在课外实践应用,积累素材。比如,关于"访谈调查在科研中如何应用"这一问题,参培教师在专家的指导下设计访谈提纲,课外对 12 位教师、6 位学生进行个别访谈,之后再进行信息的梳理和分析,形成分析报告。第六步,参培教师以学习共同体的形式分享实践体验,对生成的新问题进行讨论,形成个人的参培体悟后递交给导师。第七步,导师依据参培教师提交的参培体悟,给予该主题的结论评价。

基本组织形式有三种。第一,以微报告来提升理论学习的品质。尽管我们早已对讲座式培训中滔滔不绝的理论灌输司空见惯,但是我们不得不承认理论文献能为理解教育教学提供新方法,能在一定程度上促进教师对教与学的深入理解,从而为教师专业素养的提升提供知识基础。没有理论的指导,教师的实践是盲目的,因此理论学习非常重要。但考虑到课程实施的过程中经常出现教师昏昏欲睡的现象,效果很难得到保证,因此我们在课程设计中采用了微报告的形式,力求将有限的有意注意时间用到极致。

第二,以案例分析来关注理论方法的应用。教师的教育科研能力有一部分属于方法性知识,需要教师会做、会用。由于理论无法自动内化,因此我们需要在理论和实践之间架设一座桥梁——案例,帮助教师把在理论学习中学到的内容经过思考加以运用。正如舒尔曼所言:"原则是强大的,但案例是令人难忘的。"我们的培训,让参培教师在理论与案例的不断互动中,持续进行卓有成效的反思,避免出现理论与实践的脱节。

第三,以实践反思来促进学习内化和素养形成。教师的实践实际上是一种反思内省的过程。因此,在培训中发展教师的实践能力和反思能力,能够帮助教师更好地建构知识。我们设计了这样一个环节,鼓励参培教师将自己教育教学实践中遇到的好问题带入课程,并通过课程学习、研究解决问题的途径。

这样一种以多种形式交互而成的培训模式,能够让每一位参培教师都参与其中,获得较均等的关注和深刻的实践体验感受,最后的学习效果也会相应地得到提升。

7. 评价及时

如果培训缺乏相应的评价机制和教育质量反馈制度，就难以保证培训课程的质量，容易导致参培教师产生应付情绪和惰性。因此在本课程中，一方面，以作业的形式检测参培教师的学习情况，反馈每一章节授课的有效性，及时发现参培教师学习、研究过程中的闪光点。另一方面，学校行政部门也从导师对参培教师的学习情况评定、参培教师的自我评定等角度进行考核评价，对在学习过程中就学校发展提出新的问题和思考的，或就自己的教育教学提出新的研究思路并形成研究方案的学员给予一定的奖励。这种评价机制在很大程度上，促使参培教师更用心、耐心、创新地参与培训学习。

在课程的学习过程中，参培教师围绕学校教育改革中的一项重要措施"全员育人辅导员制"的开展情况，进行了大量的实证研究。通过提供较全面的访谈记录、访谈分析、问卷调查结果分析，参培教师为学校这一工作的进一步开展提供了切实可行的操作建议。我们师资管理部门肯定了他们的研究发现，将这些建议及时反馈给学校相关部门，并借助区域交流的机会，为这些教师搭建平台，让他们以团队的形式进行专题汇报。事实证明，汇报受到多方好评，大大增强了参培教师对科研的信心。

8. 授课专业

本课程需要有一名专业导师全程参与参培教师的学习过程，这名专业导师既是相关章节的授课教师，也是参培教师的实践指导教师。另外，考虑到授课内容的专业性和适切性，本课程还需邀请其他教师一起参与授课。因此，在授课教师和导师的选择上，我们非常慎重。首先，导师要有一定的科研素养；其次，对教育教学的理念、形式等要有前瞻性的认识；再次，本身要有较丰富的教育科研经历；最后，还要具有一定的人格魅力。其他授课教师也要在该领域拥有相当的专业知识。

在学校行政层面的大力支持下，我们邀请区教育学院教科室的专家们承担导师一职，与参培教师构成学习共同体。在相关章节的学习中，又特邀区教育学院科研员进行授课。在"学校发展及改革方向"一课的授课中，我们还邀请本校的校长围绕学校的五年规划，就设想、撰写以及成形的各阶段情况进行介绍。导师的专业素养和教育科研方面孜孜不倦、执着追求的精神，在学习的过程中一直感染着参培教师。

9. 跟踪指导

在教师培训工作中，我们往往对培训过程和结果的管理很重视，却忽略了培训的后期跟踪指导，导致教育培训出现"教师课堂上听起来心潮涌动，回去一动不动"的情况。教师科研能力的培训不仅是一种理论提升，更是一种实践应用能力的提升。我们希望参培经历能帮助教师在自己的职业生涯中找到借力点，突破瓶颈。因此，我们在课程设计中特别强调，完成新知识和新技能的习得只是培训的第一步，学校师资培训管理部门将联合学校科研室，对这些参培教师进行跟踪指导，鼓励他们学以致用，从而提高参加培训的兴趣。比如在"如何进行调查研究"的授课结束后，授课教师和导师在课外全程参与参培教师的作业完成过程。授课教师首先作为一个观察者，关注参培教师设计问卷和访谈提纲的情况；其次，作为其中的一个学习者,和参培教师在一个学习共同体中,进行调查数据的处理分析、访谈情况的梳理归纳等;最后,对实施过程中的关键性问题进行及时有效的点拨。

（三）　实施过程中遵循的几个原则

1."研训一体"原则

作为成人学习者,教师的学习具有自身的特点。首先,教师的学习具有主动性。教师的学习过程离不开主动的建构,即通过经验、反思、互动和讨论建构知识,这种学习本身包含探究的成分。其次,教师的学习是以问题为中心的。教师的学习过程往往以问题为导向,在学习中寻求解决问题的方法。在这个过程中,教师也会结合自身的实践经验对问题展开研究。解决问题的过程其实是一个研究和学习相结合的过程。最后,教师的学习强调实践反思。教师倾向于在实践应用中学习,以不断反思的方式进行学习。根据上述教师的工作实践特点和学习特点,我们的科研培训课程采用"研训一体"的实施方式,即理论学习、案例分析、实践反思三个方面紧密关联,层层深入。

2.合作建构原则

一方面,科研培训不是科研理论知识的简单传授,而是在科研理论的引领下实践探索、积累经验、反思提升的过程。因此,要充分利用参培教师已有的经验优势和培训现场的互动过程建构课程内容,优化培训方式,让参培教师在互动交流、平等对话的过程中习得实践知识,建构新经验,形成新思想。另一方面,教育科研工作需要活力和创新力,需要不同学科背景、不同学习经历和不同岗位的教师在一起,以合作探究的方式进行学习,碰撞出思维火花,这有助于营造良好的科研氛围,为推动组室科研奠定基础。

3.行为改善原则

教育科研和教育教学工作并不是"两张皮"。教育科研是为了帮助教师针对教育教学中遇到的实际问题,采用问题解决的方式来确定课程选题和内容,引导参培教师在掌握科研理论的同时能够基于问题体验,在实践反思中行为跟进,有效解决实际问题,达到学以致用、学用结合的目的,从而满足参培教师提升专业能力的需要。

# 五、课程改进设想

尽管本课程的成效显著,但也存在着覆盖面不广、内容不够丰富等问题。因此,我们在进一步实施中,提出以下改进设想。

（一）　增加参培教师的数量

由于这类课程培训尚在探索尝试阶段,因此在参培教师的选择上,人数较少,缺少一定的普适性。后期,我们可以根据教师的具体情况进行分层分类培训。本课程适合学校教育科研管理类教师,所以学校的教研组长、年级组长等骨干教师都可以成为参培对象。从这次培训的实效来看,接受过这一课程培训的教研组长,其教研组的研修更具专业性、适切性和研究性,该组室的科研氛围相较于其他几个组室来说也更为浓郁。

**（二）丰富课程内容**

本课程集中了学校教育科研工作中的一些基础性问题,但事实上教育科研工作内涵丰富,外延广泛。因而,我们要有层次、有梯度地为参培教师提供更丰富的培训内容,使课程由低阶到高阶。

同时,在课程学习中还应该介绍先进的教育教学理念,更新参培教师的知识储备,这将有助于他们发现自身工作中的问题,形成自己的思考和探索。

**（三）应用信息技术**

我们可以借助新媒体技术,把一些简单的理念、知识的介绍录制成微课,上传至学校的网盘,方便教师们自主学习;可以结合问卷星等软件进行简单的问卷调查和数据整理,帮助其他教师及时有效地了解课程的开展情况、参培教师的学习情况;可以借助微信公众号发布培训课程的讲义,帮助教师在学习后进行回顾整理;还可以利用学校智慧教研系统,将每一次培训课程录制下来,方便其他教师进行网上选修。在信息技术的帮助下,我们的培训不仅不再受时间和空间的限制,还可以将课内知识进行拓展延伸。

**（四）推广培训成果**

培训之后,对于参培教师的研修成果,我们缺少一定层面上的宣传,这对后续工作的开展并不有利。在今后的培训中,我们要及时地将参培教师的研修成果在校内甚至区内平台进行展示,激发教师的学习热情,并把培训中的产出有效地应用到日常的教育教学工作中。至于培训中的经验,可以在同类培训中进行分享推广,这样培训的效应就可以达到最大化。

**（五）延长跟踪辅导的时间**

虽然我们的培训中要求导师进行跟踪辅导,但这一实践往往在课程结束之时就终结了。我们师资管理部门要联合学校教育处,对参培教师培训结束后的工作给予一段时间的跟踪指导。这样既可以使课程培训习得的内容得以延长深化,也可以让参培教师感受到学校对教师成长的关注与支持。

**（六）增加个人科研成长规划**

面对巨大的职业压力,教师容易对教育科研工作产生懈怠。因而,在课程培训中,可以请导师根据参培教师个人的能力、特点,帮助他们制定自己的科研成长规划,内容包括三年的大目标和每一年的小目标。通过这样的目标制定,参培教师本人对未来的规划发展会有一个清晰的认识,同时能在一定程度上鞭策自己,避免在教育科研上出现懈怠。

# 立足学校教育实践，
# 提升教师科研素养 *

开元学校的教育科研培训课程从学校面临的实际问题出发，既包括教育科研基本知识的培训，也包括教师从事教育科研的实践，实现了从培训到实践的全流程覆盖，是一个教育科研培训的成功案例。他们设计的课程集中回应了教育科研实践中存在的一系列问题，主要体现在以下三个方面。

## 一、厘清了教师从事教育科研的现实必要性

### （一）教育科研是解决实践问题的基本方法

学校教育科研的研究者要解决的是自身的实践问题，这些问题包括学校教育的方方面面，如学校发展、立德树人、学科教学、课程改革、学生成长、身心健康、家校共育、社会实践等，都可以作为课题进行研究。可见学校教育科研的目的是改进教育实践，高校等机构的专业研究者的研究目的则是生产可用以推广的知识，两者之间的不同之处是显而易见的。

### （二）教育科研是教师专业发展的基本路径

教师专业发展需要在实践中不断探索。借助教育科研的方法，在研究中实践，在实践中反思，采用行动研究的范式，可以显著提升教师专业发展的成效。

### （三）教育科研能够培育教师的思维品质

科学研究的思维特点能够保证方案设计的全面、系统，体现教师不同于教育实践的研究型思维，主要有以下特点：

1. 注重思维的全局性

在项目方案的策划中，科学研究要求具备全局思维，关注项目涉及的每一个方面，能够站在全局的立场审视面对的具体问题。

2. 强调思维的系统性

教育科研要求思维具有系统性，要寻找各相关要素间的联系，不能孤立地思考问题，这样就可以在一定程度上保证方案设计各个方面都能够整合为一个系统。

---

* 本文由上海市长宁区教育学院宋建军撰写。

3. 体现思维的逻辑性

教育科研要求思维逻辑严密、证据确实,在课题研究的过程中,不断追问行为与成果的因果关系,不断提升教师的逻辑思维品质。

（四）教育科研的选题立足解决教育实践中的问题

对于教育科研的选题的要求,必须综合考虑以下几个因素,从而实现教育科研对教育实践的引领。

1. 价值性

教育科研的项目方案在推进学校教育中有意义,有价值,能够真正起到促进教育发展的作用。

2. 科学性

教育科研的项目要求严密设计、科学论证,不能在科学性方面出现问题,科学性是项目能够实施的基础。

3. 实践性

立足现实,从行动研究的范式出发,找到课题研究与教育实践的结合点,在对实践的持续改进中取得研究成果。不能出现研究与实践"两张皮"的现象。

## 二、体现了学校教育科研与教育实践紧密联系的特点

学校教育科研所研究的是教育实践中遇到的问题,与需要解决的工作目标往往一致,因此特别强调研究项目的实践价值与现实意义;学校教育科研往往是立足问题开展的研究,重点自然是寻找解决实践问题的策略与路径;学校教育科研进行的一般是行动研究,更多地指向改进教育实践的目的;学校教育科研的品质取决于它能否满足改进教育实践的需要,研究过程往往与教育实践活动融为一体,是研究者日常实践活动的一部分。开元学校就是立足于学校实践,以诚德书院为载体,深入研究学校的特色化建设的。

（一）学校教育科研的研究样本就是实践对象

学校教育科研的研究者以自己的教育实践对象为样本,以深度改进学生的成长状况为研究目标,研究所取得的成果高度依赖情境,不易推广。专业的研究者则往往需要在特定的总体中抽取随机的或有代表性的样本,以发现普遍规律为研究目标,研究成果的推广因此较为容易。当然,专业机构对研究对象产生的影响并不深刻,甚至不追求对特定研究对象产生影响。

（二）学校教育科研常用的研究方法与教育实践密切相关

学校教育科研虽然也强调要进行广泛的文献阅读,但并不强调进行全面的文献检索。研究者对文献的阅读更多的是一种学习过程,而不是依靠文献回顾确定研究重点的过程,这与专业的研究者极为不同。对专业的研究者而言,文献检索的专业性往往决定着问题的确定和研究的质量。

学校教育科研的行动研究一般不会采用严格实验的方法,因为实验法需要较专业的控制手段,对采集数据的信度和效度要求较高,不是一般教育实践者能够做到的;即使采用准实验

的研究方法,也会采用简易的实施程序与研究设计,在较短的研究周期内完成。概而言之,教师喜欢选用的研究方法一般是文献法、问卷调查法、访谈法、观察法、案例法、经验总结法等。

开元学校的教育科研培训课程就是从学校教育实践的特点出发,切合教师的实际需求,引领教师较快地掌握教育科研的一般规律和方法。实践证明,这是一套成功的教育科研培训课程。

## 三、探索了学校教育科研的实施路径

（一）学校教育科研的研究者就是教育实践者

学校教育科研的研究者为一名或多名中小学教育工作者组成的课题组,主要职责是教育实践,研究目的是改进所从事的教育实践。教育实践者是情境工作者,其工作特征体现在他们总是在特定的时间和空间中,与学生及同伴产生各类的协作与影响。面对不同的学生发展需要,在特定的情境中快速做出教育判断与决策,这其中蕴含着教师的教育实践智慧。这样的工作特质决定了学校教育科研的研究者不可能进行长时间的情境控制和方法选择。

（二）学校教育科研的研究需要专业人员的指导

学校教育科研的参与者都是教育实践者,具有与问题相关的实践经验,但往往缺乏研究的基本知识和经验。他们的研究不仅需要在行动中一步一步探索,更需要专业的研究者予以指导和引领。

在这样的过程中,区域科研专业指导者的作用与角色就变得不可或缺,他们一方面可以利用自己的研究经验对教师进行研究路径和方法上的指导,另一方面也可以通过课题管理的专业机制帮助教师将实践智慧转化为研究成果。当然,在这个过程中,聘请来自高校、上级的教育研究机构的专家和有教育实践研究经验的专家针对具体问题进行指导也显得特别重要。比如,在课题的设计、开题、中期、结题等几个关键环节举行专家论证会,手把手地对教师进行研究方面的指导,是帮助教师获取研究知识与经验的重要途径。

**案例**　　# 学校教师教育科研校本培训课程 *

## 一、学校教师教育科研的由来

（一）困境:教师个体课题申报数量下降

开元学校成立于 1992 年。开元建校后,经过二十多年的努力,取得了较为出色的办学

---

＊ 本文由上海市开元学校陈忠良、叶奕撰写。

成绩,先后被授予"上海市素质教育实验学校""上海市新优质学校""上海市文明单位"等荣誉称号。但开元学校毕竟是一所年轻的学校,文化的积淀不深,研究的氛围不浓。

正是由于认识到这一点,因此学校对教科研工作始终十分重视,如不断加大对教师开展教科研的奖励力度、组织精兵强将开展龙头课题的研究等。这些努力取得了一定的成效:学校的科研水平明显提高,学校的龙头课题屡屡获奖,较佳的成绩有区教科研成果评选一等奖和市教科研成果评选三等奖。但与此形成鲜明对比的是,教师个人承担的课题却很少获奖。尤为突出的问题是,教师申报课题的积极性不升反降,自 2009 年以来,我校教师再无个人课题被立为区级课题,其间三个年度甚至没有教师申报区级课题。对此,学校颇为无奈,而作为校科研主管部门的科研室则更感焦虑。2016 年度的课题申报即将来临,于是学校决定由科研室出面,召集教研组长开会分析原因、商讨对策。

(二) 原因:来自教师的困惑

科研室认为,由于教师对科研积极性不高,因此课题申报数量下降。果然,一些教研组长在会上反映日常工作太忙,没时间再去做课题。这时,一位教研组长却说:"我们组有些教师虽然想做课题,但却不知道该怎样申报。"这位教研组长的话让科研室感到十分意外。学校大力倡导教育科研已有多年,怎么还会有教师不知道怎样做课题呢?

带着这一疑惑,结合这位教研组长反映的情况,科研室开展了进一步的调查,发现学校里不会搞科研的教师还真不在少数。原因在于:第一,虽然学校也常开设一些科研讲座,但那是局部的、非系统的,从未做过课题的教师对此往往还是一知半解,难以把握全局;第二,学校虽然开展了一系列龙头课题的研究,但参与其中的教师毕竟是少数,更何况为了确保课题研究的成功,学校抽调的往往都是一些骨干教师,一般教师参与得甚少;第三,近些年,随着一些老教师的退休或调离,学校的教师队伍里补充了不少青年教师,而这些教师在科研上恰恰有所欠缺。

## 二、学校教师教育科研课程的设计

(一) 给予制度保障——将教科研培训纳入师训课程体系

那么,如何解决上述问题呢? 显然有必要在学校开展系统的科研培训。为此,校科研室在深入群众、积极听取各方意见后提出,将教科研培训列入学校的师训课程,融师训与科研培训于一体,开设学校教师教育科研师训课程。这样既可保证培训的经费与时间,又可确保全体教师的参与(开设校本师训课程,对学校而言,是必须开展的工作;而对教师而言,则是必须完成的学分)。通过培训,一方面进一步端正教师对科研的认识,另一方面提高教师的科研能力。科研室的意见得到了学校行政的支持,校行政会议决定:开设"学校教师教育科研"师训课程,并由学校科研室负责师训课程的设计与开发。

(二) 遵循研究范式——以研究步骤为主线的课程设计理念

接到学校的任务后,校科研室积极筹划,结合学校以往课题申报的经验,着手设计教科研培训课程。该课程以课题研究的范式为核心,按照课题研究从申报到结题的步骤这一主线来设置内容,使教师通过一步一步的学习掌握课题研究的步骤和方法,为教师开展课题研究保驾护航。课程以讲座的方式开展,以便让教师有充足的时间来消化和吸收所学的内容。课程设计如下所示:

**学校教师教育科研课程设计**

| 序号 | 主题 |
|------|------|
| 1 | 学校教师教育科研的性质和特点 |
| 2 | 教师教育科研的选题 |
| 3 | 讨论:教师科研的选题 |
| 4 | 怎样开展课题的文献研究 |
| 5 | 怎样撰写课题研究方案 |
| 6 | 作业:课题申报 |
| 7 | 教师作业讲评 |
| 8 | 怎样开展课题的实践研究 |
| 9 | 怎样撰写课题中期报告和结题报告 |
| 10 | 作业:学习心得体会 |

### (三) 充实培训内容——具体翔实的课程内容

1. 第 1 课——学校教师教育科研的性质和特点

"学校教师教育科研的性质和特点"旨在深化我校教师对学校教育科研的认识,厘清概念,澄清误区,从而有效提高教师对科研的积极性。

众所周知,教育科研是以教育科学理论为武器,研究教育现象,探索新的未知的教育规律的创造性的认识活动。一些教师为此感到怀疑:中小学教师有能力搞科研吗? 有必要搞科研吗? 这就是许多教师提出"工作忙,没时间搞课题"的根源。

但实际上,在开展学校群体性科研的过程中,专家和学者们早就对中小学教师的科研有了全新的阐释。他们提出,学校教育科学研究指的是以中小学教师为主体,以学校教育现象为对象,运用科学方法,有目的、有计划地探索学校教育规律,并且将其纳入教育科学体系,指导教育实践的过程。中小学教师参与教育科学研究的主要价值,不在于发现能反映普遍规律的教育知识,而在于解决实际的教育问题。他们把中小学教育科研的价值定位为:发现规律,获得教育科学研究的成果;改进工作,获得教育质量提高的成果;提高自我,获得学校发展和教师发展的成果。而这三者中,改进工作、提高自我是更为现实和重要的追求。和专业人员的教育科研相比较,中小学教育科研还具有以下特点:(1)属于群众性教育科学研究,具有广泛性——它的研究主体是中小学校的广大教师;(2)相对于纯理论研究,具有实践性——教育科研与教育实践相结合,以科研促教研,促进学校教育教学工作的开展;(3)立足于学校的实践发展,具有校本性——它的主要目的是解决学校的实际问题,立足本校的发展。

由此可见,学校教育科研并非不接地气的"高大上",而是为了推进学校教育工作,提高教师专业水平,改进教育教学方法,提高教育教学效率;显然,它是与教师日常的教育教学工作紧密相连的。我们认为,讲清楚学校教师教育科研的性质和特点是很有必要的。只有真正树立起教师对科研的正确认识,才能激发他们参加教育科研的内在动力。

2. 第 2 课——教师教育科研的选题

"教师教育科研的选题"旨在深化我校教师对教育科研选题的认知。科研课题,即研究的题目,是依据研究目的,通过对研究对象的主客观条件进行分析而确定的研究问题。选题是科学研究的起始环节,也是课题研究的真正起点。根据学校以往的经验,教师在选题上往往把握不定:有的问题太大,无从下手;有的问题太小,范围太窄,研究的意义不大;有的问题太老套,研究的价值很低。这一切都源于教师在寻找课题时脱离了自身的发展需要。

因此,本课试图引导教师从自身出发,从日常教育教学出发,从身边的问题出发去选择课题。

第一,从面临的突出问题中寻找课题。教师在日常教育教学中往往会遇到这样或那样的问题,而其中的突出问题往往具有普遍性;解决这些问题,有助于提高教育教学质量,使学生从中受益,对学校的教育发展也有很大的贡献。因此,这应是教师科研课题的主要来源。

第二,从教育改革发展的大趋势中寻找课题。随着国家新课改的深入开展,中小学教育教学提出了许多新理念、新要求,这往往会为教师带来挑战甚至是困惑;而将从中产生的问题转化为课题,是另一种较好的选择。这类课题往往具有前瞻性,实践起点高,对学校和教师与时俱进的发展具有积极的导向作用,也容易获得较高的评价。

第三,从已有的成功经验中寻找课题。许多教师在教育实践中或多或少都积累了一些教育经验,而成功经验一般都是符合教育规律的,只要加以归纳、提炼,就可以形成与教育教学紧密结合的研究课题。而且,这类由成功经验生长出的课题,实践和研究的基础较好,容易展开并取得良好的研究成果。

3. 第 3 课——小组讨论:教师科研的选题

本课是"小组讨论:教师科研的选题"。各位教师按年级组分组,根据个人的教育教学实际,提出自己的拟定课题并在组内交流。本课的目的是通过讨论,进一步深化教师对科研选题的认识,提高选题能力;同时,让教师体会教育科研与教育教学工作的一致性,感受教育科研对教育教学工作的引领作用。

4. 第 4 课——怎样开展课题的文献研究

"怎样开展课题的文献研究"旨在引导我校教师充分重视文献研究的重要性,从而提高教师开展文献研究的能力。开展文献研究,即搜集、整理文献,并通过对文献的研究形成对事实的科学认识,这是课题研究工作不可或缺的组成部分。但从我校以往的研究项目来看,教师对文献研究并不重视,往往草草了事,有些申报校级课题的教师甚至直到课题开题后才开始查阅文献。同时,另一个突出的问题是教师撰写的研究综述质量不高,问题颇多。

有资料表明,专业科研人员在一个课题研究中,用于文献研究的时间往往要占全部科研时间的三分之一,这是值得我校教师借鉴的。事实上,从选题刚开始到研究过程中,再至分析研究结果和撰写研究报告时,都需要进行文献的研究。尤其是在研究的准备阶段,在选定课题、申报课题阶段,它的运用更为重要。

首先,要通过文献研究确定所选课题的研究价值:(1)明确所选课题的研究背景、研究意义;(2)查明所选课题的研究现状;(3)分析现有研究存在的问题和不足,提出所选课题的创新点。综上所述,如果所选课题的研究价值不高,则须及时调整课题或另选课题。

其次,要通过文献研究完成课题的研究综述。这是申报区级及区级以上课题的必备材料。研究综述是根据课题的需要,在全面掌握、分析相关文献的基础上,对已有的研究成果、存在的问题进行分析、归纳、整理和评述而形成的一份综合性的叙述材料。许多教师撰写的研究综述往往存在以下问题:第一,资料的收集不全,不能对研究现状进行客观的分析,导致以偏概全,无法对所选课题形成客观公正的评价;第二,避重就轻,有意抬高所选课题的重要性,如有的教师在初选课题时未展开充分的文献检索,因此在申报课题的过程中,只能为"综述"而综述,故意弱化已有的研究成果,或放大已有研究的不足,以便突出自己所选课题的研究价值;第三,"综"而不"述",许多教师只是陈述了他人的研究成果,而未进行分析、评说,从而难以充分表达确立本课题的内在逻辑。这一切都影响到了我校教师申报区级课题的成功率。

5.第5课——怎样撰写课题研究方案

"怎样撰写课题研究方案"旨在提高我校教师的课题研究设计能力。课题研究方案,也就是对课题的论证和设计,是课题申报的核心内容。对教师而言,课题研究方案并不陌生,但是在具体撰写时,他们往往会在课题的选题意义及研究价值、课题核心概念的界定、课题的研究目标与研究内容等方面出现较多问题。因此,本课试图以学校以往的龙头课题为实例,就上述问题予以点拨。

第一,选题意义及研究价值。选题意义,是指课题的实践意义,指向操作层面,即该课题研究对学生、教师和学校乃至基础教育的发展有何促进作用。它的阐述是通过假设关系,勾勒出通过研究可能会或一定会产生的实践效果。实践意义要写得具体、有针对性,不能漫无边际地空喊口号。例如,学校的"初中学校心理健康教育三级网络的构建与实践研究",将选题意义表述为"1.是贯彻落实教育部和市教委关于加强中小学心理健康教育的切实措施;2.是为满足初中学生身心发展的迫切需求;3.是为满足当前学校心理健康教育不断发展的客观需要"。

研究价值,一般是指课题在理论方面的学术研究价值。但由于中小学教师的科研主要是实践研究,其研究价值主要体现在创造性地解决教育教学的实际问题上,因此,其学术研究价值可以有则写,无则免,主要强调课题的实践价值。例如,"初中学校心理健康教育三级网络的构建与实践研究",将研究价值表述为"开展本课题研究,旨在通过对全体教师进行有目的、有计划、分层次的心理健康教育的培训与校本研修,提高全体教师心理健康教育的意识和能力,形成班主任参与高危学生心理干预的能力,加强专业心理教师矫治学生心理健康问题以及初步的心理疾病治疗与危机干预的能力,从而切实形成学校以班主任队伍为主体,以专职心理辅导教师为骨干,全体教师共同参与的心理健康教育工作机制与运行机制,并形成针对不同心理健康水平学生来实施的分级教育的策略体系,有效实施面向全体学生的发展性教育和面向少数学生的心理问题预防、矫正,以及配合社会专业医疗机构开展对个别学生的心理疾病治疗与危机干预。我们认为,这样的探索既可为专家们的理论研究提供一定的参考,又能满足中小学尤其是初中开展心理健康教育的实际需求,具有较大的实践价值"。

第二,课题核心概念的界定。课题核心概念的界定,就是对课题中最重要的关键词或特定概念进行解释。其目的是使核心概念的内涵变得清晰、具体,从而有利于课题研究的实施,也便于别人按照研究者设定的范围来理解研究的结果和评价该研究的合理性。这不仅是课题研究中一项重要的基础性工作,也往往是教师们感到困难的问题。

要界定核心概念,必须广泛收集有关本研究课题核心概念定义的资料并进行分析,使课题研究的概念有清晰的内涵和外延,确定好研究的范围。对有争议的概念,尽可能采用大家公认的定义,也可以给出自己的定义,即"引用他说"或"自圆其说"。例如,"初中学校心理健康教育三级网络的构建与实践研究"中的核心概念"心理健康教育三级网络",就是我们引用高校心理健康教育三级网络的研究成果后修改而成的:"心理健康教育三级网络是指初中学校根据学生的心理健康水平分三级实施的心理健康教育系统。第一级网络:面向全体学生,旨在为每一个学生的成长发展服务,培养全体学生良好的心理素质;第二级网络:面向学生中的高危群体,以及有轻度心理障碍和不良适应行为的学生,旨在防止心理疾病或由此产生的危害学生身心健康的各种后果;第三级网络:针对已患有心理疾病(包括虽不是心理疾病但对学习生活有严重影响的心理障碍)者,旨在防止病情进一步加重,避免造成危害本人和他人的严重后果,促进其早日康复。"再如学校的"'九年一贯制'学校实施国学教育的实践研究",我们在文献研究的基础上,对核心概念"国学教育"作出了自己的解释:"本课题所谓的国学教育,是指对义务教育阶段学生所进行的以诵经读传为主要载体,以促进和加强中小学生思想道德文化建设为主要目的的中国传统思想文化教育。"

第三,课题的研究目标与研究内容。研究目标与研究内容是整个课题设计中最核心的部分。研究目标就是课题最后要达到的具体目的,即要解决哪些具体问题。研究目标是比较具体的,必须明确表述出来。有了研究目标后,就要根据目标来确定课题的研究内容;研究内容要与课题相吻合,与目标相照应,还要比目标写得更具体、明确。

撰写研究目标时容易出现的问题是用行动(工作)所追求的目的代替研究目标。例如,学校的"基于视频案例的初中精致化教学的行动研究",把研究目标表述为"1.通过教学视频案例的开发研究,充分发挥视频技术在课堂教学研究中的功能与优势,在关注课堂教学细节、关注学生个体的基础上形成不同学科的精致化教学的操作要点,对教师改进课堂教学行为起到检视作用;2.通过教学视频案例的应用研究,充分发挥视频案例在教师校本研修中的功能与优势,在明显提高教师教学素养和教学技能的基础上,有效提高课堂教学效果和效率,促进学生的发展"。第一条表达得比较恰当,第二条则有工作目的之嫌。

撰写研究内容时容易出现的问题主要是过于笼统,不够具体、明确。而这方面做得较好的一个例子是"初中学校心理健康教育三级网络的构建与实践研究"中研究内容的表述。例如,把内容"3.构建面向全体学生的学校心理健康教育第一级网络的实践研究"进一步细化成"(1)教师心理健康教育全员培训的实践研究;(2)构建具有校本特色的心理健康教育课程的实践研究;(3)学科教学渗透心理健康教育的实践研究;(4)学校德育渗透心理健康教育的实践研究"。这样既使课题研究的内容更加明确,也使课题研究更具可操作性。

6. 第 6 课——教师完成作业:科研课题的申报

"教师完成作业:科研课题的申报"的目的是将学习与实践相结合,以切实提高教师的科研选题及申报能力。我们对区《学校教育科研课题申报表》进行了适当的细化,以此为基础制定了《开元学校教育科研申报表》,内容包括课题名称、选题意义及研究价值、核心概念的界定、研究目标、研究内容、研究方法和实施步骤,相当于完成一份校级课题的开题报告。

7. 第 7 课——教师作业讲评

"教师作业讲评"旨在通过对作业进行点评,肯定教师的学习成果,鼓励教师对科研申报的积极性,为今后的区级课题申报"热身";同时,进一步分析教师完成的《开元学校教育科研申报表》中存在的问题,引导教师展开反思,在实践、反思的过程中提高科研课题设计能力。

8. 第 8 课——怎样开展课题的实践研究

"怎样开展课题的实践研究"旨在提高我校教师的课题实践研究能力。课题立项后,怎样逐步开展课题的实践研究? 这当然不能一概而论。但许多教师在课题立项后,心中没有一个比较清晰的思路,往往做到哪里是哪里,存在很大的盲目性。因此,本课试图为教师开展课题的实践研究提供一些原则性的指导意见。

第一,进一步完善课题研究设计,即撰写课题开题报告。开题报告是课题确立之后,在反思课题原有研究方案的基础上进一步形成的更为完善的课题研究设计。虽然教师都知道撰写开题报告是课题研究的基本环节,但不少教师对开题报告的重要性认识不足,把撰写开题报告当作是例行公事,所以照搬课题原有研究方案。事实上,撰写开题报告是对原有研究方案的一次重要的审视与修正,尤其强调研究目标与研究内容的设计,如课题的研究目标是否适当、研究重心是否偏斜、研究内容是否足以涵盖课题题目、是否需要进一步充实等,并根据情况决定是否需要调整。例如,在撰写"初中学校心理健康教育三级网络的构建与实践研究"开题报告的过程中,课题组重新审视了课题题目与研究内容的匹配问题,补充了"探索学校心理健康教育三级网络结构的实践研究"这一重要内容,包括"(1)探索学校心理健康教育三级网络间的结构关系,进一步开展学校心理健康教育三级网络的设计研究;(2)形成学校分级实施的心理健康教育工作机制与运行机制的实践研究"。这就弥补了课题原有研究方案的一大漏洞,使课题的研究内容更为充实、完整。

第二,进一步分解与细化研究内容。确定研究内容后,为使研究内容形成合理、完整的框架结构,且更具有操作性,还需要将研究内容进一步分解与细化。需要注意的是,分解的内容要有一定覆盖面,不能遗漏本课题研究不可回避的重要内容;分解的内容也要有侧重点,能体现本课题的特点,有利于研究者扬长避短。例如,在"初中学校心理健康教育三级网络的构建与实践研究"中,我们将研究内容"3.构建面向全体学生的学校心理健康教育第一级网络的实践研究"条目下的"(2)构建具有校本特色的心理健康教育课程的实践研究"进一步分解为"①心理健康教育课程校本化设置的实践研究;②对心理健康教育教材进行校本化补充的实践研究;③切合学生实际的心理健康教育课堂教学的方法研究"。

第三,选择研究的突破口。有了较为完善的课题研究设计后,就可以根据框架结构,找到攻破课题的关键点,即突破口,一般有四种做法。(1)可从现状调查、发现问题切入。例如,学校的"初中学校心理健康教育三级网络的构建与实践研究",将开展全校初中学生心理健康现状的调查与分析作为课题的突破口。(2)由借鉴、移植别人的先进成果起步。例如,学校的"初中小班化教育策略的实践与研究",从提炼小学小班化教育经验入手,把分析初中学生的心理特点、生理特点及比较初中与小学小班化教育的异同点作为课题的突破口。(3)在总结、发展已有经验的基础上展开。例如,学校的"基于视频案例的初中精致化教学的行动研究",在总结以往学校开发语文学科教学视频案例经验的基础上,把学科教学视频案例的开发作为课题的突破口。(4)抓住最有特色和新意之处突破。例如,学校的"'九年一贯制'学校实施国学教育的实践研究",抓住课题的特色创新之处——开发编写适应义务教育阶段各年级学生的国学教育系列教材,以国学教育校本教材的开发设计研究为课题的突破口。

第四,不断反思并及时调整课题研究思路。中小学教师的研究,基本上遵循行动研究的范式,按"计划—实施—反思—调整—再实施—再观察—再反思—再调整……"的程序进行,实现螺旋形上升。其中,不断反思、及时调整是关键点。学校在以往龙头课题的研究过程中已积累起一定的经验。例如,课题"'九年一贯制'学校实施国学教育的实践研究"的重点是开发国学教育校本教材。在确定初中教材的内容时,课题组首先想到的是按照国学的构成——经、史、子、集来编写教材,但经、史、子、集的内容可谓浩如烟海,显然不可能面面俱到,必须有所取舍。因此,课题组及时调整思路,提出以中华传统文化的主体儒家学说为主,具体内容为儒家文化的本源和精华——"四书五经"。但"五经"内容博深,文字难懂,并不适合初中生学习。于是,课题组再次调整思路,在经典的选择上突出"四书"部分,以"四书"为主,略涉"五经"。就这样,课题组经过不断反思、及时调整课题研究思路,终于找到了教材编撰的正确方向,保证了课题研究的顺利进行。

9. 第 9 课——怎样撰写课题中期报告和结题报告

"怎样撰写课题中期报告和结题报告"旨在提高我校教师的课题总结与反思、提炼研究成果、撰写课题研究报告的能力。课题中期报告对我校教师而言较为陌生,因为参加过区级及区级以上课题研究的教师甚少,而校级课题并不要求撰写中期报告(因为研究时间较短,通常为一年)。因此,本课对怎样撰写课题中期报告只作一般性的阐述。

中期报告是在科研过程中汇报课题的研究进展情况及取得的阶段性成果的书面材料,

其主要目的是总结前一阶段研究工作的成绩和经验,理清下一阶段研究工作的重点和难点。中期报告主要有五个组成部分。(1)课题简介:简要介绍课题由来、课题界定、研究目标、研究内容等;(2)研究工作进展:按研究的时间顺序介绍重要的研究活动;(3)取得的阶段性成果:初步形成的解决问题的方法、途径,已形成的基本观点、理性思考,等等;(4)疑难困惑:具体地提出研究过程中遭遇的问题,实事求是地提出研究工作中面临的困难(课题研究的外部环境和客观条件);(5)后阶段设想:面临的疑难困惑如何解决,后阶段研究思路有何调整,研究重点是什么,研究活动怎么安排,等等。

怎样写出一份好的课题中期报告?有一位专家对此作出了很好的解读:一是重新回答"为什么"的问题,即重新认识课题的价值与意义;二是重新回答"是什么"的问题,对课题的核心概念进行新的解读;三是生动展开"怎样做"的问题,但要从学术的角度讲,要直接地围绕课题的内容来讲"怎样做",是讲"这个课题"怎样做,而不是一些通用性的例行公事式的做法;四是正确表述"结果"(即成果),这是课题中期报告的重点;五是问题与后续研究的初步打算,即在研究的过程中遇到哪些重要的问题,以及这些问题在后续的研究中怎样解决。

课题结题报告是课题研究结束时的专门的报告。结题报告的写法没有固定的格式,但有大致的框架结构,一般包括研究背景、研究概况(概念界定、研究目标与内容、研究过程与方法)、研究成果、研究成效、问题与反思等。课题结题报告对教师们而言较为熟悉,因为多数教师曾参加或承担过校级课题的研究。因此,本课将不对结题报告进行面面俱到的叙述,而是针对教师研究中存在的问题展开讨论。

第一,研究背景和研究概况不能照搬开题报告的内容。毫无疑问,开题报告是对课题研究的设计,结题报告是据此实施的结果,两者必然存在着内在的一致性,但"一致"并不意味着相等。首先,通过持续的文献研究而及时获取的相关新信息,必然会进一步提高对课题选题的认识。因此,这一点在结题报告中必须有所体现。例如,学校的"初中学校心理健康教育三级网络的构建与实践研究"开题报告在阐述选题意义时仅提到:"早在 1999 年,教育部就颁布了《关于加强中小学心理健康教育的若干意见》,2002 年又制定了《中小学心理健康教育指导纲要》。"而在结题报告中表述为"早在 1999 年,教育部就颁布了《关于加强中小学心理健康教育的若干意见》,2002 年又制定了《中小学心理健康教育指导纲要》。此后,在经过长达十年的教育实践的基础上,2012 年底,教育部进一步颁布了《中小学心理健康教育指导纲要(2012 年修订)》,并召开了第一次全国中小学心理健康教育工作会议⋯⋯由此可见,心理健康教育被提到了前所未有的高度"。其次,随着课题研究的逐步推进,对课题核心概念的认识也会进一步深化,从而使概念界定的表述更为完整。例如,"'九年一贯制'学校实施国学教育的实践研究"开题报告中对"国学教育"的界定是这样解释的:"本课题所谓的国学教育,是指对义务教育阶段学生所进行的以诵经读传为主要载体,以促进和加强中小学生思想道德文化建设为主要目的的中国传统思想文化教育。"而在结题报告中阐述为"本课题所谓的国学教育,是指对义务教育阶段学生所进行的中国传统思想文化教育。它以培育学生的民族精神、促进学生人文素养的全面提高为核心理念,强调引导学生认同民族文化、践行传统美德,以培育学生良好的行为规范和高尚的道德情操"。再次,在课题研究中,对课题的研究重心、研究内容等有时也会有所调整。例如,"'九年一贯制'学校实施国学教育的实践研究"的研究内容,在开题报告中表述为"1.选编各年级国学教育校本教材;2.探索各年级实施国学教育的方法与途径:(1)开展设置国学教育校本课程的探索;(2)开展国学教育融入学校德育的探索;(3)开展国学教育融入学校学科教学的探索;(4)开展国学教育融入学生社团活动的探索;(5)开展国学教育融入学校校园环境文化建设的探索"。而在结题报告中调整为"本课题研究以国学教育校本教材的开发设计研究为切入口,以国学教育校本课程建设为研究核心,并通过国学教育校本课程的开设,探索国学教育融入学校德育、学校学科教学、学生社团活动和学校校园环境文化建设的方法与途径"。

第二,研究成果与研究成效不宜混为一谈。结题报告的研究成果,是指研究的"理论成果"。这里所说的理论成果,主要是我们通过研究得到的新观点、新认识,或者新方法、新策略、新的教学方式等,当然也可以是学术研究成果。而研究的实践成果,如提高了学生、教师的哪些能力或素养,促进了学校哪些方面的工作等,则应列入研究成效部分。例如,"基于视频案例的初中精致化教学的行动研究"将研究成果归纳为"积极探索了开发教学视频案例的有效方法,初步形成了基于视频案例的优化课堂教学结构的有效策略,初步探究了运用视频案例提升教师校本研修的方法与途径",而把"提升了教师的教学反思与不断学习的能力,提高了教师的课堂教学实践能力,提高了学校课堂教学效果和效率"纳入研究成效之中。

与研究成效相比,研究成果具有借鉴价值和推广价值。因此,研究成果是整个结题报告的精华和核心所在。

第三,注意结题报告结构的内在联系。也就是说,课题研究主要内容的研究结果必须在研究成果中予以体现;而课题所确定的研究目标,则必须在研究成果和研究成效中予以体现。例如,"'九年一贯制'学校实施国学教育的实践研究"结题报告中的研究目标为"通过对一至九年级学生实施国学教育持续推进的实践研究,设计与实施符合中小学生思想道德文化建设需求的国学教育校本课程,并探索国学教育全面融入学校教育工作的方法与途径,从而有效加强学校的德育及人文教育,培育学生的民族精神,提升学生的人文底蕴",研究内容为"以国学教育校本教材的开发设计研究为切入口,以国学教育校本课程建设为研究核心,并通过国学教育校本课程的开设,探索国学教育融入学校德育、学校学科教学、学生社团活动和学校校园环境文化建设的方法与途径"。而相对应的研究成果为"(一)整体设计了国学教育校本课程;(二)开发编写了国学教育系列教材;(三)形成了国学教育校本课程的教学原则、教学策略与基本教学流程;(四)探究了国学教育全面融入学校教育工作的方法与途径(内含研究内容中表述的'四个融入')",研究成效为"(一)培育了学生的民族精神和人文素养;(二)促进了教师队伍的发展;(三)提高了学校的德育工作水平;(四)有助于形成学校办学特色,实现学校进一步的跨越式发展"。

10. 第10课——教师完成作业:撰写学习心得体会

"教师完成作业:撰写学习心得体会"旨在引导教师全面总结学习成果,深化对学校教师科研的认识与认知。

## 三、学校教师教育科研课程的实施与效果

### （一）课程实施

本课程的实施分为两个阶段。2015 学年第二学期中开设第一阶段的课程，即第 1—6 课，其目的是使培训与 2017 年度课题申报相衔接，课程中期作业"课题申报"与学校的实际课题申报时间相一致，以师训课程促进学校的教科研课题申报工作。2016 学年第一学期中开设第二阶段的课程，即第 7—10 课，其目的是为教师实际开展课题的实践研究提供帮助。

### （二）实施效果

从总体上看，师训课程产生了十分积极的效果，它显著提高了教师对科研的积极性。2016 学年初，在师训任课导师的推荐下，10 位教师参加了区级课题申报的初选。他们在原有作业的基础上，进一步撰写课题研究综述和研究方案，并在导师的指导下三易其稿，终于完成了区级课题申请活页和申报表的填写。最后，经过校学术委员会的评选，其中 5 位教师的课题正式参加了区级课题的申报。纵观开元科研工作的历程，这次区级课题申报也是教师参与人数最多的一次。

尤为可喜的是培训有效提升了教师的科研能力。C 老师的成长就是一个较为典型的案例。C 老师是一位有着物理学本科学历和教育心理学硕士学历的青年教师。作为一名教育心理学硕士，C 老师无疑具备一定的研究能力。但对于学校教师的教育科研，他依然感觉"一头雾水"，因为研究生学习阶段偏重于理论的教育研究，和现实工作中强调实践的学校教育科研还是有着很大的差异。例如，C 老师虽然熟悉文献研究、调查研究等方法，但对中小学大力倡导的行动研究则感到十分陌生。而这次科研培训为 C 老师提供了一次很好的机会，使其对学校教师的教育科研有了较为全面的认识。他说："这次培训，对如何选题、如何设计课题研究方案、如何开展课题的实践研究，以及课题结题报告的撰写等都进行了详细而专业的介绍，使我深受启发。"尤其是培训中安排的学习与实践相结合的课题申报，为 C 老师带来了莫大的帮助。

在这次课题申报的过程中，C 老师虽然一开始就敏锐地抓住了学生物理学习效能感这一具有研究价值的选题，但其撰写的研究方案仍存在着许多不足。后来，在师训任课导师的指导下，他逐步地解决了这些问题。例如，课题名称从最初的"上海初中生物理学习效能感的调查及提高策略的实证研究"改为最后的"初中物理提高学习效能感的实践研究"，课题研究目标从最初的"通过对上海初中生物理学习效能感的现状分析及提高策略的实证研究，为一线教师提出有针对性的教学建议"改为最后的"在对初中生物理学习效能感的现状调查的基础上，探索提高学生物理学习效能感的途径和方法"，相应的课题研究内容也从着重于初中生物理学习效能感的调查研究转向着重于提高初中生物理学习效能感的策略研究。从上述变化中，我们可以看到 C 老师在科研课题申报上的可喜进步。最终，C 老师的课题被立为

区级一般课题。

## 四、改进设想

我校参加这次区级课题申报的结果有进步，但尚不理想（虽然C老师的课题被立为区级一般课题，但这也是我校在2017年度仅有的一个区级课题）。这一方面说明了提高教师的课题申报能力是一个渐进的过程，不可能一蹴而就；另一方面也引起了我们的反思：我们的课程是否有待改进之处？答案是肯定的。

其一，本课程虽然设计了"讨论：教师科研的选题"，却没有真正落到实处。例如，对于这次讨论的结果，既没有反馈，也没有专家的介入，导致讨论流于形式。而在这次区级课题的申报中，大多数教师申报的课题不够新颖，创新价值不高，这应该是此次申报结果不够理想的主要原因。

其二，本课程要求每位教师完成作业"课题申报"，这虽然有助于推动每位教师的学习与思考，但人人写课题毕竟分散了力量，最终大家完成的课题申报总体质量都不高。如果以教研组或备课组为单位，集体完成一份课题申报，是否结果会更好？而且一旦课题立项，教研组或备课组就可以转为课题组，集中研究力量，形成以科研促教研、科研教研相融合的格局。

此外，除了上述两点集中于第一阶段课程的不足，第二阶段的课程在设计上也较为笼统，对教师开展课题实践研究的指导意义比较有限。如何对教师的课题实践研究进行全程式的指导，还有待于我们今后进一步的实践与探索。

**提升幼儿园青年教师研究力的微型课程：**
**设计、实施与成效**[*]

　　学校个性化教育科研培训课程是一种微型课程。微型课程的概念由美国阿依华大学附属学校于 1960 年首先提出，是在学科范围内由一系列相对独立的单元（专题）组成的一种课程形式。这类课程并非按学科逻辑或知识体系进行划分，而是根据被教育者的兴趣，以及相关能力、经验、发展现状编制而成的。

　　由于幼儿园教师新老交替，青年教师大批涌入，哈密路幼儿园（以下简称"哈幼"）面临教师整体年轻化且缺乏科研经验、教师对课题研究积极性不高、教师的专业自觉有待提高等实际问题。因此，幼儿园为 35 周岁以下的青年教师特别开发了形式多样的、有针对性的科研培训课程。首先对参与培训的青年教师的性格特点、教学特长、教学能力等方面的情况进行综合分析，然后通过系统的科研培训，帮助参与培训的教师正确地理解"科研"与"课题"，从而提高青年教师的研究力。哈幼根据青年教师的实际问题及特点，设计开发的个性化教育科研培训课程，即典型的微型课程，其特点及设计过程都与微型课程的特点及设计步骤一致。

## 一、主题观点

（一）微型课程的特点

微型课程，又称为短期课程，相对于长期课程，具有"短、小、精、活"的特点。

所谓短，即时间短，一般持续时间在一个学期之内。

所谓小，即规模小，课程主题集中，目标具体，内容量少。

所谓精，即内容精练，所选用的课程资源与课程目标关系紧密，且内容通常精简而凝练。

所谓活，即实施灵活，根据主题来组织课程内容，不受知识点系统性的限制，可灵活编排顺序。

（二）微型课程的设计步骤

学校根据教师的实际情况设计教育科研培训课程，主要包括选择和组织课程目标及课程内容两个方面，一般流程可以包括六步：确定课程目标—确定单元教学序列—准备课程内

---

　　[*] 本文由上海市长宁区教育学院汪光珩撰写。

容—设计教学活动—设计评价方式—进行课程管理;而且,这六个步骤是一个循环模式,使微型课程的开发呈现螺旋式上升的特征。

具体来说,第一步"确定课程目标",是微型课程设计的首要任务,决定了课程开发的意义和价值。

第二步"确定单元教学序列",就是把微型课程的目标进行分解,并把课程内容分成与之对应的多个教学单元,再确定序列。

第三步"准备课程内容",即课程开发教师根据课程目标及单元整理基本的学习内容,并在课程实施的过程中逐步生成好的课程资源,再整合到课程中。

第四步"设计教学活动",即对微型课程教学活动的组织方式进行设计,微型课程的组织方式多样,教学方法多样,就连成果表达和成果交流的形式也都没有固定模式。

第五步"设计评价方式",微型课程教学活动方式的多样性,决定了其评价方式也是多样的,应根据教学目标选择合适的评价方式,从而促进教学活动的有效设计。

第六步"进行课程管理",在开设微型课程后,应相应地建立一套课程管理体系,为后期丰富校本课程提供资源。

## 二、案例解析

### (一) 科研课程的设计

在开展针对青年教师的教育科研培训时,哈幼以开发微型课程的方式,首先确定了课程的目标与基本内容,即围绕课题研究开展培训,旨在提升青年教师的科研能力与教育教学实践能力。

整个课程的培训内容紧密贴合青年教师的专业困境和实际需要,分为理论学习与实践活动两大板块。第一个板块"理论学习"又细分为两个部分,包括教学方面和课题研究方面;第二个板块"实践活动",主要指小课题的研究实践。课程设计了"教学案例""活动反思""情报综述""问卷设计""课题方案"等多个培训单元主题活动,主要采用青年教师边学习边实践的形式。

评价方式,是该课程需进一步改进之处,目前的设想包括参与培训的教师对课程内容的评价,以及培训结束后对参与教师学习效果的评价,以期通过不断调研和优化,形成一套较为成熟的课程方案。同时,拓宽科研培训课程的受众面,不再局限于青年教师,而是针对不同类型的教师提供不同层次的培训平台,帮助教师提高科研能力。这些都是下一步值得考虑和解决的问题。

### (二) 科研课程的实施与成效

哈幼科研课程在实施之后,对提高青年教师的科研力与专业自觉都产生了促进作用,真正惠及每一位参与培训的教师,也提升了整个青年教师团队的科研力,主要体现在以下三个方面:

一是在理论水平上。参与培训的教师开始能够运用理论分析并反思实践中的行为和问题,不再停留在表面的行为分析上,这方面的提升进一步优化了教师的幼儿观。可见,教育科研微型课程不仅为教师培训提供了科研方面的理论知识,还激发了教师的专业思考,对教师专业素养的整体发展是有帮助的。

二是在教学能力上。参与培训的教师不仅学会了开展课题研究,对一日活动的设计与实施,对教研等活动也逐渐有了自己的想法,真正体会到"教师从事研究的最终目的不仅仅是改进教育实践,还有改变自己的生活方式,从而在工作中获得理性的升华和情感的愉悦,提升自己的精神境界和思维品质"。

三是在活用科研方法上。参与培训的教师不仅把学到的科研方法运用到课题研究中,还逐步推广运用到工作的其他方面,特别是文献法、问卷法等;这使教育科研微型课程的学习不再是"要我学"的单向接受,而是有益于幼儿园活动开展的有效手段。

总之,通过教育科研微型课程的培训,教师学会了思考,能运用科研的方法开展调研,尝试设计了一些以环保为主题的幼儿园园本特色活动,并记录下相关案例,为学校的课题研究提供了支持,也进一步充实了园本课程。

## 案例 | 基于课题的青年教师校本科研培训课程

——以科研培训提升教师研究力,以课题实践彰显园本特色[*]

### 一、课程开发的背景依据或问题分析

长宁区哈密路幼儿园创建于 1992 年,是长宁区程家桥街道唯一一所公办幼儿园。2001 年 5 月,我园通过上海市教育评估院验收,被评定为上海市一级一类幼儿园;2007 年 6 月、2011 年 12 月和 2016 年 4 月,我园顺利通过了上海市教育评估院的复验。目前,我园有四个园部,共有 18 个班级,分别为 6 个小班、6 个中班、6 个大班,约 460 名幼儿,在编教职工 56 名。我园是 EDS(世界绿色环保组织)成员单位,也是长宁区绿色环保特色学校,近年来先后荣获"上海市花园单位""上海市绿色学校""长宁区文明班组""长宁区第八届教学工作研讨活动教学工作先进学校""优秀家长学校""第五届教育科研先进集体"等荣誉。凭借优良的师资力量与硬件设施,哈密路幼儿园在周边地区享有很高的声誉。由于我园毗邻上海动物园,多年来我们一直以环境教育为切入口开展教育科研。随着社会的发展及课改理念的深入,我园自 2011 年起逐步调整教育科研的步伐,"聚焦新教材、关注社会热点、秉持可持续发

* 本文由上海市长宁区哈密路幼儿园王逸旻撰写。

展的教育理念",将教育科研工作与学校发展紧密地联系在一起。2013 年,"幼儿园一园多址管理机制的探索实践研究"作为区重点课题得到了专家的认可。

然而,随着教师的新老交替,大批涌入的青年教师在为幼儿园的教育注入活力的同时也显露出其在科研方面的不足。综合学校发展,我们目前主要面临着以下几方面的现实问题。

### (一)学校科研需要教师参与其中

学校科研立足于教育。幼儿园一线教师在日常工作中积累了许多相关经验,同时也会产生不少问题。实际工作中的问题需要用科学的方法解决,因此一线教师可以为科研提供问题。如何用科学的方法解决问题?这需要教师用实践来检验。因此一线教师又可以为科研提供论证。基于此,学校科研与教师之间的关系是相互依托的,两者的互动是双向的。

### (二)教师整体年轻化且缺乏科研经验

近两年,由于园所的扩建,我们聘任了不少年龄在 25—35 岁之间的教师。他们中有的是教学骨干教师,有的是刚刚毕业的大学生,还有的是各方面能力都有待提高的新教师。再加上原本园内教师中也是青年居多,他们没有参与科研的相关经验,更不用说研究力了,"科研"对他们而言就是一个"陌生"且"高高在上"的词汇。但这并不代表他们没有能力或不愿意进行科研研究。事实上,他们是需要科研培训的,学校也有义务为教师搭建学习平台。通过科研培训,学校可以打开科研的大门,挖掘教师的潜力,培养相关人才。

### (三)课题研究呈青黄不接态势,教师专业自觉有待提高

回顾学校的科研历程,参与个人课题研究的教师寥寥无几。课题研究对教师来说究竟是什么?只有到了职称评定的时候,教师才开始撰写论文,这质量可想而知。论文也好,课题也罢,研究并非一蹴而就,它需要善于观察与捕捉的眼睛,需要积累与沉淀。教师对个人课题研究的积极性不高,侧面反映了教师的专业自觉有待提高。"不进则退"这几个字,尤其适用于教育领域。时代在变迁,如果我们不学习,怎能保证教育理念与时俱进?课改在进行,教育理念需要革新,教育方法也需要随着时代变革。个人课题研究是促进教师个人成长的有效途径之一。发现自己实践中的问题,并能通过研究去解决问题,对教师的专业发展有很大的帮助。

幼儿园教师专业自觉,指幼儿园教师能够对自己从事的专业及专业要求有正确、清晰的认识,并在保教实践中不断地改进和完善自身的实践能力,有意识地促进自身专业发展的一种专业品质。幼儿园教师专业自觉包含三个环节:教师在专业上的自我反省、自我批判、自我超越。这三个环节需要科研力的辅助。由此可见,专业自觉需要在实践中不断地改进与完善,科研是途径之一。

## 二、解决的方法

可以通过个性化教育科研培训课程的开发,来完善园本课程,提高教师的科研力。

所谓个性化,是指非一般大众化的东西。在学校个性化教育科研培训课程中,我们既要

达到原定目标,又要彰显教师的个人素养,从而体现"个性化",提高教师的科研力。

具体措施如下:

第一,综合分析参与培训的教师的性格特点、教学特长、教学能力等,开展形式多样的、有针对性的培训课程。

第二,通过系统的科研培训,帮助教师正确地理解"科研"与"课题",鼓励教师参与学校的课题研究,指导教师进行个人课题研究。

第三,通过研讨、实践,进一步丰富、完善园本课程内容,提高教师集体教学活动的设计能力、执行能力、反思能力,同时由点及面,学习、反思并梳理经验,形成文本。

## 三、课程内容

纵观幼儿园整体师资力量及班级教师分配,我园组织 35 周岁以下的青年教师组成青年科研组,以课题为主要内容一起学习,从而提高青年教师的研究力。

课程内容主要分为理论学习与实践活动两大板块。

**课程内容**

| 理论学习 | | 实践活动 |
| --- | --- | --- |
| 教学方面 | 课题研究方面 | — |
| 集体教学活动案例分析 | 教师如何做个人课题 | 案例交流 |
| 如何进行反思 | 课题名称的确定 | 为学校课题收集情报资料 |
| 怎样撰写教学案例 | 分析和研究利用文献情报资料的方法 | 建立小课题组,初步拟定小课题 |
| 《3—6 岁儿童学习与发展指南》 | 研究内容 | 小课题情报收集及交流 |
| — | 问卷的设计 | 小课题开题报告的撰写 |

在拟定了初步的课程内容之后,我们组织教师进行了学习。

鉴于青年教师人数多,教学经验少,我们从集体活动入手,通过观摩集体教学活动、课后反思,指导教师将一些好的方法、经验运用到自己的实践中,从而尝试撰写有关教学反思方面的案例。经常有教师问:怎样才能写出一篇好文章?看看刊物上的那些好文章,写的内容都是身边事,可是为什么我的文章就不能得奖呢?细细分析,我们与好文章之间的差距就在于思考的角度。有时候,一些案例的调整措施、教学对策,我们会做却不会写;甚至我们写了,仍停留在表面。也许,教师缺少的不是"实战"而是"理论"。在培训中,教师分享自己撰写的案例,从不同的角度去思考。有的小组分析幼儿行为背后的原因,有的小组思考幼儿的经验,有的小组寻找理论支撑……一个个鲜活的活动实例呈现在眼前,一篇篇好文章也由此而来。当看到自己的教学案例得奖时,教师们发现科研似乎不再那么高深了,自己的反思能力提高了,与科研的距离也拉近了。

由于青年教师团队从未做过个人课题,对课题研究感到十分迷茫,因此我们组织教师进行了有关课题的理论学习,一边学习一边实践。如在学习"分析和研究利用文献情报资料的方法"之后,教师们收集了关于学校课题的各种文献,并进行了相关分析,为学校的课题研究贡献力量。此外,在实践中,教师们自行组成课题研究小组,关注教学实践,从小课题入手,尝试撰写开题报告,为后续的个人课题研究进行准备。

## 四、分析结果与案例点评

### (一)教师专业自觉与科研力有所提高

通过一段时间的科研培训课程,教师的专业自觉有所提高。他们变得会看、会想,对活动中观察到的内容进行反思、调整,为幼儿提供更好的可能性。同时,他们自主学习,将实践经验与理论结合形成案例、论文,不仅在园内进行分享交流,还参与各项征文活动。自 2012年起,每一年的"中国教育学会征文活动""上海市中小学幼儿园应用调查方法优秀成果评选活动""长宁区教育学会征文活动""'黄浦杯'长三角城市群征文评选活动"等征文活动中,都不乏我们的诸多教师。随着教师积极性的提高,文章的质量也有所提高;多位教师获得了不俗的成绩,为学校、个人赢得了荣誉。

**案例1:科学小实验**

案例背景:

近来,我们在科学探索区投放了"鸡蛋沉与浮"的小实验材料,孩子们一直都很有兴趣。其实,从实验材料的准备到孩子们实验成功,老师曾亲身实践过多次,可见材料对支持幼儿游戏的重要性。

活动实录:

那天,古明欢早早地来园,她一进教室就走向科学探索区。一切准备就绪,她放了第一勺盐,然后用搅拌棒轻轻地搅拌,让盐充分溶于水中,不过鸡蛋并没有什么动静。她在记录表中"沉"的第一格里打了一个钩,接着又放了第二勺盐……在区角游戏的分享交流环节中,古明欢向大家介绍了她的实验成果。在她的记录表中有小钩和大钩,原来,鸡蛋浮上来一点点时,她画的是一个小小的钩,当鸡蛋浮得越来越高时,钩也越来越大……

分析反思:

孩子们一直很喜欢"鸡蛋沉与浮"的实验,这种兴趣也维持了一段时间。在材料的投放上,我们老师自己也实验了好几次。最初为了便于搅拌,使盐充分溶于水中,我们选择的是大杯子,可后来发现放了好几勺盐,鸡蛋还是没动静。于是我们调整为小杯子,并去超市买了较小的鸡蛋,还新增了搅拌棒,方便幼儿搅拌。在青年组研讨的过程中,其他老师还提出了一个很好的建议,即可以提供婴儿奶粉的勺子,使幼儿对于到底放多少盐有一个标准,这样实验才会变得更加科学、严谨。可见,教师在幼儿游戏材料的投放中也需要亲身实践,不断地调整、反思,从而发现最适合孩子游戏的材料,达到支持幼儿游戏的目的。

调整措施:

1. 投放一些其他材料,如纸、乒乓球、雪花片、硬币等。让幼儿将这些物品放入水中,观察它们沉与浮的现象,并进行记录。

2. 制作保留式的记录表,引导每一位幼儿都去探索实验。

### 案例2:硬币上能站多少水珠

——浅谈大班幼儿个别化学习活动中科常区的探究能力

案例背景:

幼儿进入大班后,随着综合能力的提高,对个别化学习活动中的科常区越来越感兴趣。《3—6岁儿童学习与发展指南》(以下简称《指南》)中明确指出:幼儿的科学学习是在探究具体事物和解决实际问题中,尝试发现事物间的异同和联系的过程。幼儿科学学习的核心是激发探究兴趣、体验探究过程、发展初步的探究能力。

最近,我们班的科常区创设了新活动"硬币上能站多少水珠"。我一抛出问题,孩子们就七嘴八舌地议论起来,显然是对这个问题感到兴奋和好奇。通过对幼儿操作实验过程的观察,不难发现,大班幼儿在探究能力方面的个体差异还是十分明显的,有的专心致志,有的草草了事,而这也直接影响着他们的探究结果。

活动实录:

材料投放:一元、五角、一角的硬币各两枚,滴管两根,记录本,记号笔,杯子,小抹布。

情境一:

郝佳逸来到科常区,他先选择了一枚一元硬币。他拿起滴管,一边滴,一边小声地数着:"1、2、3……"只见他把滴管拿得很低,几乎都快贴着硬币上的水珠了。而且他滴的速度忽快忽慢,嘴里数的渐渐地和滴的次数不一样了,不一会儿,一元硬币上的水就溢出来了。他又换了一枚五角的硬币,这次滴得更加快了。最后,他在记录本上写下:一元硬币25滴,五角硬币40滴,一角硬币21滴。

情境二:

陈茗谦也坐了下来,她选择了一枚一元硬币。只见她小心翼翼地拿起滴管,慢慢地边滴边数……实验完一枚硬币之后,她先在记录本上写下数字,再换另一枚硬币。最后,她的探究结果是:一元硬币35滴,五角硬币32滴,一角硬币24滴。在"我的发现"一格,她还写上:大(许多的点)小(较少的点)。

随后的分享交流环节中,我和大家分享两个孩子的探究结果,并提问:"为什么他们两个的记录结果会相差那么多?"有的孩子立马指出:"40滴? 怎么可能这么多!""一定是他数错了!"我继续追问:"问题到底出在哪呢?"我请郝佳逸上台演示了一遍他是如何操作的,果然孩子们一下子就找到了他的问题:"他数的和他滴的不一样!""他滴得也太快了吧!"随后,我请陈茗谦也上台演示了一番,孩子们对她操作实验的过程表示赞同。我问道:"她做实验的时候好在什么地方?"孩子们纷纷表达了自己的看法:"因为她很耐心。""她很仔细,数的和滴的速度是一样的。""她滴的时候非常小心。"

接着,我又提问:"她在'我的发现'中写的和画的是什么意思?"部分孩子即使还没玩过这个活动,但看到陈茗谦的实验结果后,也果断地进行了推断:硬币越大,站的水珠越多;硬币越小,站的水珠越少。"到底是不是这样? 下次你也可以去试试。如果你不会写字,可以用其他方式记录结果,只要能让人看明白就可以了。"

分析反思:

在上述案例中,两名幼儿的学习品质、探究能力显然是有差异的。大班幼儿对周围一些事物的现象已经有了浓厚的探究兴趣,他们渴望通过动手操作、实验去验证自己的想法,得出自己的结论,体会科学的乐趣。郝佳逸小朋友其实对这个活动非常感兴趣,他喜欢去操作或摆弄滴管等材料,因为他觉得十分"好玩"。这种对科学实验的好奇心以及探究的欲望是教师应该保护的,但他在实验中表现出的"粗心""马虎"也是教师应该理解和接受的。大班幼儿已经具备一定的探究能力,如何激发、培养幼儿的探究能力正是值得我们思考的。

一、活动中注意发现幼儿的探究能力

具有初步的探究能力包括经历探究过程、获得探究能力两个相辅相成、相互交织的层面。

探究过程,包括提出问题、观察探索、思考猜测、调查验证、收集信息、得出结论、合作交流等基本环节。对于不同年龄段幼儿的探究过程,在完整细致程度和深度上有不同的要求。

探究方法,包括观察比较、实验验证、调查测量等最基本的方法。对于幼儿在探究中使用观察、比较、分类、概括、分析、实验验证、计划和实施调查、记录和收集信息等方法,在多样性和程度上有不同的要求。

幼儿的探究能力是其在探究解决问题的过程中综合运用各种方法的能力的综合表现。幼儿正是通过运用不同的探究方法,在经历了发现问题、分析问题和解决问题的过程中获得探究能力的。上述案例中,幼儿主要表现出观察探索、思考猜测、实验验证、记录信息等探究能力。

二、活动中有效培养幼儿的探究能力

著名的教育家陶行知先生曾强调：儿童是在亲自"做"的活动中掌握经验的，那么教师就应积极地鼓励儿童去亲身体验、科学探究，进而培养幼儿的探究能力。在"硬币上能站多少水珠"的案例中，可以从以下三个方面来激发、培养幼儿的探究能力。

1. 抛出问题，激发幼儿的探究兴趣

兴趣是学习的动力。只有产生了兴趣，幼儿才能积极主动地参与到探究活动中。当我在孩子们面前拿出硬币、滴管时，他们立刻议论开了。我向大家提问："你们猜猜看，硬币上能滴多少滴水，而水不会溢出来？"孩子们一下子兴奋起来，开始进行大胆的猜测。根据大班幼儿的年龄特点，可知他们正处于一个急于证明自己能力的阶段，爱表现，渴望得到成人的肯定。因此，我开门见山，直接抛出问题，引发孩子们的讨论、猜测，使他们对这次探究活动有一个简单的预设。让幼儿带着问题去尝试、操作，可以激发他们探究的兴趣，产生进一步去寻找答案、解决问题的欲望。

2. 观察讨论，推动幼儿的探究过程

在幼儿的探究过程中，教师通常只是在一旁安静地观察，并不过多地干预。无论孩子们探究的结果如何，我都会组织大家集体交流讨论，一起发现问题；同时，把更多表达的机会留给幼儿，让他们自发地发现问题、解决问题，从而推动探究过程。例如，同样在一元硬币上滴水滴，为什么有的小朋友滴20滴，有的小朋友可以滴30滴？为什么会有这样的差距？如果滴管的粗细不同，会影响结果吗？当一个新的问题出现时，孩子们又跃跃欲试，展开了"在硬币上站更多水珠"的较量。这一目标对幼儿提出了更高的要求，即操作时要更耐心、更仔细、更小心。

3. 指导启发，支持幼儿的自主探究

由于活动中涉及水，孩子们经常玩得到处都是水，个别孩子的"破坏"行为甚至威力不小。但是为了保护幼儿探究的积极性、自主性，我们应该包容孩子们的"破坏"，多鼓励他们自主探究。

幼儿在探究活动中常常会遇到一些"深奥"的问题，它们在很大程度上加强了幼儿独自解决问题的能力。同时，幼儿在发现问题后，会通过各种途径、各种方式尝试解决问题。我们开展活动的价值，不仅仅是增强幼儿的知识与技能，更是通过环境的刺激，使幼儿能自主探究、主动学习。

三、活动中引导幼儿学习、掌握正确的探究方法

科常区的活动内容丰富多彩，神奇有趣。教师要巧妙地组织科学探究活动，激发幼儿对科学的好奇心及探索的欲望，引导幼儿用科学的探究方法探究问题、解决问题。针对上述案例，可以这样做：

1. 观察讨论，大胆猜测，记录分享

观察探究既是科学探究的第一步，也是幼儿常用的一种基础的探究方法。当孩子们摆弄材料时，他们一边观察，一边大胆猜测。教师可以在分享讨论环节中，鼓励幼儿积极思考，

提出问题,并在必要时引导幼儿制定简单的探究计划和方案。

记录是幼儿探索历程与认识发展的真实客观的呈现,是幼儿自我调整建构知识经验的见证,也是幼儿表达个人发现与意见的依据。记录能够培养幼儿对事物的客观描述,以及对事实的尊重,使结论建立在事实之上。教师可鼓励幼儿记录时采用简单的图画、数字或其他符号。

2. 尊重个体差异,尝试互相合作

幼儿的个体差异也决定了探究能力的差异。在幼儿的操作过程中,教师要重视幼儿的情绪体验,对爱动脑筋、认真探究的孩子给予适当的肯定和鼓励,使他们树立自信;对能力强的孩子要适当地提高要求,使其求知欲不断得到满足;对能力较弱的孩子给予适当的帮助和提示。针对大班幼儿的年龄特点,可以让孩子们尝试互相合作,发挥各自所长,从而保持探究科学的积极性。

《3—6岁儿童学习与发展指南解读》中提到:幼儿有了初步的探究能力,就具备了基本的探究未知、寻求答案和获取知识的方法和能力,也就在一定程度上具备了主动学习、自主学习的能力。我们教师应该积极鼓励和支持幼儿在动手动脑、积极探究解决问题的过程中,不断通过有意义的活动学习相关的方法,引导和帮助幼儿看到自己的进步和发现,从而体会和感受科学探究的乐趣,使探究能力得到长远的发展!

（以上案例由长宁哈幼李洁老师提供）

点评:

这两篇教学案例是同一位教师在参加科研培训课程前后撰写的,都是围绕大班幼儿在科学探索区的一个活动展开的。我们能清楚地发现,科研培训课程后教师撰写的案例有两个显著的特点:理论支撑与幼儿观。不论是案例背景还是分析反思,教师都是依托大量的理论依据来进行判断。在第一个案例中,教师主要是对教育教学知识内容,以及教育教学活动组织与指导的过程进行反思,还停留在表面的行为分析上。第二个案例中,教师除了分析了上述两者,还加入了对教育教学观念与教师角色定位的反思,这与我们科研培训中"如何进行教学反思"是相契合的。教师的教育观念在逐步转变,在对幼儿的观察中,她不仅注意到了行为,还进一步思考了行为背后的原因,从而做到真正走近幼儿,提高专业水平。可见,科研培训不但为教师补充了一些研究方面的知识,还为她带来了一些专业上的思考,对其实际的专业发展是有帮助的。相信在这种思考模式下,这位教师的案例撰写能力与一线工作能力都会大大提高,这也就是我们常说的"教科研不分家"。

## 在开展课题研究过程中的心得

经过三年的科研组的学习,我对编写案例和设定教学研究有了初步的认识。一名幼儿教师应该如何开展课题研究呢？以下便是我的体会。

教师要全面提高教育质量,必须对教育进行研究。教育研究对教育的真正影响,主要体现在它对教师的教育观点和态度的影响。

在课题开展前,要先进行课题研究的设计,这是研究工作中重要的一步。正如一张精确的图纸是建造一栋大楼的基础,一个完善的课题设计直接影响着课题的研究目标是否能达到,研究结果是否科学、可靠,以及整个研究工作是否能顺利进行且有效率。通过课题设计,幼儿教师不但可以对整个研究工作形成一个完整的概念,使自己工作起来更有条理,而且可以向负责审阅、批准的机构和领导证明自己研究的可行性,以便得到经费和时间上的支持。

围绕设定好的计划,下一步就是操作办法了。首先要界定研究的现象和范围。作为教师,研究的问题应该限定在一定的范围内,不能太宽,也不能太窄。研究范围的大小取决于研究的时间、地点,经费的多少,研究者的人数和水平。进行语言表述的时候,要考虑到研究的焦点和覆盖范围,并对重要概念下定义,使它们在研究中具有可操作性。

比如我们在去年教研中曾进行的"主题环境下环保集体教学活动的设计和实施"这一课题研究,就应该说明进入的是什么主题下的环境研究,进行的是哪些集体教学活动,"设计"指的是哪种设计,"实施"指的是什么方案,等等,必须有明确的定义,不能含糊其辞。这些概念都需要通过理论的学习而逐步明确,这就是研究的过程,即通过科研提高素质的过程。

在界定了研究的问题后,就应该在设计中确定研究的目的与意义,也就是研究的现状和趋势,即要解决的问题、涉及的学科领域、存在的问题、研究的实际意义和理论价值。一般来说,我们研究的目的多和个人有关,如自己对这个问题比较感兴趣;也可以是实用的目的,如要解决某方面的具体困难,或完成某项工作;还可以是纯科学的目的,如为某研究领域提供新的信息、理论框架和研究方法等。当然,也可以根据自己的特长,比如教师在美术方面比较擅长,本身又对幼儿园环境的布置非常感兴趣,就可以把自己与优化幼儿的生活、学习环境结合起来,开展"优化幼儿园环境的研究",这项研究实际上就同时具有"个人的目的"与"实用的目的"。

在编写课题的过程中,文献检索对我来说其实是比较难以把控的,因为我不知道应该检索多大范围的文献,才算掌握了该领域的真实动态。虽然如今的文献检索比以前方便很多,也相当快捷,但信息量非常庞大,很难面面俱到,因此我还需要不断地学习。

最后引用苏霍姆林斯基的一句话:"如果你想让教师的劳动能够给教师带来乐趣,使天天上课不至于变成一种单调乏味的义务,那你就应当引导每一位教师走上从事教育科研这条幸福的道路上来。"教师从事研究的最终目的不仅仅是改进教育实践,还有改变自己的生活方式,从而在工作中获得理性的升华和情感的愉悦,提升自己的精神境界和思维品质。

（以上案例由长宁哈幼陈琦云老师提供）

点评:

这是一位青年教师在经过三年的科研培训后得出的一些感悟。我们可以看出,青年教师不再是单纯的执行者,而是逐步过渡成为一个思考者,对教研内容、活动设计都渐渐形成了自己的想法。文中指出所涉及的概念都需要通过理论的学习而逐步明确,这说明教师学会了在一个活动开始前用科研的思维去思考,知道做任何事都要严谨,要有据可依。

（二）科研方法得到了推广

课程中包含了一些针对研究方法的学习。教师不仅把这些方法运用到课题研究中，还逐步运用、推广至工作的其他方面。例如，为了更好地了解教师的需求，设计操作简便、幼儿易懂的园本课件，多媒体课件组通过问卷调查法进行了资料的收集、分析。教师们能够将所学运用到实际工作中，真正地体现了"学以致用"。现在，每当需要收集大量资料进行调查时，教师们的第一反应就是能否通过问卷、座谈或其他方法去完成。在一份份问卷的设计过程中可以看出，教师们思考得更全面、更细致、更系统化了。

**课题名称：创设情境性音乐活动，提高幼儿审美素质**

**第一稿**

幼儿音乐教育的目的，不是让学生学会演唱一些歌曲，也不是让学生学会一两种音乐技能，而是培养学生对音乐的兴趣和喜爱之情，提高音乐文化素养及审美能力，是教师运用音乐的内涵来塑造学生美好心灵的审美教育。

情境音乐，听起来起伏不大，其实一直在变化，如长时间的音效或渐进式的音乐编排等，可营造出有层次的空间感，所以被称为"情境音乐"，并且常取样自生活中的声音。

为何要创设音乐情境？

音乐教学中的"情境"是教师根据教学需要，将教学内容以情境的形式呈现于幼儿面前，以激发幼儿的学习兴趣，并帮助其理解记忆的一种教学手段。音乐教学情境有利于幼儿和教师在情境中获得和谐的视听感受。

一、生活展示情境。音乐教学不能局限于课堂，局限于教师的教、学生的学。利用自然教学，让幼儿走进阳光、雨露、花草树木，与大自然亲密接触。树叶沙沙响，溪水潺潺流，鸟儿喳喳叫……在清新、淳朴的环境中，幼儿用发自内心的微笑表达对生活的感受，体验生活的美好。

二、图片再现情境。有情节的图片有助于幼儿理解音乐的内涵，从而掌握歌词。

三、故事感受情境。对于内容简单、有趣的歌曲，幼儿通常很容易掌握；而对于段落较长的歌曲，如何帮助幼儿记忆歌词是一个重点。《泼水歌》是一首节奏欢快的歌曲，节奏快，歌词长，幼儿在演唱时难免心慌意乱。我在教学歌曲前，先将歌词以故事的形式讲述出来，帮助幼儿理解内容。正式学习歌曲时，我让幼儿先跟着音乐的节奏朗诵歌词，再过渡到演唱。幼儿因为既理解了内容，又熟悉了节奏，所以演唱时比较从容，节奏也比较合拍。

四、表演体会情境。音乐与表演是密不可分的，动作是幼儿表达自己对音乐的感受和理解的一种最直接的方式。要想充分表现歌词的意境，就要利用幼儿好动的特点，动静结合，通过创设情境来激发幼儿学习的热情，这样才能达到事半功倍的效果。

著名儿童教育家陈鹤琴指出："音乐可以陶冶人的性格和情感，可以鼓舞人的进取精神，应该为幼儿创设情境，培养幼儿对音乐的兴趣。"在进行唱歌教学时，我借用美术、舞蹈、游戏、故事等表现形式，生动直观地把歌曲内容表现出来，以激发幼儿学习的兴趣。歌词，是音乐的一种文学形式，虽词语不多，篇幅短小，却是幼儿与歌曲接触的第一步，歌词中所描绘的人物、情节、语言、动作对幼儿有着直接的影响。但幼儿园的孩子还不具备独立朗读和理解词义的能力，此时若采用传统的条文式的灌输方法，他们会因觉得过于抽象而失去兴趣。所以，我在教学中通常把歌词转变为孩子们爱听的各种小故事，或作为教授新歌的导语，或以故事情节贯穿整堂课，通过生动的讲解，让孩子们轻松、愉悦地接受。情境教学与教育所蕴含的现代教育思想不仅具有鲜明的时代特点，更对儿童教育的各个领域具有普遍的指导意义。

一、创设音乐审美情境，提高幼儿的欣赏能力

在一切艺术种类中，音乐的审美特性表现得最充分，它借助具有情感性的音乐符号，形象地反映现实生活，表现人类的心灵。这一特点决定了音乐最能触发人的自由体验，净化人的灵魂。正因为如此，在欣赏教学中，帮助儿童建立超越性、情感性（而非功能性、认识性）的审美态度，使他们与日常生活保持适当的心理距离，就显得十分重要。

例如，聆听《野蜂飞舞》前，首先让孩子们观察插图。课本上提供了一幅画面：一只野蜂、一条曲线、一艘轮船。孩子们对此的理解各不相同，有的说蜜蜂在画线，有的说蜜蜂在走迷宫，有的说蜜蜂在追大轮船。然后，让孩子们带着"野蜂是怎样飞舞"的问题听录音。听完后，他们有的说野蜂飞得很快，有的说野蜂像飞机一样边飞边叫，有的听出音乐一会儿强一会儿弱。接着，让孩子们和着音乐表演，有的孩子开始画图……最后，我给孩子们讲了教参上提供的一则故事，当讲到"公主把王子变成一只野蜂，野蜂在大海上随着轮船急急地飞"时，音乐再次响起，孩子们脸上的表情十分严肃，仿佛自己也成了那只野蜂，想要迫不及待地飞回王宫。这样的教学过程充分结合生活，通过想象把要感受理解的音乐展示出来，为孩子们创设了音乐审美情境，提高了他们的欣赏能力。

二、创设音乐审美情境，提高幼儿的动作感受能力

唱游教学是促进幼儿感受音乐的最佳途径。它主要采取律动、歌表演、音乐游戏、集体舞等音乐手段与方法，让幼儿在游戏活动中，通过身体的动作和姿态，体验音乐的节奏、节拍、力度、速度、情绪等方面的特点，在感受中加深对音乐的理解，并创造性地表现音乐。唱游情境教学将儿童的主体动作与富有情趣的体验、自由的氛围有机结合，充分体现了动中学、玩中学、乐中学的特点。

首先，在律动情境中学习。根据情境教学的基本原理和达尔克罗兹的体态律动学，律动情境要求学生一开始接触音乐就习惯于同时从身心两方面去感受音乐，即不仅心理上对音乐有所感受，生理上也能感受到音乐的节奏、情绪的起伏等，从而提高幼儿在充满生命韵律的动作中感受并表现音乐的能力。我们可以让幼儿在进行曲中精神饱满地学解放军叔叔踏步，体会四分音符的节奏；让幼儿模仿老爷爷行走，体会二分音符的节奏；让幼儿学小鸟飞，掌握三拍子的节奏和强弱规律。总之，通过创设律动情境，儿童能在运动中感受节奏，感受

音乐的表现,从而做出具有韵律感的动作。

其次,在游戏情境中学习。高尔基说过:"游戏是儿童认识世界的途径。"在游戏中,儿童的运动器官、感知记忆能力都能更快更好地发展起来。音乐游戏,则更突出音乐特点,可以使儿童的音乐感受力等音乐素质在游戏过程中逐步提高。因此,教师应根据不同的教学要求,设计出丰富多彩的音乐游戏情境。我们可以利用角色扮演的移情效应和通化效果,开展边听边做"小蝌蚪找妈妈""猫捉老鼠"等游戏的活动,让学生在玩乐中扮演一些角色,在学会各种各样的动作的同时,感受音乐的节奏、韵律等,增强动作的敏捷性和协调性。

再次,在歌舞情境中学习。歌表演与集体舞的目的都是让学生在音乐中翩翩起舞。歌表演是边唱边手舞足蹈。而集体舞作为自娱性舞蹈,人人都可以跳,技巧也比较简单,只需在共同的节奏中做规定的动作。实践证明,孩子们非常喜欢这两种形式。现行的音乐教材中有很多歌曲都适合表演,教师一方面可教给学生一些规定的动作,另一方面还可鼓励学生大胆地创编动作,这样他们可以在自己的表演中领会歌曲的意境,同时感受到音乐节奏、情绪的变化。我们的教材中也有很多集体舞,教师应把握住这些内容,让学生在手拉手、面对面、背对背等频繁的位置交流和循环中互相启发。通过舞蹈,同学之间形成了切实的合作和情感交流,同时感受到音乐的诸多要素,如节奏、节拍、速度等,促进了大脑与身体之间、时间特性和空间特性之间的协调合作。

三、创设音乐审美情境,提高幼儿的合唱能力

首先,通过创设音乐审美情境,让幼儿充分感受歌曲的和声美。情境教学强调利用各种手段向学生生动地揭示音乐形象,让他们领会音乐微妙的语言。学生置身于音乐情境中,用"心"去体会,欣赏和声带来的立体、丰满的音乐形象。在情境氛围的影响下,教师调动起幼儿的积极性,让他们互相配合,互相合作,掌握合唱中错落有致的节奏,并用自己的歌声为节奏配上和声的旋律,从中感受和声音程的美。学生通过亲身实践,深刻地体会到合唱的和声美,从而培养了合唱的兴趣,提高了合唱能力。

其次,通过创设音乐审美情境,让幼儿充分表达歌曲的情感。创设音乐情境的目的,就是引导幼儿在学习音乐时把对音乐形式的理解、音乐情感意蕴的体验与审美感受的表现有机地融为一体,使孩子们始终作为主动者乃至创造者介入音乐学习过程,并能用自己的歌声把对音乐情感的理解尽情地表达出来。因此在合唱教学中,教师应着重引导学生通过自己声音的音色变化、力度变化、连断变化等,生动地处理好歌曲,充分表达歌曲的情感。

四、创设音乐审美情境,提高幼儿的演奏能力

传统的器乐教学适用于注重技巧的训练,忽略了情感,尤其是审美情感以及相应的心理素质的培养,因而学生普遍不乐于学习。而通过创设情境进行情境教学,能有效培养学生对器乐的学习兴趣,切实提高学生的演奏能力。初学某种器乐时需要情感的驱动,而当学生掌握了一定的器乐演奏技能,能够演奏某一乐曲时,仍然需要情感的驱动。因此,我们常常通过创设一定的情境来激发学生的演奏情感。例如打击乐伴奏《过新年》一课。首先,课前精

心装扮教室:彩带飘扬,墙上挂着小灯笼、小动物等礼物,营造出新年的特定气氛;接着,让学生聆听《过新年》的乐曲,在鞭炮声声的音乐声中,以生动而富有情感的语言导入新课:鞭炮锣鼓声声响(出示敲锣打鼓的画面),我们大家喜洋洋,载歌载舞多欢畅(出示跳舞场面),幸福生活甜又香。学生一边聆听着音乐,一边看着栩栩如生的画面,感受着教室的布置,完全沉浸在审美情境之中,充分激发了对打击乐伴奏《过新年》的操作兴趣。情感不仅是器乐学习训练与演奏的驱动力,更是器乐演奏所要表现的灵魂。没有情感的演奏是缺乏审美生命力和表现力的机械操作。

因此,随着学生演奏技巧的不断提升,我们对情感教育的要求也不断提高,要求学生对乐曲所表现的审美价值有所把握,并在演奏中加以表现。

通过创设音乐审美情境,让孩子们在美的氛围中接受音乐的陶冶,大大地提高了学生们的音乐素养。在音乐教学中利用情境教学,能更好地发挥音乐的审美教育功能,调动主体学习音乐的积极性。教师要注意把培养学生对音乐的感受、理解和想象与情感体验联系起来,把音乐的表现形式与音乐的内容结合起来,真正体现音乐的审美意义。人的音乐审美素质是人的全面发展和整体素质不可缺少的组成部分,它同时促进着儿童的其他素质如文化、道德、美术素质的提高,促进着各种因素的平衡和协调,从而有效地促进学生个性的全面和谐发展,大大地提高了学生的音乐素养。

## 第二稿

为了适应新课程改革的需要,在幼儿园音乐活动中培养幼儿的审美能力、情感表达能力、艺术表现能力,使其形成健康的心理,显得越来越重要。而情境设置作为一种有效的方式,其重要性正逐渐被广大教师所认识。正如叶圣陶所说:"音乐是世界的语言。"音乐是为人类所共同理解,且能产生共鸣的。喜爱音乐是孩子们的天性,音乐对幼儿的健康心理发展起着积极的推动作用。

教育不应仅仅是为了提高孩子的能力,在孩子的审美素养上也应有所建设,以丰富他们的精神世界。因此,我们参考了许多关于情境性音乐教育的文献,站在前人的研究成果上,继续开展"创设情境性音乐活动,提高幼儿审美素质"的课题研究。

幼儿有音乐学习的需要,音乐是人类生活的一种反映,人们可以用音乐愉悦生活、抒发情感。音乐有审美功能,能给予幼儿美的享受,美的音乐能够使幼儿情绪高昂地全身心投入到活动中。音乐渗透于幼儿的一日生活,对幼儿的发展起着积极的作用。

关于情境性的音乐活动对幼儿发展的作用已有过很多研究,不少文献上也出现了相关的总结。站在前人的研究基础上,我们一般可归纳为以下几点:

一、通过设置有效的音乐情境,对幼儿进行音乐教育,幼儿喜闻且乐于接受

(一)由于认知能力和思维能力发展不足,幼儿无法对事物进行理性的判断,也不能像成人一样为了某种需要去做,只能凭借自己的兴趣去学习。而兴趣的特点是不易持久,且很容易发生变化。因此,在音乐活动中设置适宜的情境,引发幼儿学习的兴趣,是非常有必

要的。

（二）感性体验是幼儿音乐学习的主要形式。幼儿对音乐的反应是感性大于理性的，它包括幼儿在歌唱时的反应、表情和肢体动作的反应等。而在适宜的音乐情境中，幼儿能够充分地感受到这些感性的经验。

（三）个性和差异是幼儿音乐学习心理的明显特征。由于情境设置具有灵活、生动的特点，幼儿在感受情境并进行音乐学习时，能根据自身的水平进行适合自己的歌唱、表演、欣赏等活动，这有利于幼儿在符合自己年龄特点的水平上充分接受音乐的熏陶，形成良好的个性。

二、从感官的教育着手，以直观的方式再现实际事物

（一）活动情境解决的是幼儿认识过程中的实际与理论、形象与抽象、旧知与新知，以及感性与理性的关系和矛盾。捷克教育家夸美纽斯曾说："一切知识都是从感官开始的。""在可能的范围内，一切事物应尽量地放在感官的跟前，一切看得见的东西应尽量地放在视官的跟前，一切听得见的东西应尽量地放到听官的跟前。""假如有一个东西能够同时在几个感官上面留下印象，它便应当用几个感官去接触。"在直观的感官体验中，幼儿才能获得真实、形象的知识。

（二）以"情"为着手点。在中国最早实施情境教学的是李吉林老师，他的教育思想核心是"以情感为纽带"。幼儿是最富有情感的，他们的思想真诚、纯洁，而情境设置正是利用了幼儿心灵这一最宝贵的特点，最大限度地发挥了情感的纽带和驱动的作用。对于幼儿来说，一旦他们的各种认知活动是伴随着情感进行的，那么他们对客观事物、音乐内容的认识就会更深刻、丰富、主动。

因此，教师在音乐活动中设置情境，应该注意营造具有一定力度的氛围，使幼儿能对抽象的音乐产生具体的感受，进而激起相应的情感。这样，在情感的驱动下，幼儿就能够主动积极地投入到认知活动中。

研究意义和方向：

以上的研究成果和我们本次的研究相辅相成。新课程要求音乐活动要强调激发幼儿音乐学习的兴趣，注重幼儿合作能力、探究能力、创造能力的培养。而我们把研究重点放在审美素质上，是为了让孩子在习得知识和技能的同时，还能丰富自己的精神世界，达到真正的全面发展。

在幼儿园音乐活动中，我们通常采用图片、PPT、视频、环境创设等多种方法创设情境，以达到提高幼儿审美素养的目的。3—6岁的孩子本身的年龄特点决定了他们需要从直观、真实的形象中感受，从而表达。让孩子通过亲身实践，主动学习音乐，可以帮助他们最直观地去了解音乐作品，帮助他们更积极地感受；在这种氛围中，孩子们也会格外认真。

传统的幼儿园音乐课堂教学重教轻学，只注重音乐知识技能的传授与训练，却忽视了幼儿在音乐方面可持续发展的决定性因素——音乐兴趣爱好的培养。对此，音乐新课程进行

了重要改革,把幼儿的音乐学习兴趣培养作为音乐教学的首要任务和目标,并指出"使幼儿与音乐保持密切联系,享受音乐,用音乐美化人生"。

结论:

设置情境要根据活动要求、活动内容以及对象进行合理安排,才能激发孩子的审美素养。如果教师仅仅为了追求别样的形式,而故意制造一种华而不实的效果,随意地在教学过程中穿插一些情境,不仅无法起到促进的作用,反而会带来负面的影响。

任何情境教学中的情境设置必须适合其所面对的幼儿与内容。要根据幼儿的年龄、生活环境等不同的特点设置不同的情境。宜设置趣味性的情境,以保持幼儿的持续注意。另外,若把那些适合城市幼儿的活动情境应用到农村学校的课堂教学中,有可能导致学生产生理解障碍;幼儿对来源于农村生活的情境不甚了解,也可能降低情境设置的教学效果。

把适当、适时的情境与音乐结合起来,便可帮助孩子喜欢音乐、理解音乐、享受音乐,从而提升自身的审美素质,能够初步欣赏美、表现美。

(以上案例由长宁哈幼项玮夷老师提供)

点评:

文献综述一般遵循以下几个原则:(1)通览资料,了解全貌;(2)去伪存真,初步筛选;(3)提出类别,进行归类;(4)指出不足,创新视角;(5)整理分析,撰写综述。上述两稿来自由两位教师组合而成的"创设情境性音乐活动,提高幼儿审美素质"课题组。在第一稿中,她们虽然搜寻了大量资料,但是没有进行梳理,更别提化为己用了。可以说,这是典型的"眉毛胡子一把抓",既没有突出重点,也没有凸显本课题的研究方向,只是停留在收集资料上。相较而言,第二稿虽然还在调整阶段,但很显然,经过科研培训,教师知道了要如何去收集资料,并且进行了整理,还一一罗列出来。两稿都是以同样的资料为基础,但是第二稿显然更具有条理性,让阅览者可以从中大致了解课题想要表述的内容。尤其是最后的结论综述部分,对所有的内容进行了总结,达到了情报为课题服务的目的。

后期,青年教师从不同角度收集整理了一些文献资料,为学校课题提供了文献资料方面的帮助。

## 小班幼儿家庭参与幼儿园环保活动的调查研究报告(节选)

【摘要】本文利用调查问卷法对一次小班"六五环境日"环保活动进行调查研究。调查显示:活动形式能有效促进活动效果;年轻家长有自己的教育理念,且愿意参加幼儿园活动;家长有参与学校管理的愿望。

【关键词】幼儿年龄特点　家长教育理念　家长参与学校管理

环保活动是我园的特色活动,我们结合三个年龄段幼儿的年龄特征来设计、开展活动已有一段时间。但是随着时间的推移,活动是否真的有效,幼儿在活动中获得了什么,家长有何看法,以及活动还能怎样做等问题引起了我们的思考。因此,我们借助"六五环境日"对小班幼儿家长进行了问卷调查,具体内容如下:

调查结果:

1. 孩子是否能够向您讲述大班哥哥姐姐制作的环保宣传画的意义?

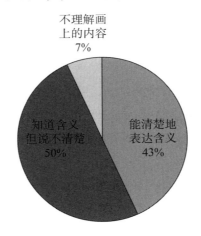

不理解画
上的内容
7%

知道含义
但说不清楚
50%

能清楚地
表达含义
43%

**图1**

本次"六五环境日"活动中的一个内容是大班幼儿在前期自制宣传画,活动当天送给小班幼儿,并向他们介绍宣传画的内容。由图1的家长反馈可知,43%的幼儿能清楚地表达宣传画的含义,50%的幼儿知道含义但说不清楚,7%的幼儿不理解画上的内容。首先,家长对于活动的态度是十分积极的,能够在家里引导孩子一起回忆学校活动的内容。其次,活动还是有一定效果的,因为93%的幼儿都能简单地复述宣传画的大意,并将这些信息传递给家人。另外7%的幼儿不理解画上的内容也情有可原,这是符合小班幼儿的年龄特点的。此外,家长在第二个问题中也提了"大带小"这样的活动形式很好,不仅使小班幼儿对幼儿园生活产生了更多的向往,激发了小班幼儿参与幼儿园活动的热情,还加深了大班幼儿的自信,使他们有一种"我是大班哥哥姐姐""我是幼儿园小主人"的自豪感。

2. 请家长为我们的世界环境日活动出谋划策。在今后的纪念日活动中,可以开展怎样的活动?

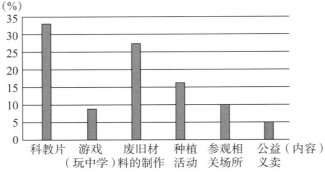

**图2**

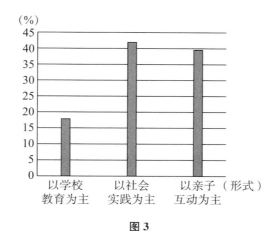

**图3**

调查问卷中的第二个问题是请家长为今后的活动出谋划策,可以从内容与形式两方面看。

内容上,我们发现家长最提倡的是通过科教片来告诉孩子们一些环保知识以及目前的环境问题,如"沙尘暴""海洋面积减少""全球暖化"等。另一个家长十分提倡的活动内容是亲子环保制作,他们认为这样不仅可以让孩子直接感受"变废为宝",还能促进亲子之间的感情。种植活动作为日常操作方便的活动,也受到了家长的推荐。社会实践参观活动与公益活动也被家长提及。

形式上主要分为三点:社会实践、亲子互动、学校教育。其中,走出校园、面向社会是家长最喜欢的活动形式,占42%,紧随其后的是亲子互动与学校教育。可见,家长对教育的观念不再是"学校全权负责",而是愿意主动参与到学校教育中。

调查分析:

1. 活动形式与幼儿年龄特点及活动效果的关系

本次活动的其中一个内容是大班幼儿在前期自制宣传画,活动当天送给小班幼儿,并向他们介绍宣传画的内容,小班幼儿回家后可以和家长一起忆忆、说说宣传画的内容。这是幼儿园活动中经常用到的"大带小"活动形式,是符合幼儿的年龄特点的。大班幼儿已经具有一定的表达能力,积累了大量的词汇,能流利地表达事情的前因后果,同时具有前书写能力,愿意用图画和符号表现事物与故事。让幼儿结合想象,自由表现"环保"主题的各种事物,再向小班幼儿介绍,既是成功的体验,又是对自我的认可。小班幼儿经过将近一学年的幼儿园生活后,已经适应了集体。即将步入中班之时,很多孩子产生了"我长大了""我是中班哥哥姐姐"的情感,并且愿意承担一些小任务。因此,当教师说"回家以后可以向爸爸妈妈介绍介绍哥哥姐姐送的宣传画"时,很多孩子的反应是点点头,表示十分乐意去做这些事。在语言发展方面,即将步入中班的幼儿能大体讲出所听故事的大致内容,能根据画面信息大致说出故事情节,所以复述转达宣传画的内容也是符合他们的年龄特点的,并非强求。我们都知道,从小班升入中班,孩子们由于生理、心理存在差异,因此能力也参差不齐,所以调查结果显示 7％的孩子不理解画上的内容也是情有可原的。

由此可见,这一活动形式是可取的,满足了大多数幼儿的发展需要,也取得了较好的活动效果。

2. 家长(幼儿父母)参与幼儿园活动与教育理念之间的关系

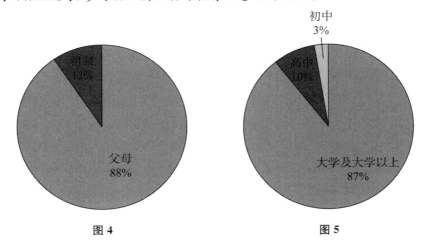

图 4　　　　　　　　　　　　　　图 5

本次问卷调查得到了家长的大力支持与配合。从图 4、图 5 中可以看出,大多数问卷由孩子的父母完成,且文化程度在大学及大学以上者占 87％,只有 12％的问卷是由祖辈完成的。年轻的爸爸妈妈对幼儿园活动的重视程度、参与程度侧面体现了家庭结构与日常带养的方式。由于问卷的发放和回收都在工作日,这说明大部分父母与孩子每天都有一定的亲子时光。在一天的工作之余,父母回到家中仍然愿意参与幼儿园活动、幼儿教育,可见 80后、90 后的父母不再是幼儿园教育阶段的“甩手掌柜”,这也打破了社会上对 80 后、90 后年轻父母的惯有看法。总之,小班幼儿的家长对幼儿园活动、幼儿教育还是十分重视的,他们在问卷中提出的建议、活动方案也是有一定质量的。

由于绝大部分参与问卷调查的家长文化程度较高,加上当今社会是大数据时代,家长可以通过多种渠道收集到与教育相关的知识与信息,因此,家长的建议不仅限于活动内容,还涉及对幼儿年龄特点、幼儿活动形式的思考。比如科教片、参观活动是家长较为推荐的,因为他们认为直观的感受对现阶段的幼儿来说是比较适宜的。此外,亲子环保制作也是家长提及较多的,因为他们认为这不仅可以促进亲子之间的情感,还能帮助幼儿在制作过程中获得知识技能,体现了“做中学”。随着“共享”理念的提出,家长对“公益义卖”“共享玩具”“共享书籍”等活动也表示支持。他们认为“共享”的理念也是“环保”,是一种不浪费资源的体现,而且还能促进幼儿的社会性发展。

3. 家长参与幼儿园活动与学校管理之间的关系

每个学校都有家委会,家委会的职责与作用是什么呢?我认为,家委会不仅是家长与学校有效沟通的桥梁,更是学校管理的一员,可以参与到学校管理中。学校管理涉及方方面面,而家长之中人才济济,有些事情可以让他们参与其中,发挥自己的特色。例如:建立家长资源库,在需要时可以请有相关经验的家长作为志愿者走进课堂,为孩子们带来生动的一课;请家长参与到幼儿园环境的设计中,一起出谋划策,营造具有环保特色的环境氛围;请有能力的家长参与到特色课程的设计中,发挥各自的才能。我们在调查中发现,许多有想法、有能力的家长也愿意参与到学校活动中。以环境日活动为突破口,也许能够吸引更多的家长参与其中,从而激发家长治校的自主性,进一步完善家委会机制。

调查结论:

第一,本次活动是成功的,活动形式、活动内容符合幼儿的年龄特点与发展,是可沿用的。

第二,家长对幼儿园环保活动是有思考的,他们愿意参与活动,并且积极地出谋划策。

第三,家长对学校管理有一定的想法与追求,可以结合家委会工作,发挥家委会的主动性,协助学校管理。

第四,年轻的父母对幼儿教育有思考、有想法,他们愿意花费时间与精力参与孩子的成长。学校需要思考如何搭建平台,帮助这些家长真正地参与到系统的科学育儿中。

调查思考:

1. 研发具有环保特色的适合幼儿园活动的科教片

问卷结果显示,家长提及最多的活动内容是科教片。由于幼儿的年龄段具有特殊性,他们对事物的理解与中小学生有区别,因此,市场上大多数传统意义上的科教片并不适合幼儿,需要教师对相关影像进行调整。我园的多媒体研发小组主要负责园本特色课程课件的研发,可以尝试制作简短的、适合幼儿的环保科教片,将大道理、大知识简而言之,使其成为幼儿听得懂、看得懂的"动画片",有助于幼儿直观地了解相关内容。

2. 活动突出亲子互动

年轻的父母重视幼儿教育是一件好事。他们提出了"亲子互动"的活动形式。目前,我园的亲子互动环保活动主要有"亲子环保制作""亲子环保时装秀"。后续可以在亲子互动方面多下点功夫,设计形式多样的亲子互动环保活动,或向家长征集活动内容。

3. 关注活动的安全性

"共享玩具""公益义卖"等活动听上去很美好,但如何实施需要管理者全盘思考。最突出的问题是"安全",比如"共享玩具"是否安全,是否卫生,消毒关怎么把控,又如"公益义卖"的场地选择、人员分流等,这些都需要制定详细的方案。如果将安全问题处理好,这些活动倒不失为好活动。

4. 拓展"家长学校"

在调查中,我们发现越来越多年轻的父母开始参与到幼儿的家庭教育中,他们对幼儿教育也越来越重视,同时有自己的想法。但由于他们毕竟不是专业的幼教工作从事者,因此学校可以思考如何搭建平台开展"家长学校",帮助这些家长真正地参与到系统的科学育儿中。

（以上案例由长宁哈幼王逸旻老师提供）

点评:

环境教育纪念日活动作为我园的特色,多年来吸引了很多家长的参与。随着活动的开展,近年来,我们越发重视家长对活动的反馈,以期进一步改善活动内容,使活动更贴近幼儿家庭。教师能够学以致用,将调查问卷法运用于解决现实问题,并对数据进行分析,不但推动了环境教育纪念日活动的改革,而且推广了科研方法,使培训学习不再是一种单向的接受。分析得出的结论对今后活动内容的调整也有一定价值。我们不仅要看到问题的表现,还要思考问题形成的原因及解决方法,这样才能使课程、活动有所发展。

(三)丰富了园本课程的相关内容

作为我园的园本课程,环保课程是我园的特色。长期以来,我们都在研究"环保",从幼儿最喜爱的动物入手,逐步过渡到植物、自然现象等。在日常活动中,园所内外也充满着"环保"的氛围。但是,光有课程、活动是不够的,如何培养幼儿的环保素养才是我们真正的目的。通过科研培训课程,教师学会了运用科学的思维去思考,运用科研的方法去调研,尝试设计了一些符合幼儿年龄特点的环保活动,并记录下相关的教学案例、活动案例,不仅丰富了园本课程的内容,还为学校的课题研究提供了支持。

# 五、改进设想

(一)自上而下,自下而上,双向制定课程内容

通过问卷、座谈会等形式了解全体教师的需求,由领导班子根据这些反馈制定课程内容,使内容更贴合教师的实际情况,课程更具有时效性,从而促进教师主动学习。

(二)建立评价机制

在课程结束后,通过调研等形式,组织教师对课程内容进行评价,过滤不适合的内容,完善有发展空间的内容,从而形成一套较成熟的课程方案。

对于教师学习课程后的效果,也应建立评价或检测机制,一方面检验课程的相关内容,一方面检验教师的学习情况。

(三)培训课程的受众面需要拓宽

由于本次课程主要在青年教师中开展,课程设计还停留在以青年教师为主的阶段,产生的效果也局限于青年教师群体。但无论是学校科研还是个人课题,都不是只针对青年教师的,因此还需要逐步拓宽课程的受众面。怎样的课程能够吸引全体教师?经验型教师与资深型教师需要哪些科研方面的学习?还可以提供怎样的平台来帮助教师?这些都是需要进一步思考的。

学校个性化教育科研培训课程的开发与实施需要自上而下、自下而上地双向交流,并且在实施过程中不断完善。目前,我们只是走了一小步,如何更大限度地发挥课程的作用,真正惠及每一位教师,提升整个教师团队的科研力,是我们在后续工作中要继续关注的。

# 后记

本书是上海市长宁区教育系统"教育科研创新团队"的研究与实践成果之一,也是2017年上海市市级教育科研一般课题"中小学教师教育科研素养提升课程的开发与实施研究"的成果之一。

教师是学校改革与发展的主力军,调动教师的工作积极性,提升教师的素养,是学校发展的关键。新一轮课程教学改革向学校教师提出了新要求,这意味着教师即将面对诸多单凭已有经验无法解决的新问题;为了应对新挑战,解决新问题,学校和教师必须认真开展研究,积极进行探索,寻找问题解决的途径和方法。在这样的背景下,教师科研素养的提升就显得尤为重要。在实践中,提升教师科研素养的途径有很多,设计和实施符合学校个性化需要的校本培训课程就是一条富有实效的途径。

依托上海市长宁区"教育科研创新团队"的研究实力,我们以"中小学教师教育科研素养提升课程的开发与实施研究"课题为载体,在问卷调查和访谈的基础上,梳理出当前中小学教师开展教育科研的主要问题和需求,将其设计成专题,形成若干个微型课程。我们以在实践中学习的理念为原则,以解决教育教学中的实际问题为导向,以学校个性化教育科研培训课程的开发与实施为专题,与学校合作,开发、研制校本化的教育科研培训课程,并在实施过程中,积累课程素材,总结相关经验,形成学校案例。本书选取了其中十个较为典型的案例,每篇案例试图向读者呈现出课程设计的背景依据、教师在科研素养提升方面所面临的问题、如何通过系统课程培训的形式去解决这些问题、课程实施的结果等内容。同时,每篇案例前面都有导读,旨在对案例的主题进行深入的提炼和阐释。

参加本书编写的作者有:汪泠淞、徐运、张萌、谷春子、宋建军、陈忠良、叶奕、郁寅寅、朱怡佳、汪光珩、陈丽丽、王逸旻、戴申卫、王健、赖才炎、潘宗娟、何星、胡蓉、李秀倩、焦娇。吕洪波对本书的整体框架、案例选择、案例结构、案例撰写等进行统筹设计和组织。全书由吕洪波、汪泠淞进行统稿。

案例开发和编制的过程中,我们得到了参与学校的大力支持,许多学校校长亲自参与课程开发设计、课程实施、案例编制等过程的研讨,有的校长还承担了授课任务。学校的鼓励与支持保证了课程的顺利实施,保证了课程的质量,也保证了案例的顺利完成。在此,我们对参与学校的支持表示由衷的感谢!

感谢长宁区教育局和长宁区教育学院对团队在各项研究与实践工作中给予的经费、政策上的保障和支持!感谢徐崇文老师、潘国青老师、熊立敏老师、陈霞老师、刘海波老师的专业指导和帮助!感谢上海教育出版社公雯雯、茶文琼、周琛溢三位编辑的精心策划和仔细校勘!

由于水平有限,书中难免有不少纰漏和瑕疵,如有不妥之处,敬请各位批评指正!

吕洪波

2020 年 3 月

**图书在版编目（CIP）数据**

新时代教师教育科研素养提升：校本培训课程案例 / 吕洪波主编.
— 上海：上海教育出版社, 2020.10 (2021.6重印)
ISBN 978-7-5720-0311-0

Ⅰ.①新… Ⅱ.①吕… Ⅲ.①中小学 – 课程建设 – 案例 ②幼儿园 –
课程建设 – 案例 Ⅳ.①G632.3②G612

中国版本图书馆CIP数据核字(2020)第170856号

责任编辑　周琛溢　茶文琼
封面设计　王　捷

**新时代教师教育科研素养提升：校本培训课程案例**
吕洪波　主编

出版发行　上海教育出版社有限公司
官　　网　www.seph.com.cn
地　　址　上海市永福路123号
邮　　编　200031
印　　刷　上海叶大印务发展有限公司
开　　本　787×1092　1/16　印张 13.5　插页 1
字　　数　320 千字
版　　次　2020年10月第1版
印　　次　2021年6月第2次印刷
书　　号　ISBN 978-7-5720-0311-0/G·0231
定　　价　56.00 元

如发现质量问题，读者可向本社调换　电话：021-64377165